民国史料笔记丛刊

凌霄汉阁谈荟 曾胡谈荟

徐凌霄 徐一士 著

徐泽昱 徐 禾 整理

中华书局

图书在版编目（CIP）数据

凌霄汉阁谈荟;曾胡谈荟/徐凌霄,徐一士著;徐泽昱,徐禾整理. —北京:中华书局,2018.6(2021.12 重印)
（民国史料笔记丛刊）
ISBN 978 - 7 - 101 - 13079 - 9

Ⅰ.①凌…②曾…　Ⅱ.①徐…②徐…③徐…④徐…　Ⅲ.中国历史 – 近代史 – 史料　Ⅳ.K250.6

中国版本图书馆 CIP 数据核字（2018）第 026466 号

书　　名	凌霄汉阁谈荟　曾胡谈荟
著　　者	徐凌霄　徐一士
整理者	徐泽昱　徐　禾
丛书名	民国史料笔记丛刊
责任编辑	张玉亮　李闻辛
出版发行	中华书局
	（北京市丰台区太平桥西里 38 号　100073）
	http://www.zhbc.com.cn
	E – mail:zhbc@ zhbc.com.cn
印　　刷	北京瑞古冠中印刷厂
版　　次	2018 年 6 月北京第 1 版
	2021 年 12 月北京第 2 次印刷
规　　格	开本/850 × 1168 毫米　1/32
	印张 13¾　插页 2　字数 310 千字
印　　数	3001 – 3900 册
国际书号	ISBN 978 – 7 – 101 – 13079 – 9
定　　价	48.00 元

徐凌霄其人

徐凌霄,原名仁锦,字云甫,斋名凌霄汉阁。生于1886年9月19日。他出身于知名的仕宦家庭,祖籍江苏宜兴。因祖父徐家杰(伟侯)道光年间进京科考入宛平籍,于道光甲辰年中恩科顺天举人,丁未年会试第三名会魁,与李鸿章同科中进士,并在同一考场相识,结为终身通家之好。中式后分派山东即用知县,历任临淄、商河、任邱、阳信、益都知县,钦加知府衔同知直隶州知州。晚年退休回京,任京师金台书院山长。父亲徐致愉,同治庚午举人,庚辰大挑知县分发山东,先后任新泰、恩县、定陶、长山、蓬莱知县。举家迁鲁,定居济南。徐凌霄生在这样的一个家庭,正值列强觊觎、民族危机加深的年代,其伯父徐致靖(翰林院侍读学士、礼部右侍郎)、堂兄徐仁铸(湖南学政)锐意革新,因向光绪帝举荐康有为、梁启超、谭嗣同等维新派骨干而罹罪,先判徐致靖斩立决,后改判绞监候;判徐仁铸革职永不叙用,不久忧愤致死,年仅三十四岁。庚子乱后,徐致靖获释出狱,曾告诫子女说:"维新之失败,在于只有那么几个人活动。看来做官是救不了中国的,还是应该制造舆论,使维新思想普及全国,共同研究治国救民的实学,唤起民众,重振中华。"这些话对徐凌霄影响颇大,他最终从事新闻工作,与此有关。

徐凌霄的启蒙教育,首先来自父兄,父亲徐致愉和胞兄徐仁铎(精通掌故、骈文),对他影响最大。他十三岁初入学为生员,岁经两考，名列第一，补廪生。亲友们认为他才华横溢，可称徐仁铸第二。他先在济南考入山东客籍高等学堂，兼学中外课程，各门成绩均名列前茅，英语可以熟练运用。1910年毕业后，经过京师学部考试，授予举人出身（俗称念过洋学堂的"洋举人"）。进京师后又考入京师大学堂，毕业于土木工程专业。他在一次赴长江考察桥梁工程之时，眼见官场腐败，保守派故步衰谬，洋务派又仰人鼻息，惟洋人是从。归来后，他写了一篇文章投寄上海《民声报》，文中呼吁，引进泰西技术，必须培养国内人才，这些人才既要具有迫切需要的实学，又必须通达时务，才能使舶来的技术为我所用。他举土耳其为例，说明完全依靠洋人，终非自兴之路，自强求富，也只是一句空话。这篇文章颇引起时人的重视，也是他从事新闻工作的开始。

徐凌霄的成就是多方面的。他首先是一个著名的新闻工作者。从1910年起，他从事过三十余年的新闻工作，曾先后为上海的《时报》、《申报》，北京的《中国新报》、《京报》和天津的《大公报》等著名报纸撰写过通讯和评论。并担任过北京《京报》、《晨报》和天津《大公报》的副刊主编。在应聘为上海《时报》驻北京特派记者期间，他用"彬彬"这一笔名，为该报撰写了大量的北京通讯，以观察细致、剖析入微、才思敏捷、文笔美畅蜚声于时。特别是他身在北京，毫无顾忌地抨击袁世凯称帝的野心，向世人警示"司马昭之心，已见于路人"。袁世凯称帝后，他更以犀利之笔，剖析他"实为违背历史潮流之举"。他与袁世凯次子袁寒云（克文）是文字交，而袁寒云反对其父称帝，经常向徐凌霄提供一些袁世凯的内幕真相。于是徐凌霄所写的报道和评论，成为《时报》的独家新闻，吸引了众多读者。袁世凯对徐十分恼怒，曾派原《中国新报》

主编杨度做工作收买。杨说:"袁徐两家本是世交,不应为仇,只要你不再反袁,他愿出资保你凌老办报,并在总统府为你挂一个'咨议'名义。"徐回答:"袁项城是一个出尔反尔的小人,怎能与他共事!我劝你也最好离开他为妙。"(杨度后来几度反复,最后加入了共产党,为党做了不少有益的工作。)然而在袁世凯眼皮底下写反袁文章,亲友们都为他担心,他却安之若素。他一度和黄远生、刘少少并称为民初三大名记者。刘少少脱离报坛后,又和黄远生、邵飘萍一道,被当时的新闻界誉为"报界三杰"。

其次,他还是一个著名的历史掌故家。他亲身经历过戊戌以来的一系列重大的政治事件,结识过不少清末民初的朝野政要和遗老遗少,既熟悉中国近现代的历史,又十分注意相关资料的积累,对清代历史烂熟于胸。他在北京《京报》、上海《时报》等报上开辟的《凌霄汉阁随笔》、《凌霄汉阁谈荟》等专栏,以及和他的胞弟徐一士合作由一士执笔在上海《国闻周报》开辟的《凌霄一士随笔》、《曾胡谈荟》等专栏所写的就是这一类的文章。这些文章,都成为海内外清史和近代史研究工作必不可少的重要参考资料。

再次,他还是著名的诗人和剧评家。作为诗人,他所擅长的是旧体诗词。青年时代就以诗名于时,经常在《京报》半月刊发表他和袁寒云、沈南雅、徐半梦等人的唱和之作,曾被当时人誉为"京师四大才子"。据徐凌霄子女的回忆,新中国建立初期,曾有几位爱好诗词的解放军高级将领慕其诗名,或登门求教,或派员携诗稿请予匡正。作为剧评家,他对京剧(也涉及昆曲、梆子)的历史、流派、剧本、角色、唱腔、做派乃至剧务等细节,都有十分精湛的研究。他在上海、北京等报刊上发表的以《凌霄汉阁评剧》为栏目名称的剧评,和他在主编《国剧月刊》时所写的剧评,都脍炙人口,拥有众多的读者,并深为演艺界所推重,具有一定的权威性。他写剧评时,对成名演员艺术上要求很严,而对一些具有一定才华而不得志的演员,则又极力鼓励。民初他对余叔岩、奚啸伯都做过较有影响的评价和推介。程艳秋根据自己嗓音特点创出自己的唱腔,有些人听不惯,贬他的腔调怪气。徐凌霄进行反驳,他认为程艳秋的唱腔,别有一番风味,为之奖掖,得到观众喜爱。程艳秋创办中华戏曲学校,徐凌霄极力赞助,和程艳秋结为莫逆之交,经常在一起切磋戏曲表演艺术,来往书信更是频繁。程艳秋于新中国成立以后对后进讲学的文稿,都是徐凌霄着笔,徐凌霄还主编程艳秋创办的《国剧月刊》。程对他非常敬佩,晚年时对他的生活颇多照顾。1958年程艳秋辞世,徐凌霄在《戏剧报》上为文悼念,情感真挚,足见友谊之深。这篇悼文,也是徐凌霄最后的一篇作品。徐凌霄与梅兰芳也是比较亲密的朋友,梅兰芳的朋友兼秘书许姬传,是其伯父徐致靖的外孙、徐凌霄的堂甥,常有往来。许姬传曾携同梅兰芳赴校场头条徐凌霄家中拜访,胞弟徐一士也陪同在座,一起探讨京剧问题。因有这层关系,徐凌霄、徐一士先后被北京市文史馆聘为馆员,均是梅兰芳举荐的。

除了以上成就外,徐凌霄还是一个有影响的小说家,他对古代和近代小说都有相当深入的研究,发表过一些文章。更值得一提的是,他利用前半生积累的掌故资料和自己的亲身经历,精心撰写了一部长篇小说《古城返照记》,这部小说从1928年9月1日起,每日在上海《时报》上连载,到1931年2月才全部刊完,是一部八十余万言的鸿篇巨构,内容从1793年(乾隆五十八年)英国使臣马戛尔尼到热河行宫觐见乾隆皇帝引起的一系列纠葛写起,到1916年袁世凯帝制失败结束,时间跨度一百多年。全书以这一段时期的历史为经、以虚实相间的人物和故事为纬,在这样的一个框架内,对北京这座古城的社会、历史、政治、经济、文化、教育、建筑、戏剧、宗教、伦理、语言、民情、民俗等各个方面,用文学的语言,作了详细的描述。其间还穿插了不少和北京古城有关的趣味盎然的轶闻轶事和历史掌故。新闻工作者的丰富阅历,历史掌故家的渊博学识,戏曲评论家对京昆艺术及其发展源流的深刻理解,以及小说家写人叙事状物的生花妙笔,在这部小说中,都得到了充分的展现。从某种意义说来,这部小说不啻是一部全面了解清末民初北京的百科全书,是一部可以与吴趼人的《二十年目睹之怪现状》和曾朴的《孽海花》等名篇比肩的煌煌巨著,是应该在中国近代小说史中占一席之地的。(上述评介全文引自当代史学家方汉奇先生的《徐凌霄和他的〈古城返照记〉》一文。)这部小说在刊载中和刊载后,引起广大读者极大的兴趣和关注。徐一士在《与胡适之博士之一席谈》一文中披露了当时谈论的九部小说,最后谈到《古城返照记》,文中说:"胡君谈及上海《时报》所载吾兄凌霄之《古城返照记》,颇称其佳……惟以分日刊载,未能全阅。余谓将来拟出单行本也。"当时国内外广大读者纷纷致函作者询问出版时间。

徐凌霄一生发表文章以千万字计,但他淡于名利,为文深自珍秘,只在报刊发表,从不轻付剞劂,久经沧桑,多致散失。除1935年中国戏曲音乐院研究所内部出版《皮黄文学研究》一个小册子供教学用以外,只有《古城返照记》是他唯一打算出版的书。面对读者的期望,1931年4月24日,他写了一篇文章,题为《有鉴于近时文豪作家之多不敢轻言出版问世》(载于上海《时报》),明确表态:"此书若果出版,必须经过整个审查,逐段修整之层序,而目次之编订,卷帙之装潢,尚其次焉。"但是此后出书问题杳无音信。

究其原因大约是两个方面,一是报载的原文无章节目次,不符合小说出版的基本条件,整理起来工作量太大,没有时间和精力;一是徐凌霄眼见军阀混战,政局紊乱,民主共和难以实现,对政治逐渐消沉,同行的记者邵飘萍、林白水、黄远生的下场,也使他不无感触,最终放弃了原来的打算。直到2002年,北京同心出版社社长刘霆昭先生慧眼识珠,决定即使没有经济效益也要使这部深埋地下七十年的巨著问世。经徐凌霄胞侄徐泽清(徐列)把原书整理成为上下两卷五十回的章回体,由同心出版社出版发行,了却了徐凌霄和已故的知音者生前的遗愿。

徐凌霄晚年应北京大学文学研究所聘请,从事整理古籍与研究工作。1954年,受聘为北京市文史馆馆员,著有《中国戏曲音韵学》,另有一部著作,他只完成一半就溘然长逝了,时在1961年1月17日,享年七十六岁。

总目

凌霄汉阁谈荟

1

曾胡谈荟

凌霄汉阁谈荟

整理说明

先伯徐凌霄是民国时期著名的新闻记者,他的一生集文学家、文史掌故学家、戏剧兼评论家、小说家和诗人于一身。他出身于晚清名门世家,受过中西两方面的高等教育,京师大学堂毕业后投身新闻界,自民国初年至二十世纪四十年代,笔耕不辍,发表文章数千万言,刊登在京津沪多家报纸刊物上。他以渊博的知识,锐敏的眼光,既幽默又犀利的语言,赢得读者的欢迎。但他一生淡于名利,为文深自珍秘,从不轻付剞劂。

他曾于1928年9月至1931年2月以自己前半生的经历和掌握的历史掌故资料,精心撰写了一部八十万言全面反映北京这座古都历史状况的长篇小说《古城返照记》,原拟以此作为留给后世的唯一贡献,但因种种原因未能实现。因此在生前没有出版过任何单行本,时过境迁,他的名字也早已被人们淡忘。

近年来,中华书局出版《近代史料笔记丛刊》,通过书局历史编辑室欧阳红女士与余长子徐禾联系,希望我们提供先伯徐凌霄、先父徐一士生前的历史掌故著作资料,准备纳入丛刊之内出版(编辑按:本书现已列入《民国史料笔记丛刊》)。2007年以来已出版了四部徐一士的遗著。关于徐凌霄的遗著,以前我手头只有徐凌霄的嫡孙徐凯在1991年交给我的一份,这是他在国家图书馆复印上海《时报》刊载的《古城返照记》时发现的,名曰《凌霄汉阁谈荟》,是徐凌霄在 1931 年 2 月写完《古城返照记》之后不久,即在《时报》的《凌霄汉阁谈荟》专栏发表掌故文章,总共四十五期中写了二十八篇文章,同时在栏目之外发表了五篇通讯报导文章,总共三十三篇,五万余言。我随即手抄保存。此外,堂兄徐列早在十余年前自兰州图书馆馆藏北京《实报》半月刊中复印了一些凌霄、一士的文章寄给我,我同样抄写保存。近几年,徐禾又通过中国现代文学馆的协助,搜集了一部分凌霄、一士的文章,至此,我把收集到的有关徐凌霄的文章加以遴选、分类,准备出版的共有七十一篇文章,即以《凌霄汉阁谈荟》作为书名。这将是徐凌霄第一部结集出版的文史掌故著作的单行本,很有代表性和史料价值。

为了方便读者阅读,在整理时,按文章内容分为六类:一、史料杂谈,二、通讯笔记,三、品评论辩,四、科举教育,五、杂文小品,六、小说戏剧。

读者阅读徐凌霄的著作,不难发现,他与徐一士兄弟二人同为现代文史掌故大家,但是写作风格迥然不同。徐一士为文重在存史,无论写人写事,他在文章中引用大量来自各方面的资料,通过科学地剖析、比较、论辩,尽可能展现真实的历史,文章朴实无华,典雅凝练,寓论于述,很少发表长篇大论,对自己的观点多采用画龙点睛的笔法表达,使读者心服口服,对于尚未搞清楚的问题,宁可存疑,留给读者商榷,不强作一家之言,文章中也常写一些有趣的故事,使读者赏心悦目,时人认为徐一士的文章颇有桐城派味道。而徐凌霄为文则重在文章,多采取夹叙夹议方式,文章多姿多彩,用词用语乃至对文章的标题常有石破天惊、与众不同之处,对人对事的看法亦有不同,长于辩论,在论辩过程中诙谐幽默之处比比皆是,大有语不惊人誓不休之势,乃至嬉笑怒骂皆成文章。读徐凌霄的文章使读者得到艺术上的享受。本书为此特设有《品评论辩》一栏，读者自可亲身体会。

这部著作篇幅不长，但内容涉及人物、社会、历史、政治、文学、哲学、伦理、语言、文字、民俗等各个方面。他的知识面很广，文章中常涉及古今中外的历史，且都有自己的见解。有时文章中还用少量的英语，但都是最普通易懂的。

以下仅就本书的几篇文章作一些说明。

一、《访胡记》

这是一篇颇有历史价值的文章。早在五四运动后的新文化运动中，关于"白话文"与"文言文"的关系，引发出文化界一场较大的争论。当时徐凌霄与胡适二人经常通过报刊针锋相对进行辩论。胡适与先父徐一士过从甚密，他很愿意与徐凌霄会面交谈，通过徐一士撮合，徐氏兄弟二人同赴景山以北米粮库胡同胡适寓所中拜望，除一般客套话外，侧重讨论文字学方面的问题，畅谈甚欢。随后徐凌霄写此文，发表于1931年3月15日上海《时报》。

二、《洹上归云记》

这是一篇徐凌霄纪念刚刚去世的好友袁寒云的文章。袁寒云出自于袁世凯这样的"特大的家庭"，自身又有绝世的才华，按说应该享受荣华富贵，但是他却一世颓废潦倒，年仅42岁即过早弃世，其原因就是徐凌霄归纳的四个字："戕生促寿。"文章中关于他的绝世才华，徐凌霄以"寒云三绝"目之，并概括地讲述了袁寒云在诗词、书法、戏曲三个方面都达到了怎样的高水平。但是他的生活态度却是极端颓废，以一个豪门公子、社会名流又是曲家的地位,却一味地放诞风流,纵情娱乐,几致疯狂,自缚于脂粉中几二十年,一而再再而三地不能自谋解脱,终于病发,仅二日即猝死。这篇文章既对文友的才华做出客观的高度评价,也对他的所为看不下去,劝说无效,同时也表现出对他的无奈和惋惜的心情。可以视为一篇特殊的悼词。

三、《倒车》、《火里青莲同命鸟 一缄红泪剩汍澜》、《"公仆"生活——阎王债》

这几篇文章都是描写生活在社会底层人民的苦难生活,乃至用非正常手段谋生谋利,从而产生种种矛盾的情景。作者既批判他们弱肉强食、勾心斗角的黑暗面,同时对他们苦难的一面寄予同情。

四、《"蜜斯"与"姑娘"》

本文对民国初年的女性(特别是年轻女性)称呼问题作了细致分析。这是一个社会问题,随着历史阶段和社会制度的变化而变化,时至今日仍有意义。

五、《小说丛话》

这篇文章原连载于 1931 年 3 月 25—27 日的上海《时报》。在五四运动以后兴起的新文化运动时代,盛行欧体短篇小说,其后在国内以描写社会、家庭、男女问题之类的章回小说兴盛起来,同时对中国的旧小说开展了评判。徐凌霄正是在这种情况下,写了这篇文章。文中提到的小说有十二部,读者看后可能会觉得他对这些小说的评判和现今研究者的观念、意见有所不同,甚至有的大相径庭。例如对《红楼梦》和其中的主要人物、事件的评价等,更是突出的典型,这是不足为怪的。随着历史发展阶段的不同(清代、民国、新中国),社会制度的变迁(封建的、半殖民地的、社会主义的),人们的思想、观点、态度也会绝然不同。

六、《从童生到状元》、《谈谈状元》

作者在这两篇文章中用最通俗的语言详细介绍了在我国风行了一千三百余年并于一百多年前废除了的科举制度,对读者了解这方面的情况很有参考价值。

七、《关于〈古城返照记〉》

这几篇文章都是徐凌霄在撰写《古城返照记》之前之后发表的文章。由于某些原因,徐凌霄最终放弃出版。直到七十年以后,于2002年由同心出版社出版发行了这部小说。

八、《於戏!叔岩》

这是徐凌霄悼念刚刚逝世的京剧演员余叔岩的文章。一般说来,徐凌霄从来不对个别戏曲演员的演技写文章说三道四,惟独这次对于从余叔岩谈起则是一个例外。余叔岩生于1890年,卒于1943年,终年仅53岁。在徐凌霄看来,余叔岩是一个经过苦修苦练学习得法,终于成为大家公认的继谭鑫培之后最优秀的老生演员之一,尤其难得的是,他的本钱(嗓音)并不太好,却能取长补短,在学谭的基础上,创出自身的余派,博得广大听众的好评。可惜的是,天不假以长寿,过早弃世。各界人士悲痛之余,嘱凌霄写纪念文章者甚多。凌霄经过再三思索,最终决定:如余叔岩者一世辛勤,盖棺论定,专篇评述,理亦宜之,亦觉有不可推卸的责任,遂乐于执笔,写出此文,但事先声明,不作"家谱",不开"帐单",凡与戏剧无关者概不多叙,只以客观的态度,对京剧做综核之评判。在这篇文章中,借纪念文章之题介绍学习京剧的情况和问题,把它作为一篇关于京剧的论文来读,可以增长京剧方面的知识。

九、《畹华谈话记》

畹华原名梅澜,字畹华,幼年从艺后改名梅兰芳。他与徐凌霄堪称好友,曾多次赴徐寓所拜会,探讨京剧问题,对徐凌霄格外尊重。梅兰芳的秘书兼好友许姬传是徐致靖的外孙、徐凌霄的堂甥,经常伴随梅兰芳拜访徐凌霄,关系更加亲密。《畹华谈话记》就是徐凌霄在梅兰芳访问苏联回国来自家访问后写的一篇谈话过程的记叙,当时先父徐一士也在座参与讨论。

以上整理工作的说明和对例举文章的看法或有不当之处,谨请方家谠正。

徐泽昱识于京寓亦佳庐
2011 年 8 月

一、史料杂谈

孙宝琦

记白云观之三老，忽复联想到昔时北平有所谓浙江三老焉。一汪大燮，一钱能训，一即最近在沪逝世之孙宝琦也。

三人均曾任国务总理及各显秩，孙于民十四五年且被命淞沪督办、驻苏俄大使，虽均未就任，而常往来于杭沪间，又与江鄂航矿各业有关（盛氏姻家故），其轶事当为南中人士所乐闻，请述一二。

孙于清末官山东巡抚，前二十年，其岳张曜谥勤果者亦曾抚鲁，即《老残游记》之庄宫保也。有惠政，逝后立祠于大明湖北岸，轩敞宏丽，称名胜焉。孙以乘龙客继丈人峰宦迹，意兴甚豪，辄曰惟勤果是法，谑者谓此非慕韩乃慕张矣。

张公祠本湖中名胜，游人所集，孙月必数至，至则观览抚循，靡所不至，旧吏颂德之楹联有"钟灵南服（张系浙江人，与孙以乡谊缔姻），起节中州，拓宇西邮，秉圭东鲁，北洋作砥柱"数语。对句为"赐谥黄纶，建祠黑壤，铭功青史，勤德白珉，赤绂荫芝兰"。孙大欣赏，数额首曰：东、西、南、北、中、青、黄、赤、白、黑，对得好，对得好。

时孙年甫四十余，颇思振作，徐抚辰（登莱道）陆建章（曹州镇，即后为徐又铮所毙者）皆袁氏所赏拔，孙并劾去之，唯其时谘议局（即省议会之前身）已立，财政则有中央所派之监理官，新兴之势，莫如之何，多所迁就。时为财政监理者二人，一名王宗基，一名章祖焘,二人之名有"祖"、"宗"二字,鲁人尝以之与"孙"之姓配为谐联,颇嫌谑而虐也。

孙宝琦出使甚早,又长外部,为外交界之前辈,又曾任总揆、部长、院长,是以旧都门生故吏甚多,浙籍同乡尤尊视之。月之八日,公祭于宣南下斜街之全浙会馆,主祭者胡惟德,亦前驻法公使、外部侍郎、总长之一浙人也。到者王克敏、王式通、周肇祥、三多等数十人。先时公拟挽词,以孙于现国府未尝从改,难于措词,几经斟酌,始得"功在救灾"四字,可谓苦心孤诣矣。孙曾督办赈务,又十五、十七两年北平局势变迁之际,曾参加治安维持会,然实追随汪、熊之后,无特殊之效率可言也。

主祭胡馨吾之挽联为"古谊每怀推鹖颂;穷阴当扼类鸡年",琢句自佳,亦无深意。汤尔和一联最长:"服官中外毕世,身后无棺,倘所谓好用钱者天报以穷产,恍忆瘦骨昂藏,昔在山头逢杜甫;开封齐鲁大邦,首先易帜,岂不曰诚盛美哉民受其赐矣,欲问人情冷暖,谁从江左哭夷吾。"虽巨幅亦无精义,质量殊不相称。汤本医博士,近来常与名流习诗,此作出于医生之手,亦算不易了。

(原载于1931年3月13日上海《时报》)

访胡记

　　老汉与胡适之博士,常以文字相见于平津之报章,而甚少觌面之谈话,适之忙,老汉懒也。吾弟一士则过从颇密,语我曰,适之屡询兄住址愿一谈,将候其来乎?抑往访耶?我曰访之便。乃于星期之午,偕登博士之堂。

　　紫城之北,景山之右,风物清妍,境地幽僻,有山林之佳淑,无车马之烦喧,博士之居在焉。名园清旷,大可十余亩,弥望皆奇石短松,饶苍古之趣,遥望红楼一角。阍者前导,凡经数盘曲,转六七向而达于博士读书之室,室小而暖,光线特强。适哉,适之乎! 层楼广厦,多用以庋藏典籍,约百余架,周密严整,或如墉垣,或如画屏,古所谓"坐拥书城",今乃亲见之。西装书分量之重与线装书版本之大,并足以见搜罗之富,书味之浓。我知博士自沪归后,始迁居于此,诧曰:你这些书搬搬家,大不易,此地无搬场公司,奈何。适之曰:吾在沪时,只择手头缺用小部分向平寓索寄,乃返平,又并在沪所添置者携回,海关过磅,已一万五千斤矣。视平寓所储,犹什一耳。博士漫游所至,必有巨箧与俱,重辄数百磅,此海关之好主顾也。

　　有佳客三人已先在,适之既款百兄弟人,自坐于所常坐之写字台边。吾等乃团团围住,如众星捧月式,以聆博士之妙论。论哲学史编订之经过,材料之搜集,标点之方法,文语之钩稽,清谈娓娓,

清辩滔滔,条理清真,嗓音清亮,其"好听"不亚于小楼之演述日月
骊骊也。(博士曾云,小楼此段说白好听,故以此戏之。)博士每星
期辄与友朋聚谈于此室,若常课然。其夫人戏谓之"做礼拜"。博
士以为此等便谈,不论知识之广狭,交情之深浅,皆可以获相互发
明之益,可名为"磨刀",刀与刀常相磨则不锈也。其义盖出于西
谓之 sharpening of knife①,故亦可名为磨刀会。予唯古人学问贵相
切磋,所谓他山之石可以攻玉,所谓集思广益,义与此同。磨刀二
字,则五月十三为关老爷磨刀之纪念,又济南菜馆有"自磨刀"之
吃法,博士其工庖厨哉。相与一笑。

中国哲学史为中外属目之巨著,然工程浩大,及今尚止于汉武
之世,因出示其第五卷,为淮南王书手写稿,字字认真,行列高下,
标点大小,皆罗罗清楚,不假手于抄胥,而自无凌乱模糊之病。自
云系照西文例随写随点,久之成习惯,故不觉吃力。又字尚真体,
即间有行草,亦必择其通行,一望可辨者,而狂草减笔则概屏不用,
故排印时毫无困难。吾曰,博士真排字人之良友哉。一士曰,不论
书籍报章,常有因一字之讹而致文义出入甚巨,不尽是排字之粗
心,亦多由写稿人之率意,则便人亦以便己也。因又论及标点符号
之事。

西式标点本与横行联体之字母相联带,用之于上下行之中国
字句本不合式。适之云,昔年与其友陈君煞费苦心,亦尝思创作一
种中式标点。(colon 之两点改竖为横,即其一例。)因感觉种种不
易,只可径用西式,盖为利于通行起见也。老汉对于此点,以为尚
可通融,唯现在之中文字模殊不够用,例如西文之特别名词,或引

---

① sharpening of knife:英文"磨刀"。

证之经典成句,或其他区别,加力 emphasis 之处,应用义大利草 i-talics 及重黑字模 heavy type 者,中国字模,只有"提大"之一法,然而提大之字,不免参差,殊失美观。而字底横画之法,又被用作人名之符号。(人名及专名,西文系第一字母大写,中文无此办法。)以致"加力"之处,都作了"惊讶"了,观新标点之书多犯"!"太多之病。有笑为满纸蝇矢者,此不但不美,而且非是。(不是原来的意思。)关于此点,我尝用两种救济,(一)为提大,(二)加密点密圈。适之以第二办法为是,并出示其哲学史,果有不少之密圈点在焉。鄙意终须多铸几种字模如八分隶书楷书两三种,为现行宋体字模之助,则一切无忧矣。

关于新兴之某派某派文学为最近期之少年所心醉而争摹者,予征询博士之意见。博士谓站在公平忠实之立场,以研究而选择之,不能盲从,亦不一概抹倒,大意如此。予曰,君,广大教主也,宜有以昭示后学,无论如何,抱定"切实公平"四字,总是没有错的。此派在其发源地已早成过去,即日本亦渐成尾声,中国少年方自诧新奇,而不知已为第二队之落伍者,可笑,可悲,又可叹也。

博士午餐只大饼一枚,恰满一盘。予曰,此北平所谓"馅儿饼"也,君亦嗜之乎。答曰:此吾皖之饼,此地之饼,尚无此丰硕也。吾今乃知安徽有大于"馅儿饼"之饼。

(原载于 1931 年 3 月 15 日上海《时报》)

15

八六老人樊增祥去矣

养心保养数十年，免不了最后的一道创痕

提起樊增祥——或者樊樊山——大概知道的很不少，一因他在政界中大有趣史，在文坛中号称耆宿，尤其是他的年寿之高，文墨之高，在晚年时代还演了许多"老年少兴"的谐剧。

努力打倒生死的自然观

"奔九十"的老头儿，头发还是黑黝黝的，一切言语行动，不服老，也不显老，常言道"生、老、病、死"四字生命程序，在他几乎要打破一切管理人生的自然律，造成不老、不病、不死的新纪录，的确在已往的几十年中，他不知道什么叫做"老"，很少有"病"，自然就无所谓"死"而只有个"生"了。于是中国的"人生皆有死"，西语所谓"man are mortal"①一类的信条，撞着樊老头，便有被打倒的可虑。

然而，死神的权威！到底不弱。他不能坚持到底，不能奋斗无穷，竟于月之十三日夜九时瞑目而去了。噫嘻！all are escapable

---

① man are mortal：英文"人终有一死"。

except the death door①，正是"阎王叫人三更死，谁敢留人到五更"。

樊女儿

这老头，平日养寿之法不一而足，约而举之，可分积极与消极两方面。积极方面，是一意闲心取乐，看戏捧角，不论童伶女伶，来者不拒，于是门庭如市，全是些绮年玉貌如花似玉的人儿，不是郭令公肉屏风，却像袁随园女弟子。好在只图热闹，不损精神不耗钱财，于是燕语莺声、清歌妙舞，都被他用作滋补的妙品了。此外常常同些诗友门生故吏游游逛逛，说说笑笑，尤其高兴作诗，几乎一日一首，摇笔即来，毫不费力。他的诗句，在旧京诗人是有名的大杂拌，有时像诗钟，有时像白话，纯任自然，决不推敲磨琢，如此做法，便无呕心之苦，而反收开心之益。有人把他的作诗，比做孙菊仙的唱戏，不受一毫所谓规矩格律的拘束，要怎么唱便怎么唱，这样便只有快乐而无损失。所以老樊的诗，愈是晚年愈是美丽风流的字句，青红黄紫，金玉香甜之外，字里行间，每每现出些个"好女儿"、"女孩儿"，诗人们便仿效崔黄叶王桐花之例，称他为"樊女儿"。

忘年养寿不知春秋

消极方面是不把"老"字放在心上。老的特征，自然是年龄。别人对于他的由七十而八十，八十而九十，少不得一路恭惟他"古稀大台"，进一步晋祝他"期颐"，再恭惟一点，索性"长生不老"，但他本人却是"满不在乎"，常说"殇子为寿，彭祖为夭"，何须计论，似乎人的年龄最好是不记忆不理会。这的确是养寿的一个良法，

---

① all are escapable except the death door：英文"死路难逃"。

原来年龄本就走向死亡的路程纪录。人之有死，固然是自然之理，况且在过程中，不断地消耗摧挫，如同机器一样，用久了自然是朽坏了，但年龄的纪录，促成"来日无多"的心理恐怖，亦不能说全无关系。老樊不然，他以"与寿相忘"为"养生之法"，实做"不知春秋"，唯其不知，是以不碍。

妾似方张寇

身体和精神上的损害，就普通而论，不外乎女色、食欲、操劳、忧急的一切一切。但老樊却都有相当的防范。虽做了几十年的阔官大老，照例有七、八、十来个姨太太的，他却不闹这一套，他的诗友常说他"旁无姬侍"，恐怕不是绝对，因他昔年所做的诗里头有句"中年妾似方张寇"，有个常州进士姓庄的还把此句为题，做了一首试帖诗去调侃他："中妇如花貌，流年似水长。人方惊寇至，妾恰似鸥张。不讶红颜老，遥看赤帜将。雌氛滋椒扰，宵枕恣强梁。"说得姨太太之可怕，意和绑架的土匪一样。

彻底防卫

可见"妾"是有的，但既视如"方张之寇"，足见此老性欲不强，亦就是卫生之一道了。再则意外的惊吓，特别糟心的事故，使心灵上受了重大的刺激，伏下深刻的创痕，亦足以伤生致命。但樊老亦有个彻底的防卫法，就是"不痴不聋不做阿翁"。二十年中兵荒马乱，即论旧京一地，亦曾五六次的炮火飞机。但他只给它个痴聋不理。若是朋友聚在一块谈到哪一省兵灾，哪一处水旱，他就连忙用话岔开，说"不谈那些，不谈那些"，"说好听的！开心的！"不但对于国家、社会如此，前年冬天，他的少君深夜回家，走在离家有不远的僻巷,遇着个拦路人,吓得飞跑,后面暴徒追来刺了一刀,却未致命,连喊带跳地窜回家中,因神经刺激遂成疯颠,旋即死去。老樊以霜雪残年,抱西河惨痛,又是非常祸变。别人很替他担心,恐怕牵连了他的老命,百方劝慰。谁料他却行所无事,平平淡淡地把这番惊涛骇浪渡过了。他说这并非不近人情,因为悲痛忧伤,于死者无益,于老年却有损,所以用不着旁人劝他"达观"、"保重",自己早有把握,这不能说他天性薄,而只能赞他见得透。

然而病矣

如此的险恶悲剧,却不能影响到他的养寿卫生,还有何事可以损年可以酿病呢。哼,哼,谁想去年冬天又出了一个"差头",竟把个"一生唯作乐,万事不关心"的樊老头儿,闹得食不甘,眠不稳,坐立不安,于是乎疾矣。

不就民政怕麻烦

老樊由光绪三年的翰林,庶常散馆,做陕西的知县,飞黄腾达,升到本省布政使司二品方面,直到辛亥革命,他还在江宁藩司任上,在旧官场上说来,总算得个"受恩深重,年迈老臣",遗老之中,当然有他一席了。但他却不肯受遗老二字的束缚,虽然他亦并不效忠民国。

武昌起义之时,黎元洪为他是鄂籍的耆宿,再三请做湖北民政长,他不肯就。老黎无奈,只得长电哀求说"元洪不见弃于天下,独见弃于我公乎!"这一句柔中有刚,很有分量,但他依然摇头三不应。不是不愿做民国的官,乃是怕和革命党在一起麻烦。

就参政为拿钱

过两年，老袁又来了一回卑辞厚币，还配上水礼数色"酱肉、玫瑰饼、香片茶"，还有津浦路的一辆专车，说是安车蒲轮之意，到京以后，先为顾问，后授参政，干薪厚俸，享用优游。他对于老袁，时而君上，时而御前，谢恩上本，极口颂扬。有人问他为何以前倨而后恭，远黎而亲袁，弃省长而就参政乎。他说：不管姓黎姓袁、民政参政，总须合于我的卫生，一要"有钱"，二要"无事"。

无论魏晋

自入京以后，不论当局何人，亦不问是总理、是总长、是巡帅、是督军、是甲派、是乙系，只要"有人给钱恤他的老"，或是"希望中可以有钱来者"，他就赠诗献赋，文字联欢。从前吴子玉极盛的时候，他做过篇什么颂，去年东北军入关以后，他又晋了一篇上将军弭兵颂。总括一句，谁来谁颂，绝无派别是非之成见。他于世事沧桑似已看破一切，而于局面轮翻，亦就抱定了四个大字"无论魏晋"，和他对于年龄上的"不知春秋"倒是贴对，虽然有人骂他冯道一流，在他的岁数、老境上，亦还不无可以原谅之处。

"尚书"起风波

唯有早经逊位的清皇室，对于老樊，常常发生一种说不出来的苦感，这大约是他平日不甚注意的。只知联络当令的要津，对于他的故主，太不周旋。不周旋不要紧，偏又打着前清耆宿的旗号，摇摇摆摆，而且惯拿清室的官衔随意赠人，于总长则称以尚书，于省长则称中丞，余如侍郎、京卿、督部，是前清的官称，他都拿来作为联欢民国要人用了。如此，既假清室已堕之柄，又遗逊帝以反动之嫌(旁人看了，好像清室还在暗中封官授爵，其实是老樊的本地上谕)，清室早已不耐。同时有一黄某一金某者，在外自称太保、少保，堂乎其皇，清室心下更不痛快。恰巧平津报上登了个启事：

《樊山尚书鬻书》

六个大字，大书特书，被清室办事处的人看见，说这不能不表示一下了。于是用办事处名义正式委托保权律师团登报说："樊山即樊增祥别号。增祥是曾经革职之藩司，乃冒称尚书，本可付之一笑。唯因有人询问，而清室自逊位后，从未授何官职，特为声明，以防混冒"云云。

数行告白一道伤痕

这个广告登出，可以说是对于老樊的吃饭、拿钱、体面、一切一切的一个从来未有之打击。因为他卖字卖文收入甚富，代价甚昂，却并不是凭仗文字和书法的真本领，实是倚老卖老，而"老"的背景里，却又有前朝大老、耆旧名流许多衬托。亦就是北方的官僚军阀，及一部分文人所以信仰，肯花重价，得其文墨为荣的大原因，谁想凭空来了这样个青天霹雳，别的不要紧，一切的文墨生意都要落行跌价了。而且眼看着一篇歌颂，即将到手的一千番佛(上海某报说代价两万，乃过甚其词)，竟致功亏一篑，全数落空。从此以后，好比落水的偶像，失其威灵，实在影响非小！于是向来不惊不扰无忧虑的老樊，竟被这数行广告，冲破了心扉，震断了心弦，在天君自泰的灵府神经里划了一道不可救药的创痕。

未满三十之幼主　八十五岁之老臣

然而"尚书"的广告，倒不是老樊的亲笔，乃是他的经纪人夏太史所为。事后樊的两位朋交不免把夏某一场抱怨，夏某还说樊山护理过总督，就有称尚书的资格，这个理由亦很勉强，况且亦无法再向前途抬杠，于是夏某只得挺身而出，又登了一个启示，大意说尚书一节，是我姓夏的一人所作，与樊山及其他知友一概无干。这样，也只能略为减轻老樊的招摇嫌疑，而信用究竟难以复元。老樊一面上书于逊帝，大发牢骚说："以未满三十之幼主，而欺辱八十五岁之老臣，于情何思，于理何安?!"他又怪着一般清室左右的人平日亦都有往来，竟无一个先事照应的。于是十分懊丧，精神气概都不似以前了。

最后的"女儿"

在去年废历腊月的一个深夜，他睡在床上，觉得有些饿，于是自己找些酥糖充饥，因为俯身拾鞋，一个龙钟，腿脚受损。他就顺势在地上一坐，歇了片响，觉得活动些，便又爬到床上睡了。（可见现在的确是年老孤栖，亦算可怜。）谁知从此日起，就一连四十余日不能出门，动转挪移，远非昔比。不过他还不认为末日将至，在卧室接见亲友，亦还谈笑如常，但从前做诗几乎一天一首，此时却日见其少了。可注意的是一首《岁暮偶成》：

西北高风冷不支，敝裘唯觉拥炉宜。徒增年辈难求友，渐减聪明少作诗。宋稗尽多同异处，唐花常有矫揉时。色香总爱天然好，第一肉身姚女儿。

把一番牢骚,充量宣泄,抑郁颓唐,完全不是平常的格调,而"女儿"亦就以此为最后之一声矣。

坐穿九个蒲团

过了些日子,王揖唐寄诗慰问,他还强为乐观的答了一首:

佳语环生玉字连,甘甜如蜜满中边。迎鳌哪判雌雄岁,秉气何分大小年。处处青阳栽竹地,朝朝紫磨镀金天。坐穿九个蒲团后,即是华阳洞里仙。

末两句言其虽然不能行动,也还不失养生之常度,仙体之无亏。

泣红绝笔

这是他最后的绝笔了,中风的前两日(本月九日,废历二十一),题目是和散花子泣红图韵。

泣红恨煞五更风,飘堕楼西更阁东。填海本无精卫力,补天难得女娲功。细腰莫觅孙荆玉,倾国谁如盛小丛。明月满庭池水绿,怪他清露泣梧桐。

佛力无边在石幢,为花祈命木鱼枞。广开香国三千界,另辟花田四十双。已遣燕莺坚壁守,莫教蜂蝶竖旗降。小家只解拈红紫,齐鲁由来是大邦。

补天无功,填海无力,小家红紫,齐鲁大邦,明明是向着一般遗老解嘲,亦还带点讥讽,换几句话说,就是专作遗老无益,不如自己亲寻乐趣,倒是他的由衷之言,至于文词情采,虽然"香国""花田""燕莺""红紫"还是用惯了的秾艳字样,而音凄气索,迥异素常,一片清商,自伤堕落,起首泣红两句,不殊葬花一曲,亦可悲矣。

最后五分钟

是本月十一日,忽然口眼歪斜,定神不语,中了风了,西医所谓脑冲血,乃思虑过度之所致也。身边的孙曾后辈及湖北亲友赶紧延医,把著名的克礼大夫搬来,克礼亦是束手无策,说此病虽年轻人亦不易活,何况这大的年龄。于是由十二十三而十四,到了晚间九点四十五分,便大运告终了。

樊之年寿既高,历史甚长。前清宦迹,且不详述,但论民国二十年中,在十丈京尘中亦演了不少的浪漫不羁的活动影片。说到他的言词态度,固然可笑,想到他的年龄家境,又觉得可怜。儿子早已死得干净,孙曾又不能尽奉甘旨,老头儿卖文卖字,总算自食其力。(他有个孙子摩其书法极肖,颇能代笔分劳。)其与清室之事,各非一朝一夕之故,清室亦非为一人而发,不足深论。唯向以不老不病之身,习不老长生之诀,行之已久,大验弥昭,而最后仍不免于心头一棒,其嗔痴之障犹未尽除乎。书此以告一般摄生养寿者,俾览观焉。

(原载于 1931 年 3 月 22—24 日上海《时报》)

文坛二怪之趣史

无独有偶

语云:物无独,必有偶,既生瑜,何生亮。是以文有韩即有柳,诗有李即有杜,伶有杨即有梅,星有贾(波林)即有陆(克),军有段即有冯,政有斯(塔林)即有莫(索里尼)。或有大同,或有小异,或同中有异,或异中有同,或如骖勒之相依,或若峰岳之并峙,时期无后先,格度相伯仲,勿论其人之属于何阶,居于何等,即作场上优孟、幕上僬侥观,亦足以悦目赏心,是则十余来颠倒众生、张扬京国如樊易者,固不可以无述焉。

樊籍湖北,易隶湖南,樊以藩司为升吉甫劾罢,易以道员为岑云阶严参。樊作诗,易亦作诗。易捧角,樊亦捧角。易自命风流,樊喜为浪漫。易号龙阳才子,樊号天琴老人。易作国花歌(梅),樊就作璧云曲(贾),声应气求,群分类聚,在如此者。

一个忘年,一个怕老

前谈樊氏以忘年远色养寿,故登八秩而发未斑。易氏则时时自数其龄,惴惴于将至之死,其乙卯诗有云:"名士一文值钱少,古人五十盖棺多。死期已比前年近,能比前年快活么?"自序云:"三十年前推命者谓余寿只五十有九,今仅余一岁,而适逢开国纪元,因赋小诗,反自吊为自贺。"以洪宪改元为彼个人续命之汤。又云:"自洪宪元年,另有新生命,以前甲子可以不算。"是比昔之临死以"这回不算"自挽者,尤匪夷所思。又时时自称童子,自修边幅,须白不蓄而更染其发,以状青年。樊氏调以七律云:"美人名士总风流,都怕人间笑白头。润色庾郎枯树槁,忏除李主见花羞。左萦右拂真忘老,西抹东涂本自由。知否故人沧海上,斜簪散发伴闲鸥。""傅粉三河一少年,不图周甲貌如仙。妇衣乍可更何晏,男色将无媲董贤。寂寂晚春伤雪絮,微微轻绿扬茶烟。欧西小说长生术,风雅如君绝可怜。"又云:"石甫自伤老大,余视石甫犹神童,子琴夫人犹新嫁娘也。"易又大做其三呼万岁之诗,以谀洪宪,如:"历文几度换沧桑,受命于天寿永昌。御笔亲圈恭拟字,诞膺天命祚无疆。""八方风雨会神皋,五岳之中气更豪。四万万人呼万岁,圣神天子出嵩高。"有笑其媚附已甚者,则答曰:"此非颂表,实系吾生命。洪宪元年吾一岁,洪宪万岁吾亦万岁矣。"其无聊类如此。然愈畏死者,死神愈压迫,故易逝已十年强,乃及于樊,易仅逾周甲也。昔刘伶荷锸漫游,曰死便埋我,若所谓"同生死,轻去就"者然。论者谓口之无忌正其心之难忘,知言哉。

一竹一芝

樊所捧曰富竹友,易所捧曰鲜灵芝,皆民七八间女伶,擅声艺。樊第循旧京名士故习,文字标榜,款接周旋而已。易则流连戏馆,追尾香车,俨若市井无赖,又非樊所肯为。鲜本有夫之妇(即去岁哄动津门丁鲜离婚案中之丁戴氏,鲜伶原氏戴名修贞也),易犹依依若有厚望者焉。樊氏恒调谑之:"使君潞琢美风仪,从事无劳肆诋諆。蜀后洛妃俱再嫁,何伤刘瑁与袁熙。""手摹芝草下商严,坐

26

使青宫羽翼添。貌似妇人年老大,留侯绮皓一身兼。"皆其调侃易神童之作。

哭庵之哭

有名金玉兰者,即民五间老汉为本报(《时报》)作通信"金王崩御记"以讽洪宪之女伶也,亦易所倾倒。民二间曾传其夭逝,后证为失实,至民五果以骇悸亡(另有家庭悲剧)。易哭之以诗曰:"癸丑惊心到丙辰,三年噩耗果成真。直将叹凤嗟麟意,来吊生龙活虎人。哭汝只应珠作唾,无郎终保玉为身。百花生日才过了,蓦地罡风断送春。"樊慰易有云:"多少流莺哭暮春,哭庵眼泪未全贫。九原粉黛多才鬼,并世芝兰是俊人。无复清城三换拍,误教苟情两伤神。可怜殁玉埋黄土,犹是云英未嫁身。"金貌不若鲜,然鲜已罗敷,而金尚无正配,故易望尤奢,然金实有后监人,易固未获一面也。及其已逝,乃自附于戚故,往视其殓。樊诗所谓"赢得韶颜死后看,枇杷门里纸灰寒。欲亲芗泽曾无路,才附冰肌已盖棺"也。

调侃绝对

其尤谑者,樊调易曰:"使问廉颇遗矢否(此三字谐音易石甫),妃惭杨广带羞烝(三字谐鲜之本名)。"易报之曰:"臭十余年夫逐有(谐富竹友),矢三遗后饭增强(谐樊增祥)。"自是佻荡不登大雅,然典实运用,巧捷自然,专论技术,亦不易得。二人之所谓文采风流,大率类是。十年以前,颇风靡一世,以其唱酬最多,而又不外浪漫色情之事,风格诚非高尚,然不失为彼时之颓废派大家。一般少年子弟,受其影响,以放浪形骸,旁若无人,自许为有"无心肝"out of mind 之必要,笑骂由他,纵情任意者,大有人焉。

□□如其仁

世虽并称樊易,而樊又恒藐易,盖行辈稍先,而樊文又视稍洁。某次易为佛诞纪念联:"欲问大局机关,佛言不可说,不可说;若论空王愿力,子曰如其仁,如其仁。"樊语人此袭吾旧也。盖樊挽李鸿章联为"能任天下,伊尹似之,治亦进,乱亦进;不以兵车,管仲力也,如其仁,如其仁"云。

易氏与肃政史

易以才名获保肃政史,肃政史者司监察弹劾,如清之御史。有以其诗进者曰,似此荒诞,胡可以入清肃之班。竟落选,另畀印铸局参事。樊为解嘲曰:"喜见舍人登凤阁,转因诗案失乌台。汉庭趻踔妨何事,终是人间未易才。"又云:"卖珠忆否良家子,翠袖牵萝一世贫。"则樊氏用以自况其清高不仕,然黄陂任内国史馆一事,亦若与易肃政院相晖映焉。

樊氏与国史馆

时国史馆总裁王闿运,甫在湘逝世,各报以樊与黎既夙厚,又文坛老宿,政府亦或拟议及之,浸致风传,实未有定议也,遽为众议院李梦彪、高枳所闻,提案质问。其质问之文,乃全用俪黄配白之词章体,如赵瓯北之讨袁子才,所斥者樊之人,而所摹则樊之文,国会议案中之别调。文曰:

　　查樊增祥薄有虚名,未闻大道。考其利行之文字,大率俳优之辞章,媟语淫言,伤风败俗,温冬郎无其轻薄,李笠翁逊其顽鄙。拟之庾兰成则词赋罪人,目为袁子才则诗家恶派。罪浮少正,幸逃两观之诛;恶比刘歆,未致羽山之殛。按以出版之法,律有明条;惩以嬉俗之愆,咎何能谢。政府纵存宽大,不予诛求,奈何欲使宵人,膺兹重任。且政改共和,事属创造,举凡经天纬地之制作,悉关千秋万世之观瞻,一经失实,最易惑人。樊增祥自辛亥以来,猖狂益甚,既不为满清尽节,亦不为民国效忠,托迹东方玩世,自居危素老臣。故其论国是,则曰议员须加考试;及其得参政,则颂袁氏拟于仁宗。荒谬绝伦,天良尽丧。追溯袁氏野心之所由起,讵非此辈谀词之所酿成。盖有哀章之献符命,而后有王莽之篡弑;有荀勖之撰九锡,而后有魏氏之禅代。佞臣元恶,相辅而成,古往今来,如出一辙。国家未始无才,奈何齿及樊某。一旦厕身东观,秉笔兰台,淆乱是非,颠倒黑白,窃恐正大光明之事迹,反类谤书秽史以流传。要不仅求米而湮没丁仪,挟怨而妄评诸葛已也。本员为尊重国史起见,依法质问,有无其事,望即答复,以释群疑。

说者谓若非对樊而发,其笔下当不预备如许之词藻,樊若无"考试议员"之建议(樊于民国政治之建议,以此为最具体者,其余或不谈,即谈亦不过任意诙谐而已),则罗汉先生或尚不至如此之痛心疾首也。然樊长国史,本非确定之事实,而此提案,则与法庭之风流判牍,同为别裁,在俶扰十余年之国会史,汗牛充栋之议案文,颇占别开生面之一页云。

(1931 年 3 月 25 日)

挽樊樊山诗

樊山、寒云，相继以逝，皆由文坛上名流之特出者，若纯取旁观态度，作浑括论断，则瑕瑜互见，名谤相俱，为二人之所同。老汉个人与樊则素昧生平，与袁则交期莫逆（近数年虽疏音问，而实无间初终）。吾于樊之形迹不检，颇为曲谅，于袁之漫纵自喜，乃若有所憾焉。不敢以世俗漫谀辜我故人也。然樊山只附于《谈荟》，寒云则撰为专篇，即字里行间，亦非无亲疏之辨，本无容心，发于不觉，所谓情谊之周旋，亦止于是矣。

近日挽樊山的诗，有许多佳作，以王式通四章最为曲而能达。其一云：

一县花明手自栽，轻将华岳换蓬莱。不谭理学凭天趣，为有诗名掩吏才。桑海商量行乐法，柘枝颠倒读书堆。岁星事事都游戏，撼树蚍蜉莫浪猜。

头两句是说他由翰林而改官陕西知县。以下的"桑海商量行乐法"、"岁星事事都游戏"就是老汉上回所说的"无论魏晋"、"不知春秋"、"养生保寿"。蚍蜉一语大概是指反樊的一般人而言。其曰云：

诏书罪己出长安，都作兴元陆九看。幕府论才称武库，磨崖刻颂壮文澜。不教野语腾瓜蔓（原注：用诏书语意），犹有闲情咏牡丹。回首略园宾客邈，只留秘记在金銮。

按当庚子清帝后逃至长安时，樊正服官陕省，夙以文笔才调受知于军机荣禄、鹿传霖,故彼时重要长篇谕旨,多交樊手拟。其最为时人所称道者,为宣布除旧维新之一篇大文。但戊戌新政推翻未久,而又不愿起用康、梁,于是荣禄亲受意旨"要维新,不要康、梁",命樊氏善为措词,遂成双层夹板之难题。樊固以善做窄题□艺名者,于是本其"融洽分明"之技术,惨淡经营,全文条畅顺利,中路有以下之一段:

> 朕痛自刻责,深念数十年积习相陈,固循粉饰,以致成此大衅。一切政事,尤须切实整顿,以期渐致富强。取外国之长,乃可补中国之短;惩前事之失,乃可作后事之师。自丁戊以还,伪辩纵横,妄分新旧,康逆之祸,殆更甚于红拳,迄今海外逋逃,尚以富有贵为等票诱人谋逆,更借保皇保种之奸,实为离间宫庭之意。殊不知康逆之谈新法,乃乱法也,非变法也。(下略)

先把老康痛骂一阵,宣布他造谣生事的罪状,以新法二字分出乱法和变法两层,真有"胸中雪亮、腕底风生"之乐。而"乃乱法也,非变法也"两语,说者谓自洪承畴寿文"杀吾君者吾仇也,杀吾仇者吾君也"句法脱胎。彼则挽合得妙,此则分析得巧也。

王作第三首之"哭子汍澜又女孙,齐眉伴杳痛难言"证以陈衍《石遗室诗话》所云:"樊山艳体诗使人见之,疑为若何翩翩年少,岂知清癯一叟,旁无姬侍,且素不作狎邪游,则不唯摄生有法,且笃于糟糠之义,在旧官中殊不易得矣。"吾前记亦称其年老孤栖,凤持色戒。第于樊老素不相识,尤不悉其家庭,偶见"中年妾"之句,聊为夹写,以待参证。比接自署"七五翁"者函述,知为樊咏易顺鼎之句,此固无关人体,而吾十七五翁惠教之意,则甚欣□焉。

王式通,字书衡,前清官大理院推丞,受知张百熙,民四时,曾一度为政事堂机要局长,文笔敏赡而有雅度,亦旧都诗人之一,十六年北京外交总长王荫泰之父也。年老而不蓄须,意态萧闲,摄生保趣,亦若趋步樊山者。

又曹经沅四章亦清婉无不尽之意,其第二、三首云:

> 越缦湘潭递主盟,樊南明秀出天成。删除叹老嗟卑语,尽有裁云镂月情。心血故应多数斗,声名早重连城。纷纷唐宋拘门户,何似先生掉臂行。

> 上寿高名早通身,若论晚遇总悲辛。语多诙诡宁谐俗,文渐颓唐只坐贫。顾曲怕谈天宝事,看花凄断会昌春。倘教生及乾嘉盛,便是仓山一辈人。

樊诗多而不精,旧都诗坛最研格律,一字一句,琢磨入细,樊则不事推敲,纯任自然。故诗人以其耆宿,貌为尊崇,而实多非议。然其诗确另有长处,即努力打破“叹怆多妙,欢娱难工”之惯例是也。“删除叹老嗟卑语,尽有裁云镂月情”两句,洵樊之知己。

“便是仓山”句之“便是”二字,作者后易为“何止”,以为拟以随园尚嫌有屈也。樊以翰林出为县令,其好为绮语,多致女徒,亦无一不似,然子才早辞簪绂,难进易退,有非樊所可同年而语者。当官政绩,则樊山判牍,明爽隽快,宜乎脍炙人口,然过恃才调,不察事情,多为书面审理式,亦足以一扫积压拖累之病,而与得其情哀矜勿喜者则有间矣。

随园倜傥自喜,放浪不羁,致为道学家所诋。然某笔记述其作宰一事,有乡人讼其新妇嫁五月而生子者。袁谓为按生理有可能,且曰本县即五个月生者。于是讼者无语,此妇得以保全。此其宅心之厚,设词之巧,固非沾沾于道学者所能知也,可厚非欤!

（原载于上海《时报》）

洹上归云记

一代惊才　百方摧折
三般绝艺　两日沉疴

戕生促寿

善于卫生养寿的莫过于樊樊山，亟于戕生促寿的莫甚于袁寒云。樊山寿至八十有六，寒云年止四十有二。常语说"人生五十不为夭"，而寒云固未及半百之年也。

在民国五年的秋间，我曾为本报做过一篇《项城归榇记》，对于那位"千夫所指"的"一世之雄"，不觉发生了"一棺附身万事都已"的感想。现在又拿起笔来写这篇《洹上归云记》，我想对于寒云的印象，对于世间类似寒云的一切联想，都又深了一层，因为他是大家庭中（袁家那样的大！）的一个可以得意而竟不得意的。noble born①，又是老汉永不能忘的 a friend in need②，虽然近几年来踪迹甚疏，甚至不通音问，想起他的一生潦倒，绝世才华，又岂能不有一番凭吊？

---

① noble born：英文"贵族出身"、"贵胄"。
② a friend in need：英文"患难朋友"。

不乐的乐，愁而不愁

"不乐损年，长愁酿病，人生到此，天道宁论。"

这是旁人集的成句，用之于寒云，似乎是泛一点，生长豪华，纵情声色，乐也算乐极了，还有什么愁？何况"碧炬连空惊不夜，红颜绕座唱无愁"，他这两句诗足以自表快乐的一生乎。但是我们知道，一个人内心的蕴蓄，和外表的观象，常常像是不一致而实在是相联络的，喜极了会哭，哀极了亦会笑，热烈极了会冷淡，明白透了亦会疯狂，人生命运不齐，升沉难定，啼笑不能自主的时候，只须清夜自思，所谓尽人难免。说到寒云，虽然不能尽其底蕴，但家国的隐痛，心灵的创痕，只怕与他半世的浪漫生涯，颠狂态度，多少有些关系吧。

流水音边

他是项城的第二个儿子，当新华宫权威炙手，万象繁荣的时候，他却找一个很僻远的"流水音"住了，"流水音"这个地方，只要逛过三海公园（即当年之总统府）都知道，在新华门内，到瀛台去的路旁，离"大内"很远，离大门倒近，所谓"前不着村后不着店"的数间小屋，可见当他做"陈思王"——别人送他的佳号——已经是萧然自远，物外优游了。

危疑远祸

"洪宪"正是历史上千夫所指的一页，民四五间，老汉的许多通信，可是说是十二分不客气的箴讽、嘲笑。但当年的寒云如何，倒不得而知，到民八冬间认识了偶然谈起，他说那时只有吃酒做

诗,不闻不问,却曾做过这样两句:

须知高处多奇险,莫到琼楼最上层。

因为当时是口述,未曾记录下来,所以记忆不真,但大体无误①。是以"琼楼玉宇,高处不胜寒"那旧词里脱化出来,他又从箧中取出一方小图章,刻的是"皇二子",他说若不是如此的掩饰着附和着,只那几句诗,就是一场无法解免的大祸,但他的尊人(项城)却没有什么,所以使他不得不如此的,当然别有人在,至于究竟何人,好像上海某报曾经详细的说过。他在上海的时候,遭遇他老太太的大事,他来信有"不获奔丧,有种种难言之隐"的话,所以此处亦可无庸多述了。

极端颓废,一切摧毁

至于最近这几年的袁寒云种种放浪颠狂的一切一切,总括起来,不但是生命上的自戕,而且把声名资望尽量的摧毁、消灭,似乎只求个一干二净。虽然颓废之下,未必能够加上一个"派",然而demented② 一个外国名词却也当之而无愧。

经济的压迫,自然是颓废的主要原因,但寒云不是没有幸福根基的人,何以他的许多兄弟个个吃着不尽?名士、骚人、孤臣、孽子是造成经济压迫的原因,而经济压迫,又是促成极端颓废的要素。

几篇酬答

在民八那一年,我帮朋友办一个副张刊物。他由投稿而订交,

① 此两句诗,在《凌霄汉阁谈荟》(十九)一文中据核查日记更正为:"绝怜高处多风雨,莫到琼楼最上层。"

② demented:英文"发狂的"。

文酒两会，几于无日无之。报的销路，仗他的文字，撑起了江山半壁，每次昆曲会串，更与我以不少的戏曲知识。就在那岁尾年头，他说要向江南寻春去，我备酒与他饯行，他还约来一位梨园耆宿孙菊仙老先生，记得即席赠他一诗是：

　　四座华颜发，三更玉漏迟。新篇斟古意，浅醉惜芳时。此会应非梦，吾侪合起衰。明年重把晤，应及早春期。

至于平常他赠我的诗是很多了。他的诗才本比我富足十倍，本说是次年就回来的，谁想他一去五六年，直到民十二才重莅宣南。我听说他在上海几年的情形完全走向 dement① 的路上去了。别的且不说，经济压迫之下，还是一味放纵，势非走向绝路不可。岂是流水音时代，做名士做豪华公子都还有点凭借。为友谊起见，似乎不可以无言。他来平之后，在"新华"番菜馆请客，座中还是莺莺燕燕，粉黛成群，我心下好生不然。第二天便做了首诗给他看：

　　新华疑是旧新华，宝玦青珊入酒家。卍字廊前几兴废，汤汤流水亦虫沙。

这首诗太不客气了。他并不以为忤，来了一篇和作：

　　十年掩袂去京华，一棹江湖久泛家。又向城南共樽酒，只应合眼对尘沙。

不自知所以　欲忘其所以

外有一封信，内说："文自缚于粉脂中者几二十年，酸辛备历，欢怨成忘，文姬下堂，一身无碍。自顾年垂四十，今而后当拔于波

---

　　①　dement：英文"狂人"。

涛中矣,故曾为《地狱篇》以志识焉。不意昨岁莅都,忽有解后,蚕重作茧,蛛又吐丝,古井之波,狂于掀海,死灰之燃,烈火燎原,不自知所以,亦欲忘其所以,实难逃之定数耳。于戏,东坡肚皮,与时舛误,风尘青眼,识我穷途,文之感恋,正有自焉。苟非然者,忧患之身,岂尚有余情沉湎于此。偶述近状,聊慰故人。"寒云有一道不可及处,无论如何颓丧,到感情真挚时,决不肯扭扭捏捏,常能开口见心。信中所说,可以断为真意流露。当然,又是公子,又是名流,又是曲家,女子们闻风倾动的不少,其实诸如此类一时的倾动,决非良好的因缘。聪明如寒云,何至一而再再而三的不能自谋解脱。这或者是"当局者迷",亦就是"不自知所以,欲忘其所以"了。他的末路的种种,亦就包括在这两句中,至于他对于贵族狂恣,民生憔悴,并未忘怀,只看插图中的一首诗就知道了[①]。

后来他的踪迹,时南时北,最近的三年中则常住天津。有时到北平来,有时我到天津。谁也打听谁,谁也没有访过谁。于是咫尺之间,竟致两不照面。昨忽传其噩耗,闻病作只两日已不救,盖二竖之祟,非一朝一夕之故也。

寒云三绝

寒云三绝,曰诗、书、曲。其诗跌宕纵横,清而不浮,华而不纤。(于词最工小令)宗法温李,亦喜长吉,而于一仙一圣则有微词,于西江派及时下之二陈系,更为痛绝。其论诗云:

> 诗人唐盛矣。崴崴大家,为百世宗仰,首推李杜。工部信苍严激壮,而旨趣酸寒,太白仙才则少奇崛之气,斯二子盖束

---

① 原文附有《寒云遗墨》插图二幅。

于天赋者尔,然声名若有唐一代无足与抗颜者,何耶?是耳食之徒假推榜以自炫,震二子之富,浸相鼓誉。于是名者日高,而纯尽之家,反却于后,甚有蹈宋人之妄,指高古积玄不为庸流窥解之作,缪为毁抑,至酿时近以鄙俗恒钉为能事,求浅达似村讴俚曲而不获,又非知崇李杜者所拟例也。迩世风颓,诗尤裂坠,若江西诗派狂趋嚣涩,沦溺梅圣俞一流,益厉其恶,喻之禽鸣而无其婉利,喻之兽噑而无其雄拔,更乌足与言诗哉。今之论诗者多,其心目,乃仰附妖矗,争师效之,此予感慨太息而不能已于言者也。

他的书法是从篆隶入手,又得唐人写经数种,朝夕临摹,故格高而力劲,其论书云:

> 书法始于篆,学书法必以篆始,篆书体画整肃,行白谨严,习之而后攻他,庶免弱俗荒斜之病。篆法既尽,乃以隶体宕之。学隶当取西汉诸碑。东迁以降多尚侧媚,古意渐疏矣。进参以古草,极纵横转折之势。探书之源,立书之本,以六朝楷法束之而书成矣。六朝之书,尤推北魏碑志,所见隶姿篆骨,允为楷之宗法,若钟王之书,诚尽善尽美者也。其楷书传世者,惜多见于帖。帖为钩摹而成者,纵有佳工,亦难完其神髓。碑志则书于石刊者,得守其原,无或微失,故取六朝之真,弃钟王之伪。隋唐碑志良有佳构,浏览可耳。宋元人书日趋婉媚,以锋芒胜,不宜入石,墨本犹有可观者。明人侧露益甚,间坠妖鄙。清士困于帖括,不可超拔,故书多拘陋。然此特泛言耳。若奇突之士,不惑俗流,窥古人之堂奥,而自成一家者,代尚有其人焉,夺篆隶之真魄,与西京抗手,千百年中,一何道州耳。唐以后名家之书供参玩则可,用为师法则未足也。予

非敢故为高论，独慨世人多舍本而务末，或临三希堂，或摹覃溪、石庵辈，稍获貌似，即以书家自许，倘知法东坡、山谷、松雪、香光诸家，则更以高古傲人，求知六朝者已鲜，遑论三代秦汉矣。古法沦堕，复何言哉。读大论知为有心于书者，故敢以下愚一得辱高明之听。拜上，半梦法家。

他的歌曲是从宋元探本，于宫调声律，力从正轨，不为地方习气所固。论曲云：

曲始于宋光宗朝，永嘉人作赵贞女蔡二郎、王魁负桂英二剧，为南词之祖。当时号曰永嘉杂剧，多以方言俚语谱入词调，按笛和而歌之。名家之词，亦有入歌者，如《白石山词集》旁注工谱，可证也。元人专于曲，即今北曲之始，杂以北地及蒙古为辞之助，又增变宫变徵二音，遂觉激楚悲凉，视南曲之旖旎婉媚，各有长矣。王实甫《西厢记》，为北曲传奇之创，高则诚《琵琶记》为南曲传奇之创，琵琶则争唱中郎，迄今弗替，《西厢》为李日华改谱南词，浅俗易唱，而原谱遂罕流布人间，竟谓北《西厢》不宜入歌，诬哉。予藏有北《西厢》全谱，音调简练高壮，视南谱之靡靡直判霄壤。盖曲之初每字至多有二声，宋元皆然。自明中落以降，遂有衍至数十声一字者，古调失矣。元及明初之传奇，或南或北，全谱一体，后人虽揉南北曲于一传奇，犹每出一体，又后则一出之中南北杂奏矣。初仅分南北曲，晚明始因地而分腔：出江西曰弋阳腔，两京湖南闽广用之；出会稽曰余姚腔，常润池太扬徐用之；海盐腔则用于嘉湖温台；惟昆腔只行于吴，今则各地之曲皆出于昆系，故统曰昆腔，余俱废矣。自宋迄清，歌曲者除北曲遇入声读北音，余俱以中州韵为准则，故昔有《中州音韵》一书为歌者法。惟净、付、丑间有用各地乡言者,亦各有定制,生旦诸色,则不能杂他音。明徐渭曰,凡唱最忌乡音,吴人不辨"清、侵、亲",松江"支、朱、知",金陵"街、该,生、僧",扬州"百、卜",常州"作、卓",皆先正之而后唱可也。此乃唱之确论,今之苏人多以唱昆曲不用苏音为非,至可哂矣。

事有定见,胸无城府

他论书那封信是写给吾家半梦先生的。半梦喜帖,尤服膺王梦楼,清晖奇艳,却是美的一路,与寒云的主张显然不同,然而他却是侃侃而谈,各以其是,一种直谏精神,岂是虚与周旋的朋友所能梦见。他的诗友好多是西江派,曲友更多苏昆人,然而他不惜把正确的见解,用强毅的语调公表出来,脱尽文人标榜之习,而亦绝无与人以难堪之顾虑,因为本不是对于个人而发,所以别人也能原谅他。而寒云之个人虽颓唐万状,而事有定见,胸无城府,固与浮薄圆滑者流大异其趣,可于以上三文见之也。

(原载于 1931 年 3 月 29—30 日上海《时报》)

老段的片段

此标题有二义焉。所记不是列传，不是有系统的整篇，无非想起一段事，就写他一段事。好在他本是个老段，一也。老段好棋，自负国手，吾闻棋之高下，以"几段几段"定之，如老段之棋，合于"第几段乎？"二也。

棋

老段伟人也，其于棋也，并非如"高等好闲"者之纯乎消遣，盖有深意存焉。夫棋之特征，一曰"黑白分明"，二曰"勾心斗角"。自古雄才重任，如晋代谢安所谓谢太傅者，兵破苻坚时方"观客斗棋"，棋局即兵法也。庚申直皖战役，段氏失败，孙师郑感事诗曰："胜亦无聊败更悲，东山谢傅不逢时。""攻心其奈从心溃，国手应□着手难。""一枰成毁云烟过，得失鸣虫莫较量。""法远曾传□□□，中山空建胜棋楼。"皆以棋讽段，可称贴切无伦，段之棋术用之于国事者，惟参战一事，于国际地位、本国权利均有裨益，当时黎派中心惴惴，惟恐德国全胜中国不了。然欧战告终，德竟屈服，而老段之主张，竟告最后之胜利，此不能不说他的"棋高一着"也。

诗

段出身武人，且非如冯国璋、徐树铮之有点读书人基础，然而

41

极喜作诗,声律句法,完全不求甚解。如去春七十一岁自寿诗:"少年意气冲霄汉,徒叹几回到上台。德薄难挽已成劫,随遇而安任去来。门生故吏满天下,与进岂能与退哉! 虔修未减宿世业,求生净上往复回。"凡稍研此道者,罔不掩门,所谓短笛无腔,此之谓也。"意气冲霄汉"句,颇似武戏中之点绛唇首句"杀气冲霄",惜乎下句不是儿郎虎豹耳。"门生故吏"一联,似有所指,而语意殊不能明,然而通观全首,亦有一长,即"气盛"是也。此等诗非诗人之诗,亦非文人之诗,乃大人之诗,"大人之诗"粗而豪。清乾隆皇帝可云此派之大代表,例如题贡院诗"千秋得失非虚也,咫尺云泥亦幻哉。若有泪眶啼桂落,那无笑口对花开",如"志贤圣志应须立,言孔孟言大是难"。如此类句法,皆不失为"老粗"口吻,而其嚼墨一喷,不事雕饰的劲儿,亦不失为老气横秋自成一格。彼乾隆之御题既已如此,则老段之以总理而兼执政者,应当亦有些粗味,此可援例以为之解也。

主　考

老段虽不习文事,却曾膺主考。在前清光绪、宣统年,凡留学陆军回国学生应试,所派大臣中照例有段祺瑞,此外则严范孙先生(修)亦常与偕。按旧科名时代,无论文武考,向皆由文员主政,并无以"武"考"武"之事,实因旧时代武场不过"舞刀、举石、射箭",谁都能看个"三七念一",而外国的武备及军学,则必以留学外国军事之老前辈充之。于是非老段莫当此任矣。范孙先生司阅国文,尚有亲工一人,都不过陪衬耳。今者段氏归天矣,述其一生行历者对于此节似不可忽略,因此乃他人所未有之纪录也。

家　长

　　当直皖战役未曾揭幕之先，老段离京城而驻团河，调度一切。老徐左右则在新华门自为策划，并与保定暗通声气。火线快要点着，曹汝霖十分着急，指望宁人息事，便亲自上书于徐，大意说北洋是一家人，把老徐比做"族长"，老段比做"家长"，没有不能了解的事情，千万不可自生嫌隙。反复陈词，十分动听。虽然变在燃眉，无济于事。然而曹氏用心之苦，措词之妙，已可见矣。现在家长是去世了，不知老族长伤心不伤心。

（原载于北京《实报》半月刊）

由样子雷说到香冢

埋人？埋文？诸说不一，
等诸唯物、唯心、唯实之迷可也

读本报上月二十九日记美国建筑家访问"样子雷"事，想起北平的国立图书馆、首都铁道部，以及南北各处正在计划之大建筑，大都崇楼杰阁，画栋雕梁，碧瓦丹甍，飞云卷雨，阔大庄严之气，整齐严肃之形。旧都新建筑之首用此式者为协和医院，次为燕京大学，皆美国人所设计，而华人踵行之。然美人实采用中国的样子，而此等中国样子又泰半为雷姓一家匠心独运之样子，"样子"之名，简易而寻常，一似吾辈报界中常用之"看样子""打样子"之样子者然。实即西方建筑家之所谓计划 design 模型 model 也。悲夫！"样子雷"，若非外国人青眼相看，热心提倡，亦与一般未经外人赏拔之其他国艺同叹"沉沦"耳，谁肯"呐喊"乎？

因美国艺术家、建筑家，还有日本实业家、中国的文化家，乃至市府工务局长技士陆续动员，争演三顾茅庐的大戏，各学千金市骏的古人，于是雷氏门庭，恰似春雷大震，无人理会的破本烂纸，碎砖断瓦，都声价十倍，正是《奇冤报》张别古的话："莫道东风常向北，北风也有转南时。"

然样子大家真正"样子雷"早已不在人间，后人不知继续创作，且并制造模型而不能，而新年厂甸及各期庙会玩具摊上，尚有各式各样之城池楼阁、园林池榭之小模型出售，据云渊源于雷氏，而已失其精华。至雷氏家藏之图型，现经郑重搜罗所得十余种，皆精工伟丽，乃知中外具瞻之各大名胜，悉出于没没无闻的样子雷家，而尤可注意者，乃庚申外兵所毁惹得大将戈登咨嗟叹息之圆明园全景各部分之图（已经《北洋画报》逐一影印，精美绝伦），及关于清代福寿皇帝十全老人乾隆与香妃一段哀艳历史之香冢图也。吾今一说宣武城南之香冢，以二百年来无量人士对此一抔土之感想，并不止于香艳，实大有神秘的意味也。

香冢在旧都宣武城南南下洼之陶然亭畔，地本荒寒，复多丛莽，乱坟稠叠，触目皆是，但冢而曰香，又有哀艳凄馨之题句，精雅工致之碑碣，遂能引起美妙之印象，思古之幽情，几与塞上明妃，黄昏青冢，并传千古。自《花月痕》小说"花神庙孤坟同洒泪"一番形容之后，流传益广，而迄不知冢中深藏者之为何许人。

实则花神庙前，美感的坟有二，其一即香冢，又一曰鹦鹉冢，高下相仿，地位相并，文词雕琢亦在伯仲之间。

香冢碑阴镌短歌一，七绝诗一：

浩浩愁，茫茫劫，短歌终，明月缺，郁郁佳城，中有碧血，碧亦有时尽，血亦有时灭，一缕烟痕无断绝，是耶非耶，化为蝴蝶。（歌）

飘零风雨可怜生，香梦迷离绿满汀。落尽夭桃与秾李，不堪重读瘗花铭。（诗）

鹦鹉冢之碑阴镌短记一，铭词三句：

维年月日，有客自粤中来，遗鹦鹉殊慧，忽一日不戒于狸奴，一搏而绝。吁！微物也而亦有命焉。乃裹以彩帨，盛以锦函，瘗城南香冢之侧。铭曰：

文兮祸所伏,慧矣厉所生,呜呼作赋伤正平。

此文虽短简而隽永幽默,与前者可云异曲同工,其所以不若香冢之脍炙人口者,一则冢中物已于文中明叙,不费猜疑,二则香冢与香妃关合,关系历史掌故,易引多人之注意也。

"香"字过于抽象,而铭及诗又惝恍其词,于是害得逸客骚人百般考据,多方思索,而迄不能有一定之答案。综其传说最盛,见于文人记述者:

(一)名伎蒨云,恋一书生,而假母逼其适一大腹贾,云愤恨自戕,书生收其骨而瘗之。

(二)乾隆平回疆,纳香妃,妃不得其死,帝怜而营香冢于城南。

以上两说无论为伎为妃,皆谓所埋者人也。于是"香=人"焉。

(三)名伎李蓉君所营,铭为勒方锜撰,张春陔书,中无他物,只花瓣一坛,盖效"埋香冢黛玉泣残红"故事,李其沉浸于《红楼》者欤。惜乎梅博士只能演黛玉葬花,尚未及于蓉君埋香也。据此则所埋者花瓣,故"香=花"。

(四)两冢皆张春陔所筑,香冢埋其文稿,鹦鹉则瘗其谏草。张曾官御史,有直声,谏草与文稿皆文也,故"香=文"。

将此冢中之谜比做数学中之 X,则任意填代之数目等于无答。客岁曾偕友人饮于江亭,徘徊冢畔,各尊所闻,各思所以,引经据典,纷纭不已。吾笑曰:"此眼前尺土,又非哲学家的'宇宙之谜',何不学步东陵发掘诸健者,取把锄头来刨开看看,即便担个掘墓罪名,而打破多年葫芦,解除多人苦闷,亦值得矣,岂不快哉。"一友曰:"不然,世间闷葫芦甚多,岂能一一打破,且亦无须一一打破,其妙处正在可解不可解之间,说破转觉无味。"吾曰:"不错,《黄鹤楼》诸葛亮的话,'看过就不灵了',然则埋人、埋文、埋花诸说,视彼唯心、唯物、唯实各家,正自不遑多让。哲学家应无独行寡侣之叹矣。"

现在样子雷家有香冢图,证明为乾隆老儿特命建造以葬香妃者。然此香冢是否那香冢,似尚不能无疑焉。

一、样子雷之"样子",据现在所查得者有十大类:(一)东陵各帝后、(二)西陵各帝后、(三)北京全城市沟渠、(四)玉泉山全图、(五)万寿山昆明湖、(六)圆明园及内外河道、(七)南苑行宫、(八)天津海光寺及各处行宫、(九)奉天三陵、(十)香冢图。

香冢碑及碑阴

自第一至第九皆工程浩大,壮丽恢宏,唯最末之香冢,只荒土一抔,何其渺乎小也。未免与"河海江汉沟,鼋鼍蛟龙鳅"同一滑稽矣。

47

二、此冢之式样过于简单,与样子雷之匠心妙技,颇不相称。(唯碑阳之香冢二字用篆书,碑阴之铭用隶体,七言诗用细楷略兼行草,三体皆秀丽精工,为碑文所仅见,唯此系文人所优为,与造坟工程截然两事。)

三、南下洼为丛葬之地,坟墓甚多,此香冢与鹦鹉之冢筑式碑词皆似出一人之手,故以第四说(即张春陔埋文稿谏草事)较为近似。

又俗传铭词中有"一缕香魂无断绝"句,为"身有异香"之又一证。龙阳才子易顺鼎之陶然亭诗曾辨其误曰:

香妃

亭东一抔土,世说瘗花魂。又或拟青冢,香妃此埋冤。事易成渺茫,情堪忆王孙。此境昔曾过,匆匆未停轩。有碣传异词,数年抱疑存。斜阳一展读,草隶飞烟痕。妄谬实改窜,附会相比伦。古来真美人,何必承君恩。(原注:近多传香冢碣"一缕香魂无断绝"句,以证为香妃,非也,原文亦"一缕烟痕无断绝"耳。)

易所辨者为"香"、"烟"二字，足见读碑之细心，而于香妃香冢问题究亦无关宏旨。即据雷家所说，城南确有样子雷营造之香冢，皇帝特命筑成后，太后又命人拆毁者，或此香冢为那香冢之遗址，削平后，好事者又从而点染之欤。且将《胜清外史》记香妃事录下，以资参证：

回部酋霍集占有妃，貌绝艳，生而体有异香，不假薰沐，回人号之曰香妃，或有绳其美于京师者，为乾隆帝所闻。适有回疆之变，命将兆惠往征，濒行，承命必一穷其异。迨回事底定，兆惠果生得香妃，致之京师。帝大喜，置之西苑。香妃容止自若，行所无事，唯帝至则凛若冰霜，百问而一答。令宫人传语，则袖出白刃欲以自殊，宫人群起夺之。香妃笑曰，吾袖衣中如此刃者数十，安能尽取而夺之。帝无如何，但时时幸其居，稍坐即出，冀渐移其志。已而闻其思故乡风物也，则于所居之楼外（按即南海宝月楼，后为总统府新华门），建市肆庐舍礼拜堂，具如西域以媚。时太后年已高，微闻其事，颇为帝危，数戒无往，帝终恋恋不舍。如是者数年。会值大祀圜丘，帝先期赴斋宫，太后潜令人召香妃诣慈宁详问之。则指天誓日宁求一死。太后曰，如是，吾将有以全尔身遂尔志矣。则再拜谢曰，天地之深恩也。乃就缢于旁舍。帝闻报遽归，则已不及，为不怿者累日。今都城南下洼陶然亭东北有香冢，或云即香妃葬处。

旧都古物陈列所有香妃戎装小影，郎世宁绘（如上图），又闻奉天故宫所藏清高宗猎鹿图与一女并辔，女持箭递与帝，其容貌服装与此戎装香妃无异，是香妃故非坚持贞操主义者，与帝旅行游猎，又俨然今之"蜜月风光"矣。是耶非耶？姑并志之。诚如吾友所言，妙在可解不可解之间，付诸"一元两元"、"是空是色"之例，于神秘中求安慰，无不可耳。

（原载于上海《时报》）

孙洪伊与国会

他到"北京城"请愿三次

我在"大清门"大喊三声

孙洪伊在上海去世,自前清至民十以前,热热轰轰的人物,就是这样黯然而终了。想起古人"人事有代谢,往来成古今"那两句话,实在有意思,有道是"绚烂归于平淡","名将不见白头"。人生虚幻,大半如斯?

只说前清宣统初年的请愿国会,岂非倾动九城,风靡全国一件大事?其中主角非孙先生乎?他真是再接再厉,苦苦哀求。己酉冬十二月,他率领各省代表来到北京请愿一次,庚戌五月又来一次,同年八月又来一次。这样的"急三枪"奏罢之后,十分踌躇的清政府居然被他催动了。就有宣布缩短筹备年限,准于宣统五年开国会的上谕,原定的筹备期是九年,在前两次请愿的时候,清廷总说国民程度不够,一切手续太繁,于是他的最后一次呈文就来个钋锋相对,他说:"比者筹备宪政之有名无实天下共见,一__大史如督臣李经羲,抚臣陈昭常,藩臣王乃徵,先后有言筹备不能举实,何如不筹备之为愈。洪伊以为筹备宪政之实之所以不举,皆坐无国会而已。盖立宪精神,首任有统一行政之机关,凡百设施,悉负责任,所谓责任内阁,乃对国会负责。故有责任内阁谓之宪政,有国会乃有责任内阁。责任内阁者宪政之本也,国会者又其本之本也。本之不立,末将安丽。两年以来筹备一无成绩,而宪政几于为世诟病,皆坐是也。"他的文章实在铿锵动听,加以俄国方面为蒙事,下了个"哀的美敦"。好些人嚷着"国会救国",又加一股劲,因之有缩短了四年之成功。

这上谕是十月初三日下来的,前门以及东西城大街商家沿户挂旗悬彩。各学堂的当局命令学生们全体提灯游行。我们大学堂七百多人,摆成长蛇大阵,由马神庙出发行过沙滩,到东安门又会合译学馆的数百名好汉,出东安门外皇城根转户部街到了棋盘街,又遇见西城来的学生总共二三千人,齐集在"大清门"(即后之"中华门")前,排班向北大呼三声"万岁! 万岁! 万万岁!!"真是声满天地,气壮山河。老朽那时正在少壮之年,嗓子能唱乙字多调,喊得很有劲,可惜那九重天子未必听得见。

光明荏苒,民元,民六,民八,国会早已一开再开,开过了头,没有影儿了。只孙洪伊的"三请"与我们学友们的"三呼",留下惨淡的余痕。

(原载于北京《实报》半月刊)

龙泉圣厄记

多难多灾圣者之常事

文王被囚于羑里，孔子厄于陈蔡之间。罗素为反战而遭缧绁之灾，甘地因不合作而入狱者，一而再再而三焉。唐玄奘成佛亦经过九九八十一难！

大圣、哲子成功一代人物，受点磨折，其例甚多，似乎太炎之被困于龙泉，不得谓之"意外"。

章太炎名炳麟，人中之麒麟也。其斥康长素曰"南海伪圣"，在日本旅馆填职业曰"圣人"，报年龄曰："万寿无疆"（见十六日《实报》特刊），其为"真圣"可知！

不杀，不放，奸雄之老谋

太炎在前清时为苏报案押西牢三载，民国初又被老袁圈在龙泉寺及钱粮胡同者数年。老袁拿定了主意，不做借刀杀人的曹操，可也不肯杀这个祢正平，为他是个书呆子，信口骂人，并无实犯。然而亦不许他自由，说放出去，就不老实。当初给他"筹边使"，本为"位置一席"，谁想他到关外，放告！拿人！参劾官吏！摆"巡按"架子，闹得鸡犬不宁，所以无论如何，不放！

秀才遇着兵

初被看押时期，派军政执法处陆建章负责监视。他也曾上书请准开国学会讲学。任凭你什么文学、史学、小学、大学，说得天花乱坠，老袁是"满不听提"。他久困无聊，忽发奇想，要来个"自由行动"，可不是偷跑，无非积极自主，向已定之方策而"迈进"。他就提起大笔，写了几行，装封完毕，一面收拾行囊，一面把防守的大兵唤入，说："我要到青岛去了，这几个月，你们也很辛苦，可以休息休息吧。"大兵说："先生要走，可有总统的命令？"他答："无有。""处长的公文？""亦无有。""凭着何来？"他说："这有书信一封，送与你家处长，不必多言，俺去也！"

将军不识字

两个大兵双枪交叉一拦道："且慢，你老先生稍坐片时，待我等把此信呈与处长看过，那时，放不放在他，走不走在您。您说好不好？"太炎说："快快对他言讲，放，也要走，不放，也要走。"大兵只得原封呈报。建章拆开一看，上面写道：

朗斋足下：入都三月，劳君护视。余本光复前驱，中华民国由我创造，不忍其覆亡，故入都相视耳。迩来观察所及，天之所坏，不可支也。余亦倦于从事，又迫岁寒，闲居读书，宜就温暖，数日内当往青岛，与都人士断绝往来。望传语卫兵，劳苦相谢。

建章哈哈大笑："这不像官事，他一相情愿。"吩咐大兵告诉章先生，"我不识字"，"还是牢牢看守，倘有差池，唯尔等是问！"从此防守得格外严密了。太炎的"自主的迈进"完全的失败。语云：

"秀才遇着兵,有理说不清。"况此自动解放,于理于势均为不可能乎。

孝烈的小姐

北京的寺据说有三百六十之多,虽不及"南朝四百八十寺",亦可观矣。凡寺多少带些虚空孤寂的味儿。龙泉寺在城南之极南,与江亭香冢为邻,蔓草荒坟,触目皆是,别有凄凉。何况太炎家眷本在南方,孑然一身,形影相吊,便与蒲留仙著《聊斋》的心境,大致无殊了。(惊霜寒雀,抱树无温,吊月秋虫,偎然自热。)二位小姐一名㛵一名㛅,远来省父,孝行可风,㛅小姐感受重大之刺激,竟自毙命于三尺绫罗之下。太炎之痛可知,老袁之罪益不可恕矣。太炎悲痛日增,希望尽绝,于是预筹后事,无意人间,一面向刘伯温后人请求墓地,一面电致汤国黎女士(其续配夫人)说:"寂处龙泉六日二粥而已。速来收吾骸骨!"

贤德的夫人

汤女士得电后,先上大总统一书,老袁不理。又上副总统一书,老黎无权,只得泣血陈词于国务卿徐大相国。那封信真是悱恻动人。她说:"外子赋性愚戆,爱国若身,罔知忌讳,好谈得失,语或轻发,心实无他,迫切陈词,唯相国哀而悯之,转达大总统早赐回籍,伏处田间,读书养气,以终余年。"又情愿负责,劝令杜门戒悔,倘再有罪戾,则刀锯斧钺,甘与共之。一篇至性文章,又宛转又真切。怎奈老徐的主意亦同老袁差不多,还是"不放的好"。任你说长说短,他也是"满不听提"。也还算有点文人的同感,加上老黎一旁说几点好话,把太炎移居内城,又派医官徐某诊治,派内务总长朱启钤查看慰问。虽说未脱樊笼，比龙泉寺的环境却好些了。

于刘青田有余慕

太炎向青田刘家求墓地，是托杜志远将军转致，略云："刘公伯温为中国元勋，平生久慕。欲速营葬地，与刘公冢墓相连，以申九原之慕，亦犹张苍水从鄂王而葬也。君既生长其乡，愿为我求一地，不论风水，但愿地稍高敞，近于刘氏之兆而已。"先书纸一副求刻之刘公墓前，以志景仰。其碑文甚为古雅："民国四年，乡有下武，曰章炳麟，瞻仰括柏，唯文成君，于铄先生，功除羯戎，严以嫉恶，刚以持躬。如何明哲，而不考终。去之五百，景行相从，千龄万代，视此□蒙。"

杜将军立刻写信到刘家，刘家有名祝群字曜东者，是伯温嫡裔，出面回复，那回信写的老气横冬：

诵手书并示章子太炎撰先文成墓志碑文，珍重珍重。如碑字已书成，愿邮以畀，凡购石刻画之需，曜东任之。先文成墓在乡之夏山，明代碑刻今无存者，闻于靖难时毁灭，可慨也。周墓之半里许，族中有樵苏禁，无有衲者，去此则山水秀美，卜兆皆吉。买山之钱约数十千。曜东亦当商之族人，可不取直。刘曜东复。

以"章子太炎"呼"国学大师"，亦可称绝无仅有。墓地可以分文不取，而靠近文成则不能。本来青田刘氏子孙的祖茔，忽然挽入一位余杭章圣，在家族制度下，是不合理的。假使刘伯温当初已有国葬，墓地当属官家，或不至成何问题。好在半里之外，不算甚远，松楸相望，各有千秋。总算如愿以偿了。

唯黎黄陂是好人

在龙泉被困的时期,"六日二粥"等于"绝食",所喜迁居内城之后,待遇较优,里面虚情假意的慰问寒暄,亦颇能尽点人事,乃黎菩萨暗中调护之功。自此以后,起居安适,直至洪宪命运告终,黄陂继登大宝,第一德政即是恢复太炎的自由。是以太炎于黄陂感情特厚,生平绝少贬词。说者谓太炎绝食于龙泉,略同仲尼绝粮于陈蔡,不过劳筋骨饿体肤之一例云尔。

(本文中文字事迹完全实录,参以小说及戏剧词句,略资点染而已。丙子四月记。)

(原载于北京《实报》半月刊)

辛亥前尘一撮

想起了,当年事

辛亥冬间,在济南干的那一场革命的话剧,因事隔多年,实在有点模糊了。前日接到社中转来旧友王墨仙手札一通。有诗有序,情文并茂。不觉"想起了,当年事"一桩桩,一件件,陡上心头,恰似重重幻影。就此写些下来,读者不妨作"开天遗事"观之。先把墨仙诗翰录在下面:

寄怀凌霄汉阁主

(前序)雪泥鸿爪,一别十年,沧海桑田,何堪回首。君尚气凌霄汉,矜壮心于暮年;我真劫火余生,悔驰驱于往日。蝍蟟国事,依样葫芦;鬼蜮人情,益增悼怛。幸借洛阳纸上,得识姓名;何时燕市酒家,畅怀歌哭。呈兹俚句,只当双鱼,示我好音,再聆教益。

十年江海经离别,揽辔无端又九城。掷地高文寿金石,凌霄壮气走鲲鲸。苍茫劫火悔当日,惭愧风尘老此生。太息三边仍战伐,苦吟终是不平鸣。

(后注)凌霄客济南时,正辛亥秋冬间,余谋山东独立,创立《齐鲁公报》,时有凌霄昆季大文。及独立,以袁氏强迫取消,封闭报社,社员星散。汪精卫有《民意报》分社在津,将凌霄之长篇事体论文,大登而特登。此时犹不相深知,而声应气求,乃订交矣。墨仙为东鲁三王之一,名讷,字默轩,安邱人,原是一位孝廉公考职用主事,回籍办教育,做过一任师范学堂监督。其他二王:一为莱阳王丕煦,字蔡若;一为郓城王朝俊,字鸿一,在革命时期都有相当声色。若说冒险奋斗,拼命,猛干,那可就是王墨仙了。

由马神庙溜到济南城

当辛亥秋天,我正在北京马神庙那座学府里上学,忽然警报南来,湖北省城革命党起事,总督逃走了,官军投降了。把满清政府吓得三魂渺渺,七魄茫茫。立时降旨派陆军大臣荫昌督师,派冯国璋、派段祺瑞总统两路陆军,派萨镇冰、程允和领兵舰水师,又起用袁世凯督鄂,一齐杀上前去。愈是如此,愈显得手忙脚乱,六神无主了。果然不到半月功夫,各省城各重镇失守的电报,如雪片一样地飞来。又加上张绍曾屯兵滦州,威逼立宪,有直捣燕京之势,闹得风鹤皆兵,人心惶惶,着实不像个样子。米面腾贵,钞票不行。南籍京官,纷纷出京,马神庙老店的朋友们亦走了不少,我还在徘徊观望哩。忽然一个同学慌慌张张跑来说:"快走吧!关起城门来,杀汉人!这几天,就动手啦。"一句话"好似霹雳当头震,不由孤王胆怕惊",本来,听说陕西地方屠杀汉人,旗人有借端报复的谣言,虽然事属子虚,在那纷纷乱乱时期,身当其境者,实不胜精神刺激之苦,而且马神庙就在皇城之内,旗兵甚多,如果动起手来,那是"瓮中捉鳖",岂非"束手就擒"?!我也沉不住气了,只好卷起铺盖,溜之大吉,先溜到城外宜荆会馆住了一天,后即溜上火车,直到济南。

"大帅姑爷" "姑爷大帅"

济南,在那革命怒潮风靡全国时期,当然有戏可看。不过,比任何省份都滑稽些,时而独立,时而取消,时而激烈,时而和平,十足的趣剧,与众不同。

首当其冲的自然是山东巡抚"姑爷大帅"孙宝琦。他的丈人是前任东抚张曜,即《老残游记》的庄宫保。张曜在任时声名总算不错,死后大明湖边建了一座张公祠,风景也很美丽。孙宝琦的夫人即当日之张小姐,是逢年逢节以及她老太爷的生忌死忌,夫妇二人定要到祠上香行礼,像是家庙一样。就是抚台衙门里老书办、老戈什伺候过张宫保,见过"娇客"的还不少,而孙氏口里又常常称道着"勤果公",一切追步丈人峰,排场风度,颇多妙肖,因之"大帅姑爷,姑爷大帅"便脍炙人口了。孙氏本心倒未始不想做一任好官,怎奈"大少"出身(他父亲是前户部侍郎顺天学政讳诒经),年纪不大,更事无多,所以碰到那样非常之变,就有些六神无主。

第一个临时总统孙(宝琦)

先是武汉及长江的警耗传到山东,山东沿海登莱一带,有胡瑛等人前来活动。省城人心已乱,大官都想趁早逃命。第一个走的藩台志森,是旗人,又是庆王的亲戚,亦就是孙宝琦转弯的亲戚。孙氏劝他"见机而行,不俟终日",他就立刻交印而去,以下各现任官除臬司胡建枢外,所有学运道府,无不"逃之夭夭"。孙氏则被谘议局及所谓各界联合会者所包围,要求以八事电告政府:(一)不得借外债充军饷;(二)无论南军要求何条件,均须允诺;(三)山东新军不得他调;(四)山东应解协款暂停,留作本省之用;(五)宪法须注明中国为联邦政体;(六)外官制地方税皆由本省自定;(七)谘议局章程,即本省宪法,得自由改定;(八)本省有练兵保境之自由。虽然不伦不类,倒也有色有声。只望政府覆电拒绝,就可宣告自主。谁想清廷巧妙非常,于借外债充军饷,则根本否认。(当时有人造言,以山东地丁押给德国,借债三百万,本为鼓动宣传,原非事实。)其余各条则"件件依从",毫无可以借口之处。正在想法找个题目,恰好上海光复、烟台被民军占领的消息传到济南,于是有周树标运动了几位新军官弁,号为军民联合,要求无条件的宣布独立,脱离清廷。举孙氏为大统领,第五镇协统贾宾卿为副统领,如不赞成即请"开步"!孙氏只得点头赞可,于是为临时政府之大统领矣。大统领为 president 之译名,实即"大总统"也。彼时南京临时政府尚未组织,临时总统尚未选举,故革命时第一任之孙大总统,是孙宝琦。虽说为期甚短,事近滑稽,但当时全国并无总统,而山东又是"独立",不南不北,不巡抚,不都督。此一时之建号自雄,终不失革命史一点特别纪录。

奏请独立　奏请治罪

孙之独立,当然非出本心,他倒也不是反对革命,实在还怕着北京。而且一个庆王,一个袁世凯,又都是儿女亲家,又加上一重"内顾之忧"。于是一面允许独立,一面电奏清廷,就成了"奏请独立"的笑话。谁知老袁大不以为然,又知道他是处于无奈。立刻派了两员健将;一个张广建署理布政司,一个吴炳湘署理巡警道,密令会同第五镇新统制吴鼎元负责弹压。又亲笔写了一封信给孙氏说:"共和若成,吾辈皆无噍类,愿吾弟熟思而善处之。兹遣张道广建、吴令炳湘来东听候驱策。"孙氏的胆子也壮起来了,他又一面撤消独立，一面奏请治罪。上谕少不得把他申斥一顿，又原谅几句。结果是开缺另用，巡抚放了胡建枢。胡氏由东阿县知县升到封疆大吏，从未离开山东，虽是老吏，亦非济变之才，一接抚印就贴出很长的告示，略云：本部院服官东土，已三十年，与父老兄弟关系甚深，爱护之心倍切，今值时局多故，唯期保境安民等语。话倒是几句好话，怎奈事实上一无展布。老袁看他无用，又把他请走，由张广建坐升巡抚。老张本为冒险奋斗而来，情形当然两样了。一切都入了歧形状态。因为清廷正在标榜和平，并且派代表与民军议和，大势所趋，不能不共和了。张广建、吴炳湘也决非清室之忠臣，他二人唯一的使命，就是为袁世凯看守山东地盘，不许胡瑛等人来占，也不许当地的人自由行动。

齐鲁公报

那时绅民一面，颇有消沉，只有墨仙手创的《齐鲁公报》作革命喉舌，为主张共和之唯一机关。墨仙为社长，总编是泰安人李君子元，还有一位蔡君办理庶务及外勤事项。我与以上诸君本不认识，却是亓君养斋（莱芜人，甲午举人）介绍，担任长期撰述，每日有小评一段，登在报端。署名是"烛微"，所有言论记载，无非催促当局赞成共和，并竭力发挥民族精神，称扬南京政府。（其时南京已组临时政府，唐绍仪与伍廷芳正在上海开会。）张、吴二人虽不便显然干涉，却派些侦探暗地跟随王君，蔡君且被捕一次，后因事触忌，到底把报馆封闭了。

我在《齐鲁公报》登的稿子（署名"烛微"），常被天津《民意报》转载了去，尤其民党人物评，全是仿照《红楼梦》的人物赞，篇篇转载，后来我与《民意报》通过一回信，又承他单寄一份义务报，但并不知主干为何许人。至《齐鲁》被封之后，我写了一篇长篇纪事寄到天津登了出来。不久清室退位，命袁世凯组织新政府，山东亦改了五色旗了。我因大学开学，又有《国风日报》裴子清先生函约撰稿，于是离开了东省而重返北京。以后情形，则不甚了了矣。

（原载于北京《实报》半月刊）

凌霄汉阁自白

目　录

（一）自白之故

《实报》半月刊主人要我写一篇自述记，近几年来，朋友们愿意知道我个人经历的也不少，讲堂上学友们，常有"请先生今天不讲功课，把自己的历史说说听听"的呼声！是的，我也觉得说说听听是可以的。第一，本人总算在报界、学界、文场、官场混过多少年，耳闻目睹，件件桩桩，或者可供知识界的参考。第二，本人的文场劳役，由退休、冷寂的状态，又回到鼓勇、卖力的道路上来。既然常川以文字与社会相见，则不能不以"求得各方面对于本人的立场、旨趣、能力之基本的了解"，为当务之亟。否则，无论是誉是毁，是喝彩是打通，都不免"影响模糊"。譬如一个角色在台上唱，自然免不了批评，批评他唱的好、唱的坏，不如先知道他"为什么这样唱"。

（二）自黑之报

在《实报》畅观版上，我曾说过，由癸亥年起，新闻记者一道，就算报了"黑人"，而文艺记者却是意兴未衰，主编几种戏剧专刊，办过些文学一类的附张。在这时期，不但没有自白，而且存心"自黑"。不宣传，不标榜，只有埋头工作，不曾用着显豁的署名。不想如今正是"宣传"、"标榜"的年头儿，万不可"自黑"。"自墨"者，人必"黑"之。因之这几年来受了不少的刺激，"三毛子们"的恶气，说来可笑之至。

（三）凌霄汉阁之拆卸

所谓自黑者，即不愿意在作品上署名。我以为新闻纸上的社论小评，从前亦是署名的，而现在则大多数不署名了。不署名的好处，是公，是集中，与匿名不同。以事物或研究的问题为对象，消灭个人的风头，同时也减免了单独的责任，而一切妒忌的挑战的口舌攻击、捧场，虚浮的偶像的崇拜，都可消淡些。这是近几年报纸上很大的进步，很好的现象。然则文艺的作品之不署名，似乎亦非绝不可能。这是一。我个人一向反对明星制。戏界、影界以及其他文艺界，抬出大名，架出偶像，我都反对过、批评过。然而自己却还像明星一分子，人其谓我何？此其二。所以我对于报社的大老板们曾援例提出不署名的请求,结果则不蒙允许,以为文艺作品与时事评论不同,非署名不可。大老板的命令不能不遵,自己的意志只好受点委屈。于是把"凌霄汉阁"一座高阁,拆而卸之,有时写个"霄",有时写个"汉",有时"阁",有时随便加字成数,如"老汉"、"本阁"之类。有个符号就行。惟有"凌"字不曾单用,因为像个姓。这是我"自黑"的记录之一。

(四)谁是我的偶像

洪宪时代以至"五四"前后的"彬彬",已经成了在学校当教书匠的专用词。"凌霄汉阁",除卸上海《时报》的"凌霄汉阁谈荟"之外,亦渐渐的冷化了。时代的铁轮,是风一样的快,不说前清,不说民初,只说"五四",新吧?到现在可又小二十个年头了。"新新青年"一辈一辈的起来,都有时代作家之气概,各有摩仿或标榜的目标,如胡适、鲁迅、沫若、伏园、冰心、丁玲等等。乃至姓郁的、姓章的等等。然而"霄"是谁?"汉"又是谁?"阁"又是谁?大半不甚了了。不甚了了,不要紧,我本不打算要他们了了。然而有些娃娃们竟然抬出他们的老前辈来,要我这个"无名小辈"学习领教。前几年,我主编一种副刊,有人写信举出孙伏园办《晨副》、《京副》的成绩,想压我一头。很好,谢谢他的指导,指导我向上。但是我去同他口舌吗?待我把几个老前辈的事迹说说,教他们明白明白好了。其中当然有一段叙述到伏园从前同我和小隐在《京报》分工合作的事,表扬他的成绩,可难免带点"意气相尔汝"、"不痛而痒"的玩笑。

（五）对不起

过了些时，佛西为伏园自定州来平，约在平民教会小酌一叙。见了面，伏园谈起，似乎不以那几句玩笑话为然。但是，对不起，抱歉得很，没有法子。你的信徒，抬出你这个大名流，压我这个"无名小子"，我实在气不愤了，所以对你本人叙叙旧。

（六）学不到

尤其可笑的，一个什么"潮流小伟人"吧！说林白水先生才不愧革命文学，才不愧社会先觉，叫我学他走，可以不落伍。这封信，我只好置之不理了。提起林白水的事，另有事实，决不止于浮皮不搔痒的诙谐。但是我与白水无怨无嫌，且其人已死，岂忍再去搬他的长短。设想当时如果把白水旧事重提而至于对不起的话，那也是信徒给他惹出来的。

（七）平等观

至于"凌霄汉阁主"，与"平等阁"的意义，大致相同。就事论事，一切平等相，只管自己干自己的，始终只是文场劳役，不干涉旁人，亦不藐视后进。别的不敢说，只文学和戏剧这两项，不论是新是旧，是京派是海派，绝对不承认任何偶像，不容有人抬偶像来相压。

写到这里，话已不少，暂且打住。以后这篇文字，不敢用十分庄严烦细的写法，像大老的年谱、名流的自传，那样又太"装不错"了，只好算是自白。这"白"是"白口"的白，"坐场白"是戏里常听得到的，我的自白不过如是。文笔仍取流动一路，以防烦腻。虽是说自己，当然要多挽多方面的材料，以免单调，敬此声明。

（八）"斋名"与"别号"之嬗变

文人习气，照例有个斋名，记者生涯，作兴署署别号，于是把本来面目，藏过一边，大家都如此，卑人亦不能例外。所谓本来面目，既曾藏在一边，现在也暂且放在一边，只说斋名与别号。

斋名大约起于著作家（如聊斋著书图），或收藏家（如九十九砚斋、四印斋），或学者，或美术家。或曰斋，或曰轩，或室，或楼，或庐，或簃。有时斋名在名号之外，有时斋名与号不可分。如袁枚，字子才，号简斋，简斋和聊斋本是一个程式，不过蒲松龄字留仙，却无人叫他做蒲聊斋。因为袁简斋另有小仓山房。这些都只能大体分类，实际应用，则无严格的分别、固定的界限。斋名如是两字或三字，纵然本非名号，亦很容易变成了号，两字者本就是"台甫"之全形，即便是三字亦可以把末字抹去，如沈宗畸，字孝耕，号太侔，斋名"南雅楼"，大家称为"沈南雅"，而南雅于是乎号矣。袁克文，字豹岑，转为抱存，斋名"寒云楼"，或"寒云寄庐"，大家称为"袁寒云"，而寒云亦号矣。李慈铭，字爱伯，斋名"越缦堂"，又有"桃花圣解庵"、"白华绛跗阁"。人称"李越缦"，不能称"李桃花"或"李白华"，因为"桃花圣解"是整个的，不可分的，"白华"离开"绛跗"亦不成其为"白华"了。何海鸣，字一雁，斋名"求幸福斋"，不能曰"何求幸"。黄复，字娄生，号病蝶，斋名"须曼那室"，不能曰"黄须曼"。

（九）"徐凌霄""已成事实"

所以我的斋名如是"凌霄阁"，则可称作"徐凌霄"，既是"凌霄汉阁"，则不能抹去"汉"字。但是出乎意料之外，"徐凌霄"已被朋友叫得烂熟，按国际的新词，就算"已成事实"，印象既普，正自无法否认。只需声明我是被动的"追认者"而非自动的"创立者"。

（十）"何不凌霄阁"？那末，何不"湘绣楼"？何不"浙绣堂"？

何以不简直叫"凌霄阁"，偏要叫"凌霄汉"呢？列位明公！卑人有个下情，亦可以说是我们文墨行里众所难免的一点酸态。斋名的形式，不是大方，就是别致，绝对不许落了俗套。不俗之法，不在乎冷僻、古奥，些微的变动或点染，就能点铁成金。变动之法，有关于声韵的，有关于气息的。王闿运，字壬秋，斋名"湘绮楼"，人称"王湘绮"，自然就是湖南的"锦绣才人"喽。但改"绮"为绣，"湘绣"二字不是不通，然而难免同于"吴彩霞"（劝业场的吴彩霞，不是旦角吴彩霞）。李越缦亦不能叫"李浙绣"。

"凌霄"二字虽不至俗到"湘绣""浙绣"的地步，但是太现成了。君不见舰队司令亦有凌霄，球队亦有凌霄，甚而至于明星亦凌霄。凌霄是个花名，尽人皆知，尽人能用，所以不能起这个号。

（一一）"凌霄汉"之来历

加个"汉"字何以就脱离危险乎？（一）即所谓转变法。"湘绣"虽俗，换个"绮"字则雅。"苍苍斋"虽然好像"年迈苍苍"，加个"莽"字，"莽苍苍斋"就是"我自横刀向天笑，去留肝胆两昆仑"的谭浏阳了。（二）"凌霄汉"三字，是"结想凌霄汉"的诗意上来的，这里头包含"思想"，可不敢说精神主义。只因少时在山东高等学堂读书，国文总教习宋晋之先生批我的文字"笔势灵活变化，如春云在霄,随风舒展";英文教习威迪克先生批我的英文论说thoughtful(富有思想)。所以我的真正的号是"云甫"。(我们兄弟的号全是"甫"字排行,我的斋名是"凌霄汉阁",与凌霄花之凌霄,毫不相干。)

(一二)"一尘""一士"

我和舍弟一士在清末民初时期开始投稿生涯,我先署"烛尘",后署"一尘",又与"一士"排行。

(一三)"彬彬""凌霄汉阁"

洪宪时期通讯改署"彬彬",在《时报》余兴写笔记剧谈,则署"凌霄汉阁",可以说是专为文艺用的。在我的老东家《时报》上,二十余年来,从未见过"凌霄",因为他们知道不会变作"凌霄"的。狄楚青先生写信及扇子始终呼我"一尘",天笑、公振亦然。别人就很少知道的了。至于"凌霄汉阁"何以转到"凌霄"?有个缘故。

(一四)由"凌霄汉阁"闪出"凌霄"之故

戊午年,飘萍约我发起《京报》,那告白还是"彬彬",又请我主编《小京报》,还是"凌霄汉阁主"开端,完全是《时报》和《小时报》的前例。可是文字行里朋友愈聚愈多,他们都喜欢照沈南雅、袁寒云之例叫徐凌霄。刚巧那时素忱女士脱离歌场,按捧角的老例,文人结习总得有些悲情的唱和,诗篇络绎,都含着"凌霄"二字。如寒云的"一曲伊凉恨百回,凌霄泪是断肠哀";半梦的"凌霄花下胭脂血,肠断当年拂羽来";南雅的"脱腕万言工护惜,黄金谁与铸凌霄"。这几位大名流、大诗人,你也凌霄,我也凌霄,凌霄印象愈普,以至向不大提起的平等阁主(狄楚青),亦把"三亩空园喧啄木,十寻高树络凌霄"题在扇子上。

(一五)花梢了!

凌霄花与绮情诗自然是容易联想而及的,假如我的斋名添个"红豆村人"或"红豆馆主"(侗厚斋),便径可用"红豆相思"。或者不致连累这"空中楼阁"的"凌霄汉阁",被横风吹断,变作"凌霄花"来点缀这段绮情吧!所以我那时答谢诸公的一首是:"早与黄花盟晚节,偶拈红豆佐新篇。"无非是找题目做做诗而已,却把"凌霄"二字,渲染作"已成事实"。

(一六)"凌霄汉"阁,"凌霄"汉阁

即如《实报》半月刊目录"凌霄汉阁自白"那个标题是我写的,下面"徐凌霄"三字,却是编辑先生替我署的名。我并不否认,因为多年的"凌霄汉"的"阁"早已演成"凌霄"加"汉阁",经过多少次的不否认,而且自己也曾写过这三个字。

(一七)"我""佛山人""我佛"山人

著《二十年目睹之怪现状》的吴趼人,自署"我佛山人",有人称他"我佛先生"。他笑说:"我是佛山人,佛山是地名,分不开的。"但"我佛"两个字,也不是不能独立呀,谁教你弄这别致劲儿来!

(一八)笔名报名

新闻界、文艺界的人,与戏剧界的人有好些地方非常类似。吾

辈有笔名,伶人有报名(戏报上的名字),笔名、报名是公然向着社会,直接观众的。所以多数人知道杨小楼不知道杨嘉训,知道余叔岩不知道余第祺,知道张黑不知道张占福,知道包天笑不知道包公毅,知道王小隐不知道王乃潼。

(一九)纵系横系

本名大概都是随着谱系的,笔名则是自由创造的。谱系的命名之特征,大致可分纵横两面。纵的方面是一代一代按着固定的字样或组织一贯下去。如清室皇帝自嘉庆以后,是"永绵奕载,溥毓恒启"八个字,八字将用完时,再行续定。(嘉庆是永字辈,宣统是溥字辈,没有轮到毓字辈做皇帝,就完了。)仁和许氏以"学乃身之宝,儒为席上珍"为序。前清军机大臣许庚身是身字辈,前国务院秘书长许宝蘅,是宝字辈。吾家则取五行相生之义,每五代名字,是木、火、土、金、水,周而复始。

(二〇)华洋科名

到我这一辈,是"金"字辈,同祖弟兄十人,仁铸、仁録、仁镜、仁鍊、仁铨、仁铎、仁锦、仁钰、仁钊、仁镛。仁铸字研甫(己丑翰林),仁镜字莹甫(甲午翰林),乃是二伯父膝下的两位。大伯父只有一子,即仁録字艺甫(甲午举人)。我同胞弟兄七人。大哥仁鍊(榜名仲衡)癸卯、三哥仁铎(榜名振声)壬寅,都是科举举人——中国举人。二哥仁铨、五弟仁钰和我(仁锦)都是学校举人——洋举人。籍贯则顺天宛平,老家可是江苏宜兴。但科举的题名录上,缙绅录上,却只有宛平而无宜兴。

(二一)南北籍贯

这不只我们姓徐的为然，如恽毓鼎是阳湖，袁励准是武进，邵松年是常熟，同光间，沈文定公桂芬是吴江。许多江苏人，都以顺天为正式的籍贯，而把江苏老家当作祖籍。其与纯粹土著不同者，坟地田园在南不在北，家庭状况、亲友往来仍从家乡习惯，惟可应大、宛两县的童试、进学，官场交际须与顺天、直隶，乃至奉天，乃至八旗，都算同乡。其与纯粹南籍应北闱试不同者，如张謇，如孙雄，他们是以贡监资格下场，由国子监录科送考，谓之皿字号。"皿"者，监也。而如沈、袁、恽、邵及吾家，则可应大兴、宛平县考，做顺天秀才，乡试时由顺天学政录科送考，谓之员字号。"员"者，生员之员也。

(二二)搬家接租之趣事

先祖父于道光丁未成进士，以即用知县分发山东。至光绪初，先伯父已入词林，先君亦以大挑县分东河。祖父遂应顺天府尹游汇东先生(讳百川，滨州人，壬戌翰林，官至仓场侍郎)之聘，来京主讲金台书院。时伯父已入词林，初居八角琉璃井，后迁到上斜街徐季和先生的旧宅。季和先生(名致祥，嘉定人，庚申翰林)搬东上斜街的东头。同住一条街，门口都是翰林，都是江苏人，而名字都是"致"字排行，好些人认为是兄弟，送礼的送信的，常常送错了大门。八角琉璃井的旧宅，则由新翰林徐世昌接租，门口还是"翰林院徐"。有几回送信的送错了，他把原信亲自转送到上斜街。水竹村人真是谦恭有礼呀！彼时翰林院及翰林出身的大老姓徐的最多，徐树铭、徐桐、徐致祥、徐郙、徐会沣、徐琪、徐受廉、徐世昌、徐德沅、徐兆璋、徐继孺及先伯父、先兄,共十余家,惟有徐致祥、徐世昌两家,因住宅的关系,演过许多"信件误投"的趣剧,不知颐养津门的老总统还记得琉璃井之旧事否?

(二三)严范孙误认"艺甫"

我在报上关于戏曲掌故、文艺作品,一向署"凌霄汉阁"。丙寅丁卯之间,王小隐在天津《益世报》编副刊,我为他写了些"凌霄汉阁笔记"惊动了严范孙先生写信到《益世报》,请小隐先生转来一封信,他以为是先兄艺甫的手笔。后来我回信给他,说艺甫已于庚申去世,他甚为伤感。他第二次来信就不称"艺甫"了,可也不称"凌霄",而称我的谱系上的号"云甫"。但是我并没有告诉他叫云甫,想是在天津,一般旧朋友那里打听出来的。严范孙的第一封信如下:

> 艺甫仁兄大人侍史:《益世报》载凌霄汉阁妙文时,与仁安共读,知为我兄鸿著。卅年阔别,亟思一接清光,请将尊寓地址见示。如在津门,便拟即日奉访;或在都下,亦得时修简札,获聆教益,公其许之乎?不胜企望之至。专此手布,即请著安。弟严修顿首。

(二四)戊戌维新之要素

严先生亦是研究新政的人,甲午中日战后,他在贵州学政任上,条奏请开经济特科;丁酉年交卸回京,又主张兴学自强,被掌院学士徐桐所恶,削除门生籍,只可告假出京,得免于戊戌之难。己巳年,先生去世,自挽的诗句"几番失马翻侥幸",即指此事也。那时他与我几个兄长都是同志。研甫远在湖南,莹甫虽在京,却沉默

74

寡言。惟艺甫是个才气中人，喜谈时务，广交游，与康、梁、六君子终日在一处，讲论新政。而且二伯父请定国是、保荐人才的折奏，都由他起草，他实是戊戌维新时期一个重要分子。只因他并非京官，政变以后，他就到河南做知县，离开北京了。所以好些人不大提起，只于几个当年在一起的朋友如吴绲斋、严范孙、林诒书记得清楚。可是我想现下还有一位，心里很明白——水竹村人。

(原载于 1935 年北京《实报》半月刊)

二、通讯笔记

古都青年会国货展览会记

什么叫做繁荣北平？怎样繁荣北平？

"繁荣北平！繁荣北平！！"

"文化之府，名胜之区。历史、古迹、交通，都有关系，不要任他荒废下去呀！"

在迁都后，两年中，此类呼声，闻之屡矣。热肠苦口，已不能不代此落伍之百余万居民表其感谢。何况建设有委员，复兴有计划。荒城佳讯，后望无穷乎。

但繁荣北平，问题繁复，不是专仗热心与高唱可以成功的。北平最大之危机，在失业者日多，而失业者之所以多，则不出以下之两因：

（一）因政界机关日少（政府迁南，省府移津），故官僚文士失其寄食之所，此为"不生产者"之失业。

（二）因时势竟尚新颖，喜慕欧化，生活享用、服饰、娱乐，几乎非洋货不足以解嘲，而较能供给人生需要之本国商工店户，遂失其凭依，纷纷歇闭，此为"能生产者"之失业。

由前之说，则时势所值，无可勉强；由后之说，则与国都之迁留，官厅之多少，乃至金钱之流通，均无直接之关系。换言之，即使今日已有大款项大建设，为专以洋货浮饰外表，并不能使当地市民

79

受其实惠,则形式之繁荣,无裨于群众之失业(只怕失业者更多),最切要之问题,其在"国货"乎。

说到国货,又不在乎虚矫的抵制外货,因为货为中国所绝无而又为事实所必需者,不可以空言抵,不可以消极制也。亦无取乎夸张的提倡国货,因真纯之国货,多系土产物与手工业,二者每不便于用,而价值反视外货为昂,此又非可强为推行者。

三十五万,大半消耗于洋场,惟现在最可痛心之事有二:

一为明明非事实所必需之奢侈品、享用品,亦非洋不可。

二为明明本国已能仿造之机制品,用无不便,而价不加昂者,亦必含之而求所谓洋货,且于"洋"中又有必须为美国来的,为法国造的焉。各视其所曾经留学或曾经居留之国度,以判爱憎,此与货品之良否,价值之低昂无涉,而纯为感情与虚荣之关系。现在之许多学府,无量博士犯此病者殊不在少数也。故学款月有三十五万,似亦足以救济平市之饥荒,然细察内情殊少沾润,因大部分消耗于交民巷洋行及天津租界也。

于是国货之兴废,遂与其良窳问题打成两橛,纵有价廉物美之国货,亦不能动摇重外轻内者之成见,循此不变,病将不治,可悲者在此!

今举一事为例,前纪在天津中原公司中买中国笔时,有一少年偕一中年者正购得钢笔一支,东洋笺四五箧,欣然曰,吾得此良工具,将痛痛快快写几篇无产的文字,为穷人一述其苦痛。中年者笑曰,与其多写无产的文,不如由你手里少制造几个无产的人。少年诧曰,我岂肯……我又何能……? 中年者曰:你且想想,连写中国字,都要用外国笔,外国纸,假使人人像你这样,卖中国纸,造中国笔的,岂不又都变了讨不到饭的,拉不上车的!? 少年瞠目不能答。

然而少年与少年不同,有客气用事、倒因为果之少年,即有志力坚定、心思绵密、智虑深远之青年。吾于此次北平青年会举办之"国货展览"得识无愧于"青年"者二字焉,一为舒君又谦,一为周君素安。

精勤绵密的两个青年

舒君任整个计划,撰作宣言,一切内部之事。周君则奔走接洽,布置陈列、摄影、招待诸勤务,于精神奋发中见其勇气,于层序周密中见其苦心。

舒君之开幕词略云,此次国货展览,(一)限于北平市;(二)限于日常用品,凡衣料食品、鞋袜、料器等人生必需之物,应有尽有。试一浏览其间,觉近年以来国人之提倡国货,固有惊人之成绩,惟一般人无从搜觅鉴别,故举行国货大会,一部分专供展览,一部分兼事营业,既便参加者之鉴赏,复利出品者之推销。何者是纯国货,何者参用外国原料,所谓国货之真伪,与其实际上抵制外货之可能的成分,某货之成本与销场,及其与外货竞争之效率,将来发展之希望,皆体验入微,言之历历,是以此会规模不为甚大,但为有目的(尤其对于北平市),有步骤,其意不仅在一时之繁华仪式,只期国人之相生相养,自力自存,使循此进行,则繁荣虽未可必乎,至少可以少几个由商工业而下街要饭或拉车或投井悬梁者。

赞助之要人名流

吾于开幕之第四日前往参观,大门高悬横额,笔力恢宏,为金石家赵铁厂(音安)君所书。入办公处,舒君授该会日刊一纸,有王正廷君题字"通商惠工",及孙科君之"古国之光",吴大业君之

"阐扬国产",又平市长王韬君、平教育局长王捷侠君之祝词,即由舒君导引入楼下售品部。

半展半售之意义

此部系半展览半售卖。会中公告曰:"合于实用,价钱公道。买者如觉适用,则请多提倡。用之不适,则多加指导。此谓双方努力,开一条新出路,本会微意正在于此。"

呢厂生意,最高纪录,戎装的大掌柜

出品计三十余家,每日售出自三百元至十余元不一。唯清河呢厂之呢绒哔叽,每日超过三百元,为最高纪录,以其为军部直辖之工厂,故当场交易之司事者皆戎装。予笑曰,此全身披挂之大掌柜,尚属仅见。舒君曰,此呢出品有四长:(一)本国原料,(二)本国工艺,(三)价比外货为廉,(四)货能经久。予谓惟自军装、西服大衣盛行以来,呢绒之需求,远过于绸缎,于是南方之丝业日衰,而毛织之外货日盛。今该厂擅此四长,于御外之道,可谓毫发无遗憾矣,使国货皆若此,又何患焉。(是日又特别八五折,故一华丽之军毯,只三元也。)

想起了一件事,真恶心

什么叫做人生?"开门七件事,柴米油盐酱醋茶。"酱油一物是天天与我辈口腹为缘者,所谓日常生活之必需品也。一日予食白煮鸡子,自入厨下取酱油瓶自倾之,则有蠕蠕而动者若沉若浮,不禁大骇。即问家人何不洁不慎乃尔。家人笑曰,君真少见而多怪也。夏天的酱油,照例如是,家家如是,即君亦食此数十年矣,今乃恶其不洁乎。予乃恍然,心恶之而无法,只可"眼不见为净",而每一思及,辄欲呕。近年闻有丙寅化学酱油之创作,乃嘱家人留意试用之。

广告、方术与效力之比较

今于会场中亲见化学酱油两家,一即丙寅,一名福华,价则丙寅九扣,福华八扣,而购者多趋丙寅。"南枝向暖北枝寒",此何故耶,其后起者果应落伍欤?舒君曰:"不然,福化之创作为在丙寅之前也。""然则货不高欤?"曰"成色相仿,并无高下"。资老、货高、价廉,而营业乃一面向隅,殊为不平。舒君曰:此广告乏术,宣传少力之故。吾乃就两家之传单而详察之,果如舒言。

福华广告之第一条:

(一)国货"北伐成功了,我想大家一定明白,提倡国货是爱国同胞唯一责任吧?"

此十七年之应用的口气也,今二十年矣,是犹二十世纪之人物犹沿十七世纪之故习也。其第二、三、四条标题为经济、实用、冠冕,皆呆呆板板无特别惊动之处。唯每末句必加一"……吧?"在彼即为力趋时式矣。舒君曰:在会场四日而广告未尝变式。予曰,只怕三年来亦未尝换换样也。再观丙寅则第一日为:

讨论"丙寅化学酱油"几个问题的解答。

(一)化学制造法与土法有何区别?(答,请参看本会陈列的新旧制造法比较之模型。)

(二)怎能证明该厂陈列的模型是正确呢?(答,请到德胜门工厂参观实地制造情形,便可无疑。)

(三)怎能知道真是价廉物美呢?(答,请出同样的价钱买一种化学的,再买一种其他的,一比便知。)

用问答体,处处替买者设身处地,且三问各有层序。第一问乃引人观其模型(模型亦陈列,人物器皿皆精工),第二问乃适应已观模型后之心理,第三问则代对方设法比较。所谓步步为营,好不(利)〔厉〕害!再看第三日换的样子,是中间一个大"比"字,左为"国货",右为"东洋",下分两行,一行题是"品质",其文为"制法,与日本最新方法一致,故品质可以比美"。又一行题是"价格",其文为"原料完全国货,故远比日本酱油低廉"。左右又有对联的标识曰:"用日本酱油的,不可不改用丙寅化学酱油";"未用过日本酱油的,应速尝化学酱油"。词句响切,章法紧凑,以日本货为对待,居然咄咄逼人。而所谓老前辈(福华)也者,依然守其"十七年"之成式,若将传之万世者。此诚致败之道,无怪乎今之新人,动辄以十七世纪相警戒也。说到这里,老汉又要本同情于代申冤屈,乃是"他的货物,实在不弱于人",不过广告落伍而已。按真理而言,宣传落伍,原不能与本值的高下并为一谈。但就世界的现象下个普遍的观察,可以说有多数落伍者吃亏在宣传上。这又有什么理讲。

呜呼!酱油。

呜呼!福华。

呜呼!落在后头的柴米油盐酱醋茶。

呜呼!跑在前头的……派……家。

"松竹梅"(大约取岁寒三友之意)是个儿童玩具的商店,他自己的宣传公告上标明两大主义,(一)不售洋货,(二)不售坊间粗俗玩物。算是特别点广告学上所谓 distinctive points①。（一）儿童教育玩具,(二)美术文具,（三）通俗教育模型,（四）学校标本模型,(五)工商宣传模型。有"综合东西洋艺术"、"承办一切建设计划"之好大的口气！唯就是日所陈列之各品而论,似未能充实所言,或因地小未呈全豹欤。最多者为戏装的种种模型人儿,以脸谱小人头为最精致,每六个一匣,每匣一元,据云各谱皆出于老伶工之匠心秘本,则弗可考矣。唯色泽花纹确甚工细,与庙会之面具不同。有大人头四,一净一丑,一电影女星,一滑稽明星,奕奕有神。其戏装全身,多为梅兰芳式,有散花之天女,有上寿之麻姑,有奔月之嫦娥,有葬花之黛玉,可见梅式模特儿之风行一世。

是中国戏中国脸谱,中国人做的工艺,当然与不售洋货之主义相符,唯颜料装潢仍不免有借重舶来之处,盖亦无可如何也。"大掌柜的"安坐一旁,颇肖最近作古之名丑王长林。

旧都最优势之特产 "老西儿"之专业

聚顺和为蜜饯庄之一。蜜饯者旧都之特产,包括桃杏果脯、蜜枣、葡萄干等项,夙擅盛名,虽稻香村、老大房,以及西洋果店,纷乘叠至,将旧京之饽饽铺、满汉茶食铺生意抢去不少,独蜜饯一项,无人能夺,稻香村虽极力仿造,终不如京式之味浓质厚也。此种国货有其坚实之立场,故有"不怕南征不愁西战"之豪语(南征为南来之村或房,西战谓西洋糖果)。蜜饯庄各城皆有,以大栅栏为最多,亦以大栅栏各家为最佳,业此者皆山西人,亦如业饭馆者多山东人,是为历史关系。记者夙嗜此品,故与蜜饯铺之柜伙相熟,恒

---

① distinctive points:英文"与众不同之点"。

效其老西儿之闷鼻音谈话以为笑乐。因而想到念年督晋、一日主席之百川大将，去年今日正是心雄气壮、高张远跖之时，而今安在，又是一瞬沧桑矣。

一位太太一位小姐之简单工厂

"家庭工厂"名称颇为新颖动目，主人曰王大珍，陈列者为丝织及刺绣之帔、垫、枕、袜等陈设服用品，立于左右者一太太、一小姐，不知哪一个是王大珍也。操湘音，和蔼而周至，绝好之女店员榜样。工厂之厂主、工役、掌柜、伙计、出纳、接待，悉以家庭数口任之。遂与海上之资本数十万、女工数百人者组织大异。"湘绣"名闻大地，此太太小姐可谓善于自力自存者。

养蜂、养兔、养狐　　过去、现在、未来

立达蜂业社，所陈列者皆一瓶一罐之蜜。其宣传品盛称蜜之功用，润肠、止咳、和胃、平肝、消食、卫生，引证本草，参考西医，皆人所习闻。唯近年之蜂业，风发云涌，率卖蜂求利，不注意于产蜜，各处广告但见义种、日种、黄金种、蜂箱、蜂具之转相贩运。养蜂者不但不从以求蜜，且须饲以白糖，至相当发育期，则谋出售，遂成为一种投机事业，如交易所然。此风固来自日本，日本之落伍者既以中国为尾闾，中国人拾其弩末，又开中国风气之先，亦可获利一时，至承中国的末流者，其前途则不堪设想。现在养蜂渐成过去，"养兔"又代之而兴，亦东洋之传染病也。而眼光敏锐，努力跑在潮流前头的先知先觉，又着手于养狐矣。故以三世法分析则如下：

过去	现在	未来
蜂	兔	狐

　　据同在会场杨君所调查,现在有住居红罗厂之某宅,已搜集佳狐多种,准备作未来派之开山大师,谁谓中国人不努力开创乎。futurism①之发明家,微斯人其谁与归? 假使蒲留仙生于今日,不知又将如何着笔耳。

味母与味素

　　日货之销行中国,为地小人稠之矮兄养命之源,吾人日常生活用品,为彼族经济所关,故宣传、推销、揣摩、仿造,如水银泻地,无孔不入。价廉货多,又非西洋所及。国人虽痛心疾首,而缺乏真质实力,抵制乃徒托空言,说一句综括的话,中国之商场,大半为彼之贩卖部,中国人日常所用,多数仰给于彼之巧制品,此可叹也。自味之素盛行以来,几乎每个饭馆,每个家庭,每餐每席,都要预备味之素,只此一项漏卮而论,若加以统计,银码数目字以下不知要加多少圈圈圈圈矣!

　　其实味素果然是每食之需、有投必应的万感尊神么? 只怕一半又是由宣传而深浸润于多数脑筋的神经作用吧。因为我曾经深刻考验过,从菜的本味中,分析出它所参加的滋味来,觉得固然有几分鲜,可也有几分腥。其鲜也可喜,其腥也可憎。至于调味必需,到处需用,把鸡鱼菜蔬一切自然之美一齐写在它的功劳簿上,亦非事理之平也。写到这里,想起在一个朋友家吃鸡肉馄饨,另一

---

　　①　futurism:英文"未来派"。

朋友(同我一块扰他的)吃着鲜美异常,开口就是"一定有味之素",主人说:舍下向来不预备味之素。我说:难道因为味之素出世,鸡鱼菜蔬就把它们的鲜味整个地让渡吗?!

自有味之素,而"味精"、"味粉"踵兴不已,今国展陈列者则为"味母",厂名"天一"。询以何义,则曰"天一"者天下第一。"味母"者味的母亲,故曰天一味母云。予曰天下第一可缩为天一,"地上无双"亦可缩为"地双"乎。又何不仿帝国大学称帝大,北京大学称北大之例而称"天第"耶?然天一若非缩称,固自有其出处,即《易经》之"天一、地二、天三、地四……"是也。又问味母之异于味素者安在。答曰,味之素是鲎鱼做的,味母是麦精做的,所以比较是正味。予乃恍然于味素之所以鲜而腥,果如所言,味母诚不失为王道矣。

"天一"之外,又有"都一"

"天一"者,天下第一也,"都一"者京都第一也。都一斋为土制之鬃人,实即小孩所玩的傀儡戏,牵之以鬃,则跳荡盘旋,如跳舞然。价廉而适于童趣,在庙会中销路颇广,而"都一鬃人"与"天一味母"乃无独有偶矣。老板是一本地年老妇人,对一西人言,鬃人之功,乃电气为之。将以炫其科学知识欤,抑故为滑稽耶?

到了楼上,又是一番景象

第一部种类甚多,不及遍记,舒君复导引登楼,入第二部,展而不售者多美术贵重,与楼下之"日常生活",确是另一景象。

画

商务之三色版仕女图,印工颇美,中华亦有数幅①,工力足以敌之。唯画家林某之亲笔,则莫测其渊深。以是三日间投函该会作冷语箴讽者不一而足,会刊上一一披露,似亦有不满之意焉。

书籍碑帖

亦以商务、中华为多,中华之《四部备要》、二十四史、《汉书》、《史记》、商务之《辞源》、字典、丛书、图谱及字画真迹,对联屏幅,均精雅。商务有华文打字机一架,则别家所无之拿手好戏也。京华书局之印刷业,在故都中,除财部印刷局外,无其敌手。所陈列之珂罗版、胶版、雕刻版、彩印、石印、铜、锌、铝、铅诸版之印样,分列于玻璃镜中,益见鲜明,观者咸叹赏以为非他家所能望。忽一中年者作慨叹声曰:"谁能比得了他家,他们本钱多呀,你不见上面写着'上海商务分到北京来的'吗?"其词若羡若妒,岂印刷同行中之"弱小民族"欤。

灯

中国之灯,花样最多,凡十元灯火,固到处可见,唯旧都为最盛,其制特精。今东城灯市口为昔年赛灯之地,银花火树,绛蜡明珠,其光艳固不下于今之电、汽、煤油也。而宫灯之彩画文绣,流苏轻软,一种幽默秀雅之意味,为国产之特色,是以法比京都博览会中国馆中皆以此灯象征东方之美艺。此次会场出展者为文盛斋,

---

① 商务指商务印书馆,中华指中华书局。

名目甚多,有六方大宫灯(即六面)、四方亭子灯、四妯方帽灯、八方挂灯、牛角明灯、铁花灯、小球灯诸式,皆美巧可玩。

织补赵

此亦店名之一,简单而自然,凡系个人出面,含有"独门独市,专长专利"之意味,如"馅饼周"、"膏药王"、"接骨张",皆属此类。镜框中陈列皆极贵重之丝织毛羽文绣品,绸缎呢革哔叽无论花纹如何新异,纹理如何精细,或烧破,或剪断,彼皆能一一弥缝补接,使之恢复原状,不露痕迹。晴雯补裘,天孙织锦,不能专美于前矣。贫妇多以缝穷为业,若赵君者可云"缝富"。

此外美品甚多,以非该会正旨所存,不暇一一,本文即止于此,唯祝国货前途,一层层摆脱洋料之束缚,一步步深入中国之社会,岂唯一市昭苏所系,举国民生实利赖焉,则此会为不虚矣。

(原载于 1931 年 3 月 18—20 日上海《时报》)

盛大之新闻学讨论周

武的有华北联运会

文的有燕大讨论周

为古城添许多生气

月之一日到四日,北平燕京大学新闻学系举行大规模之"新闻学讨论周",约集平津新闻界轮流演讲。先由该校会同各报馆干部分子组织主席团,主席团之干事黄宪昭君系燕大新闻学教授,讲演员中西皆备,罗致无遗,卑人亦忝附骥尾,于此惠风和畅中轻车胜侣,驰骋郊原,一条蜿蜒不断的马路,其平如砥,正所谓王道平平,望着清旷的野景,迎着西山的爽气,与城市生涯确是另一个世界,不禁忘其所以曰:"快哉此游!"

海淀道上

在车中与燕大来迎之周君及同业二人且说且笑,正在高谈阔论得意忘言之际,忽然道旁闪出两个军装的丘先生之流,当路一拦,汽车立时停住。周君不慌不忙,从怀里取出一张小纸,又取出一只大洋,付与了丘兄,丘兄接去走到道旁的一间小屋内,不多时出来了,找给五角的毛票,慨然放行,才知是要马路捐。

到了海淀,这是平西著名的一个大镇,从前皇帝去圆明园、颐和园、西山八大处,都要打此经过,夹上陪王伴驾的文臣武将,千军万马,常常在此打尖,所以户口殷阗,商业鼎盛。清室既亡,盛况当然不如从前,幸而春夏间西山一带游人如织,又有清华、燕京两个学府,济济群英,风云荟萃,所以还不至过于萧索。

"皇宫"与"公主府"

远远望见,呵!"黑漆门楼,金字牌匾,八字粉墙,哪哪哪,还有两竖大旗竿……"不对,念错了,念到《问樵闹府》上去了。这里应当说:"彩画的门楼! 全画着极细的文藻! 黑字牌匾,朱红的大门,还有一对玉石狮子",何其华贵乃尔,怎么又是中国建筑? 周君说:这里全是中国式而且宫廷式,所以有些人说我们燕大是"皇宫学校"。他说了"皇宫学校",老汉倒想起了一桩心事来了。原来我的母校(马神庙的北大)虽非皇宫,亦是一座有名的"公主府",前清初办大学堂,因为一时没有相当的校址,所以借用下来。那时的同学们常常说笑:我们现在都是些公主,等到毕了业,到别的学校做事就好比公主下嫁一般。于是后来一般学校毕业演说里,就常用着"出嫁"的比喻,殊不知这也是我们最高学府创造新文化的一种创作,却是由"公主府"而来,倘若母校比做娘家,那么,北大是第一个大门大户,再也没有更阔的娘家了。谁知这里又凭空添出一个"皇宫"来! 皇宫自然比公主府又阔,然而也作兴有个"打坐在皇宫院"的铁镜公主焉。

进了校友门(大门的题名),好个庄严伟大的院落,正面的崇楼,两旁的杰阁,高大壮丽,的确仿照故宫程式,若是猛然走进,也许认成了太和殿。

校内组织之大概

来到办公楼,学系诸君蔼然款客而入于小客室中,各签名簪花已毕(绸制的标志,用黄蓝两色,鲜明秀雅,佩于襟际,不亚簪花),稍为休憩,导登二层楼,楼内的设备,自然不能不用西文的物质,却是特别雅净,一层有校长室,又有校务长屋,校长是中国人,校务长还是美国人。原来就只有美国校长司徒雷登君,吴雷川君是副校长。到了十八年春天,依照政府所规定,外人在中国的私立学校,必须华人为校长,所以吴君由副而正(这是对的),司徒君由校长而校务长,仍然负全校之责任(这也是对的,学校本是人家办起来)。好处是虽由教会学校而发展,现在却没有宗教的拘束。(有个宗教学系隶于文学院,另外有个宗教学院,只声明为大学之一部,但不请求立案,亦不勉强学生信教,又声明历史眼光、科学态度,这尤其是对的。)

燕大现为私立中之已立案者,办的固然不坏,组织更为完密,三个学校合于"三科成一大"的规定。三院为(一)文学院、(二)理学院、(三)法学院。又在城内时,男女分校,现在则同堂读书,唯校内管理颇为严整,女宿舍外贴"男宾止步"四字,有事访商者,须出舍而立谈,不得延入舍内,故校风肃然。

新闻学系之内容

新闻学系在二层楼,入办公室,干事黄君及美教师葛鲁甫君在焉。参观课室及图书室,则搜罗各种书报,咱最老之黄皮京报及至现代之各日报杂志皆备,足见当事之勤勤也。

(按旧都学校之有新闻学系自平民大学始,燕大稍后,其不同处:平大之新闻学为专系,而以文学附之。燕大则新闻学系隶于文学院。平大之教授皆华人之名记者,燕大则以美人 V.Nash 为主任,教授中西各半。平大重经验,燕大重学理。)

燕大新闻学系学生不多,规模不为甚大,然经费充足,故设备较为完善,此次招请新闻界演讲,殆欲于中国之报业经验上有所补充,而新闻界同仁亦甚愿参观该校注意新闻实进之状况,故皆欣欣融融然,在华北运动大会之后,有此新闻讨论大会,足为枯寂之古城添出许多生气。

查各国之新闻教育方针各有不同,前据鲍君振青所调查,有以研究学理为主者如德国,有以养成人才为主者如美国,后德国亦知非双方并顾不可,故已以新闻学研究及记者教育为双层目的,美国以记者之准备教育为主,而学术研究副之,英国则专重记者教育,此其大略也。燕大之新闻系所定原则为:授学生以基本的新闻学学识与训练,使其得自由发展知能,成为报界专门人才。则亦可云双方并重者。盖学理与实用之不能分离,亦是一种必然的原则。不过说到实用经验,则中国与外国的历史的惯例、人情、风土,又各不同,故在外国之人才,又未必尽能适应于中国实用,观该系各学科名目为:(一)新闻学导言、(二)报章文字、(三)新闻之采访与编辑、(四)比较新闻学、(五)特载文字、(六)社论、(七)出版须知、(八)通讯、(九)报纸参考、(十)图书等,余科为广告印刷等,非不灿然大备,但于适应中国之专门人才之目的,似尚有所不足。如社论一项,占领袖全报之地位,若非将本国已往及现在之事例熟习贯串于胸中,则下笔时难操"语能破的"之胜算,换言之,若成竹在胸,语无泛设,源源本本,使政治当局社会各观之,能发生真实之感觉,久之深入人心,自然成为舆论中心之优势,此固不独中国为然，而在中国为尤要，因门户开放较晚，地大人多，历史与社会均甚复杂，与欧美之久已同流共进者未可共论，欲贯彻明了，非专门研究不可，如不仅为研究学术而并欲养成人才，则此层似应注意及之。学系教授四人，两中两西，皆勤朴明练。学生为数不多，仅十余人，皆英俊少年，虚衷受益，有志于新闻业者，中有女士一人，称为蜜斯汤，颇疑其形态不同于寻常，后乃询知为爪哇籍，不远千里而来者，亦可谓好学矣。

我的短剧

时《世界报》张君演讲，未毕，我乃吸纸烟以候，奈无火柴，请于周君，周君亦无此物，求之工友，工友亦叹阙如，复劳周君亲历楼下诸室，找我来一匣，笑曰，电灯既无须此物，吸烟又大干例禁，师生固鲜有此嗜，仆役如有犯者，吸烟一口，罚洋一元！予聆至此，不禁悚然，倒不是《落马湖》"罚戏三天"，然而此善制也。纸烟非但有妨生理，增多消费，君不见大吉轮一案，三百生命，巨万资财，尽于纸烟头之轻轻一掷中。

我这次的演题，是自己定的一个"报"字，因参加是役之名记者已有二十余人之多，其讲题有就主人所拟中择定者，有自拟者，要皆鸿篇伟论，丰丽庄严，已是洋洋大观，再则人数多，为时间经济起见，所以采用短篇小品的方法，譬如文武昆乱唱工繁重之间，杂以趣剧笑片，虽无关宏旨，或亦不可少焉。

所说大概是中国新闻纸内容款式日臻进步，皆取法于先进各国，报业亦年年发达，"卖报"的呼声，充盈耳际，看报的嗜好，普遍人间。然而报之一字，既不是西文之 news，亦并非日本之"新闻"，如《朝日新闻》、《大阪新闻》、《报知新闻》等，乃是中国自古有之的一种国粹,此种国粹社会中印象既深,新闻界习用已久,虽欲打倒而不可能。

原来中国从前只有两种报,一种是武报,就是报告军事大胜利的"红旗捷报"。那时没有电报,只有驿马,所以六百里加紧就是很重要的"要闻",要是八百里加急,亦就不下于"十万万火急"的专电了。那一种是文报,就是科场考试时代的报录人,不待正式发榜,就先伏下内线,探得哪一个取中了,他们就赶紧写报单飞跑到人家,不管半夜三更敲门槌户,比送电报送快信的更是惊人,探了一次又一次,报了一家又一家,来往不息,真是五官并用,四体俱勤。

这两种报告专员消息大家,现在自然是看不见了,但是文戏(如《连升三级》、《御碑亭》)还有报录人,武戏还有打旗的报子,那都是电报访员的老前辈,假如嫌戏台上的情形还不能合于现实的观察,那么可以看看体育赛会里跑来跑去的新闻记者,谁不是一眼望着竞赛场,一眼望着电报局,一面记着"几比几",一面拍着"谁胜谁",一天跑上好几趟,那般状况,不是和从前的探马报子一样么。这话虽近于玩笑,却与事实情景不至相离过远。

到前清光绪二十年以后,报界虽然有了很大的发展,可是"报"的界说,倒混乱了。庚子以前的《知新报》、《时务报》、《清议报》,庚子以后的《新民丛报》、《民报》、《国粹学报》,纷然并起,无非政治学术的文字,没有什么新闻,所以是"报"其名而"杂志"其实,不过日报也有相当的进步,逐渐采取西方先进报纸精神,不是呆板板的老样子了。

无边丽景,几度沧桑

此外又说了些报的变迁,此处不必详述。我表演此小剧已毕,日已过午,黄先生请到他家中吃饭。由办公楼到黄府,路是真不近,因为要穿过几个大的花园,而花园的面积有七百八十余亩之多,一半是买的官道民地,一半是以大地主永远租用。所谓大地主者,乃是做过陕西督军的陈树藩氏。陈购自清睿亲王(即多尔衮之后人,最近因自掘其祖之坟墓,而受法庭拘审者),共三百余亩,乃明代米万钟氏之"勺园"旧址,本京西名园之一也。旧都之名园胜地,在前清时为亲贵所瓜分。革命以后,清室王公渐贫困,其不穷者亦怕充公,于是纷纷出售,易金钱而去,承亲贵之后者一为军阀,二为财阀,三为外国人,而以军阀为多数,北平城内凡盖起一片房而称为什么里者,大抵皆某巡阅、某督军之产,无怪乎廿年来大行乎其"中国式的武士道"矣。

一路行来,过枫湖之滨,过朗润园,望饰绮楼,经蓄水塔,时而小山丛叠,时而画楼掩映,小楼扶疏,清溪缭绕,点景布局,潇洒出尘,好处是建筑虽极名贵,处处有科学,有美术,而不失山林清淑之气象。

抵后垣,越小街,始抵燕东园。燕东园者,教授之居留区也。另有燕南园,各建精舍二十余幢,式仿洋场之所谓几楼几底。每幢楼上下共十余间,有平台可凭以望远,恰对西山,山色入窗,足以游目骋怀,仙乎仙乎。

黄君及其夫人、公子同出款客,肴馔皆粤味,陈列参用西式,精整充盈,别饶风味。餐毕已逾二钟,复偕黄君乘人力车返办公楼。

姊妹之楼，夫妻之馆

沿路复见教职员住所多处，唯皆非独立，若公寓旅馆然。我问：岂教员不能人各一宅欤。一同学答曰：可以，但以有蜜赛丝者为限，有蜜赛丝则有家庭，有家庭则有住宅，乃合于理。若夫独身，何须多屋，一椽容身可矣。我说：甚矣哉，蜜赛丝之不可少而家庭之不可无也。凭办公大楼远眺，校中景色历历可见。其东有与办公楼比肩而双峙顶如角亭者，伊何地耶？曰"姊妹楼"sister's hall，即女部办公楼，名以"姊妹"，新颖而有恳亲之义焉，善哉名乎。吾思男部办公楼独无特称，未免向隅，不如添一名曰"兄弟堂"brother's chamber，再以教员住宅为"夫妻馆"couples residence，益多美善之趣，未知燕大当事及学友意下如何。

（原载于 1931 年 4 月 8—9 日上海《时报》）

魁首班头记

因现在之余张诉讼不休之官司，
想起民国二年笔墨斗争之往事

二十年前，就听得苏州美术大家余沈寿女士之大名，如雷贯耳。民国二三年间，又屡屡拜读女士与农商部一来一往争论绣价之文章，乃知她不但是一美术家，即文墨手笔，亦是超超元箸（恰好那时的农商总长正是通州文章魁首张季直先生）。

虽然打了许多笔墨官司，却是常言道得好"不打不成相识"，张季直辞职南下，余沈寿亦受南通之聘，司教于江北模范之区。今则两大名流，逝世有年，常于报端叠见余张诉讼之新闻，不觉目光为之一闪。昨见四月二十七日本报"余沈寿案"一则，余觉欲领柩归葬，及所控张孝若余学慈覆没财物案，法庭已经受理云云。是老张老余以后，又有小张小余之许多牵涉，财物官司之外，领柩迁葬亦成诉讼要素。内容之复，历史之长，可以想见。关于南方近事，本报去今两年，已经随时访载。老汉现在所谈者，乃余张之往事，不无参考之价值，且与已往之国际酬酢、文化、美术，亦有多少之关系。在卑人为有味之回忆，于读者亦非无补于见闻。至于姓沈的与姓余的、姓余的与姓张的、姓张的与姓沈的是怎么一回事，小张与小余如何，"财"如何，"柩"如何，一切问题，皆发生于江南，非老汉所能悉，亦非本文所欲谈。惟依据事实，搜罗旧闻，聊资清话而已。

99

时当清季，有义国爱丽娜者，一秉权威之女皇，亦极美丽之皇后也（但不能算 queen of beauty，因为没有经过那选后手续）。光彩照人之御尊影，早已流传东土，受中国仕女之瞻仰。适多才多艺之沈女士供职于农工商部，为绣工科总教习。羡彼风资，倾心摹拟，学丝绣平原之故事，展天孙织锦之异才，历时一年，成图两幅（一君一后），先送南洋劝业赛会，博得盛誉而归，后为当道所闻，遂以清太后之名义，作为国际之赠品。爱丽娜一见，"龙心大悦"，"御口亲开"，钦定价值至三千金镑之多，又回赠清太后以最高级之圣玛利宝星一座。清廷以沈女士惊人妙技，蔚为国光，特由大内传出懿旨，赏赐大寿字一方，与文武大员翰林供奉同其荣宠。沈女士被中西两后这样左提右挈双方一捧，何止一登龙门声价十倍，一时"女状元"之声洋溢于都下。盖以科名时代，状元最贵，大廷对策，御笔亲题，以天子之门生，为文章之魁首。沈女士既受宫庭特赏，便是太后门生，以此例彼，正复不遑多让。

时苏省同乡方有事于会馆，语及此事，引为美谈，曰吾苏号为状元产地。但自陆凤石魁同治甲戌榜后，苏州竟无一人。至张謇魁光绪甲午榜，亦为江苏全省最后之一人矣。今此女状元隶籍姑苏，其金阊灵气未全衰乎。虽近谐谈，可想见沈女士声光之懋也。

沈女士之绣工，固非外行人所能尽其珍蕴，但觉其匀细光鲜，所谓灭尽针线迹者，实有特优之气象。所绣人物皆栩栩欲活，即湘绣家亦致其赞佩，足征工力之优纯，而盛名非幸致焉。

不过"实至名归"与所谓"名下无虚"，虽有一自然之理，而以一种之作品成特异之大名，竟致倾动中外，似仅有绝无空前绝后者，则又不能谓非机缘之帮助，运会之偶然。夫刺绣为女子必要之闺课，亦中国特擅之美术，万千闺阁之中，岂无与沈女士同德比能之才女乎？使沈寿所绣非女皇，或绣矣而成绩之良莫能达于宫内，或形势所格，不克致之外国，则虽鬼斧神工，亦恐得名有限。正如科名信条所谓"窗下休言命，场中莫论文"者。昔南通人以张謇得大魁，筑"果然亭"以志庆，谓文章有价，事有必然也。謇不自信曰：天下事皆适然耳，何"果然"之有，遂易为"适然"。达哉张氏，无愧江北之一人矣。君不见今之以科学方法推测未来事者，亦只能求一比较的可能 probability，而不敢断之以必定 certainty①。

沈寿既享盛誉，复获荣褒，当时似已满意，对于清后及农工商部均未有何表示。至民国初元，工商部时期，亦未提出何等要求。直到张季直掌部任内，忽然开口"拿二千金镑来！"好似青天霹雳，近于非常之作剧。民二之农商部为民元之农林、工商二部合并以成，而民元农林工商又系承接前代之农工商部。张氏先为工商兼农林，后经张手合并农商，任事三年之久，沈之要求，恰在张氏任中。初上呈时，部中大哗，说"三千镑乃义后一时高兴之张大其词，不足为据。即让至二千镑亦属为数不赀"。于是决定迎头痛驳。但驳者自驳，顶者自顶，双方勇气十倍。一时旧都人士无不注意此笔墨官司者。沈寿第三次辩呈劲气直达，实大声宏，当时曾喜其俊快，录而存之，今为介绍于下。包罗整套的笔战，中语所谓"剑拔弩张"，所谓"短兵相接"，西谚所谓 the last five minutes②，所谓 ultimatum③ 之精神，悉于此奋斗式的呈文见之矣。

一驳"既未声明，又未声明"

具呈女士余沈寿，苏州吴县人。为请政府开诚布公偿还

① probability：英文"可能性"；certainty：英文"必然性"。
② the last five minutes：英文"最后五分钟"。
③ ultimatum：英文"最后通牒"。

商明有案之绣像代价事:窃于本年六月由苏州商会抄示钧批,内开查核原呈,对于本部前批反复致辩,并无切实证据。此项绣像,前部原无指定该科总教余沈寿摹绣之明文。该科应交何人制作,前部概未过问,如该科总教习愿于担任教授之外,为自营之计,何以于此项绣像制作未成时,未先声明须由政府偿还代价,方能作赠?是此项绣像当然为绣工科出品,并非余沈寿个人之制作等因。

一辩"无必要,又无须"

窃按钧意,不唯不承认制作代价,并欲将寿之制作而亦不承认之。特何以解于前次钧批所已承认之"以该前总教习艺术精良,曾由政府商由义国王室特奖珍饰"等语,至声明一节,于制作未成时既无声明之必要,于作为赠礼时,既由政府俯商,是政府已承认制作人所有权利之证,自无须再事声明。

再驳"四证"

钧批又谓"查是年十一月,该科咨呈十月份报销清册,内料本项下,开一购各色缎料市绫银三十三两八钱六分,一购洋纱零添花绒花针银十两三钱,一购玻璃铜件等银五十九两一钱九分,一裱绣件银四两七钱",是关于此项绣像制作费用已包括于上列各项公帐之内。报销有案,即为政府出有制本之证。

再辩"五不符"

窃查此项各种料本之报销,在绣工科几于无日无之,可以覆案,实系学生所用之料本,并非绣像所用。其可以证明者,义皇后绣像当陈列南洋劝业会内时,万众共睹,系纯一黑色之日本绸料,并未杂用各色缎料,亦万无忽缎忽绫忽洋纱之理,若云或缎或绫或洋纱,故钧批有包括在内之字样,则为莫须有之案语，此物料之不符者一。且绣像高只二尺，万无用绸料银三十三两八钱六分之理，此绸本之不符者二。且此项绣像，系极精之制，万不能付裱工，陈列南洋时，众所共见，并未加有裱工，此装潢不符者三。其尤可证明者，绣工科购料系逐月报销，义君后绣像，须穷年累月，万无购料在是月成裱亦在是月同时报销之理，此事理之不符者四。且钧批谓是年十月之该科料本报销册，自系指宣统元年十月而言，而绣像实于宣统二年五月方成其一，万无于上年十月绣像未成时已经付裱列入报销册之理，此年月之不符者五。

何以服寿之心

钧批误将该料月报册内学生所用之料本，作此项绣像之料本，遂谓该科报销有案，即作为已由政府出有制本之证。更不思料本者物料之本，制本者工作之本，尚未可并为一谈，乃斥寿前呈为"妄辩"，谓"请领代价为希图尝试"且谓"以后无论如何措词概不批示"，将何以服寿之心?!

五十六两抵去一千金镑

唯钧批所据活支项下开，一支临义皇后等绣像六幅，付银五十六两八钱，此费确系出自公家。寿饮水思源，又于前呈内自愿减去一千镑之代价以报政府。在当时政府岂不知标本出自公家，亦不忍以区区摊合十余两银之临画代价而全牺牲其三千镑之绣价，故作赠礼时，向寿俯商，即为政府已承认此项绣像为制作人所有权利之证。政府既承认于前者，自不应不承认于后。且寿前呈内明明有三要点，而钧批于寿第三要点"质问政府既以自有之物持赠外国王室，何以须先与制作之人事前商明"云云，未奉明白批示，谓"以后无论如何措词，概

103

不批示！"之拒绝，更何以服寿之心，以杜天下之口?!

国家无上之光荣

抑寿更有进者，敢请暂霁钧威，天下事当平心静气思之。寿年余之孤诣苦心，成此绣像，中外欢迎，政府作赠礼后，即邀义君后叹赏中国美术之卓绝，回赠政府以最高级之圣玛利宝星，不可谓非国家无上之光荣，无价值之可言，政府所得者已不止三千镑之代价。寿不无微劳于国家。政府不唯不奖之，其结果乃因请领此项商明有案、政府承认在前之绣像代价，干触钧严，博得"妄辩"及"希图尝试"字样之代价，即不为寿惜，其如政体何?!

为此仍请政府开诚布公，偿还此项价值在前商明有案、政府承认于前之绣像代价，以全国体而示大公。谨呈。

此呈上后，于正面文章无何等之结果，而张氏则从此深重沈寿。后来南通事业之共同努力，未始非此几番争论为投分之善因也。

文中是非亦不须再吹春水。唯有数点可作趣谈：

（一）三千镑在当时合银三万四千元。照现在金价应合多少。

（二）"五十六两八钱"之银，可以抵去一千金镑。若以此为例，则金潮将变为银荒矣。

（三）文中"无价值之可言"句，意谓"无价之宝"也。然字面好似"一无价值"矣，可为粲然。

（原载于1931年5月7—8日上海《时报》）

三、品评论辩

综括一生的批评

关于批评人物,其事至难,吾国昔有"盖棺论定"一语,实为要言不烦,因人的意志、行为,自少至老,常有变迁,而其变迁之故,又不必皆出于自动,而为环境所促成。决非胶执一端,凭尚客气,所能尽具真相。故对于一种人物欲为整个的正确的评断,必须举其一生而细为综核,如出入之有总结算,如成绩之有总平均。是故盖棺者一生之尽头,亦即论定之开始。所谓开始,即以此人之人生活动虽已截止,而其生时之行为,犹不能专就其形于外者以为凭信,或者观过以知仁,或者原心而略迹。仁而无术,或为祸源;勇不知方,岂无流弊。如"尺有所短,寸有所长"、"不以人废言"、"不以公济私"诸名言,皆为知人论事者绝好之法鉴,盖以现代词语释之,即所谓"综核的研究"、"客观的批评"、"比较观"、"相对论",揆之原则而不谬,即放之四海而皆准也。

中国常识落伍,文人之笔辄为功令习惯所囿,故单词断义容有颠扑不磨,而精密完整如外国之所谓批评家者可云绝无。国史传赞,类皆官样文章;私人撰著,又多感情用事。碑志铭诔,只为谀墓,可览诵者,文词与格调而已。

"盖棺"之顷,第一有涉于文词之事即为挽章,或以联,或以诗,而皆导源于古之挽歌。执绋者挽车以相和,以寄哀恋之情而已。只为情感,无他深意。入后则变为诗篇、联语,而致词者亦无间于亲疏。浸乃有自挽者,则挽之本义愈远,而挽之效用益宏。昔曾湘乡文雄一代,著书满家,尝自言身后只愿有楹挽一书行世。楹联为类綦烦,而特标哀挽一项者,正以综括一生之言行于双行短幅之中,其陶铸剪裁,以文学的技术论已不易。而私谊所至,易涉滥谀,尤当力避,否则无以别于"米汤大全"矣。(曾氏克太平时,举颂德歌功之文札而弃之曰,此米汤大全耳。)

挽章既属于情谊,自不能责以纯净之客观。若循例称扬,亦易流入雷同之恶札。苟准情的理,量事抒词,亦不失为有分量之文字。其本身言行而外,尤须留意于生前之物论,或代宣湮郁,或婉为析辩,即其词若有歉然,而消极的效率转甚有益于逝者。如清季大臣之权威者张之洞氏,名位俱高,而毁誉不一,即小说中如《官场现形记》如《孽海花》之所传写,初不尽属子虚,而己亥废立之谋,戊申继统之事,时论所不满者。及其逝世,唯李汝谦一诗独能宛转其词,代全身份。诗曰:

天将时局故翻新,万种艰危试一身。有福方能生乱世,无疵转不算完人。直□新旧将焉党,最凛华夷都善邻。甘苦要听公自道,调停头白范纯仁。

此诗好处是句句双层夹写,文笔既不落单调,意义尤不涉肤泛。"不算完人"四字犹如白话,而出落自然,不嫌突兀。当时留学生恒以荒于国文为时所轻,如李君者可为一吐气矣。

凡任事勇、历事多、寿高位隆之人物,必不能尽免于物议。所谓谤与名俱,乃势所必至。以所处之情境不一,而群众之观念又不能强国也。故如严复之挽李鸿章,乃撇开常解曰:

使朝廷早用公言,则时事安至于此;

设晚节无以自见,而世论又当如何?

可谓神完力足,高挹群言,宜其推倒一切也。

（原载于上海《时报》）

相对的非绝对的

凡具体的批评,与抽象的指说,似同而实异。例如好、坏,雅、俗,善、恶,智、愚,清、浊,皆为简单指说之常用区别词。以其简单也,故为绝对的。如说某人为好人,好之对面为坏;某人为清高,清高之对面即为卑浊。此等绝对词,乃未符于真理者,以世间事无一而非相对,不必劳动爱因斯坦,即就寻常数理形象中略加参览,便已取揭不尽矣。

坠地成形,即撄世网。(此两语若在新人物动辄引证外国圣贤的口气,必曰"罗素说,人是生下来就自由的,但处处绕着锁链"。Men are born free, but every where in chains.)以渺小一身而涵涵于万有之中,人类有相生相养之必要,则此身无独来独往之可能。屈灵均所谓"众醉独醒,众浊独清"者,一时之愤言,非合理之至论也。夷齐避世首阳,采薇薇而食,或语之曰,此亦周家之粟也,于是饿而死,后世乃称之曰清。以生命易一清字,则吾病未能,不饿死则不能免于浊矣。皎如秋月,尚有盈亏,劲如长松,岂无侵蚀。寒云辄曰凌霄入尘不染,使我感深知己。然细思之,犹抽象之词耳。既已入尘,又焉得而不染哉!吾尝清夜自省,此如梦如幻之数十年中,内歉于心者已非一二端所能尽,有迫于环境者,有动于感情者。前者如胡博士所讲人生哲学,都有个"不得已而为之";后者如孔夫子遗教,"过则无惮改"。又尝参悟精神上之快乐法,窃慕颜子箪食瓢饮不改其乐,虽不能至,心向往焉。凡物质之享用,吾之所好,初亦无异于人,唯尝先计其利害,来固无碍,缺亦安之。不动欲,欲动则身心先劳,而未必得之偿失;不矫情,矫情则理性已失,而每致过犹不及。故恒免于大□而常保我自然。

吾执文役念余年矣,所书累千百万言。昔语云"言多则语失",谓生平无失词,非唯私衷所不自信,抑亦事理之不可能。昔年从事新闻,职司侦察,难免揭发行为,亦以要津显贵动关国事,若夫常人私行,从不肯率意攻讦,以此等笔墨,与其谓不利他人,毋宁谓为丧失在我也。唯于事理所在,则鲜有游移,知无不言,言无不尽。有时亦对人批评,必其人之望实俱隆足以代表一势力者,所谓春秋之义责备贤者。良以常人之谬误,止于一身,贤者之过失,被于群众。虽若对人立言,实则仍以事理为对象也。但一种积久之空气或偶象之下,恒为多人所依附,故一经触忤,必有感觉不安不便者,然使其人稍裕于常识,必能谅其无他,否则感情所激,反响亦在意中。又吾素日生活,唯勤勤于文役,汲汲于求知,嘤鸣求友,固所欣也。而国人虚伪之周旋,消耗性之酬酢,无所为之笺札往还,此种习惯,实所不堪,其或以此而致不快,托之文词,聊快胸臆者亦偶有之。昔年友人有以蜚语相告者曰,其人且似曾相识也,问吾欲辩否。吾谓向不答辩,但烦致语诟者:老汉之瑕疵,唯老汉知之,亦唯老汉能言之,他人虽百计,未必能得一当。借曰得之,亦无以伤。何也? 吾因言之,既撄世网,孰则完人? 欲判低昂,唯资比较,吾身纵有一二墨汗,而言者恐已焦头烂额矣。为述纪氏《阅微笔记》一则以贻彼夫,曰:"有鬼向人狞目者。是人曰,尔勿作此态,穷尔之技,不过使我与尔等耳;况并不能耶。"

（原载于上海《时报》）

为什么都和皮球一样

很难得的会正正当当落到中间那个网篮里去

从前有个美国著名博士批评俄国说:"俄国由帝制而转到劳农,正如一个钟的摆锤,由右边的极端,而腾转到左边的极端,乃是自然的反激作用,将来仍须归结到正中,因为重心本在中间。"这是物理证明政治,的确有一部分的真实。但须知此种理论,不只一国一事为然。历史告诉我们,无论什么教宗、主义、方针、政策,当初本是抱一定的目标而计划、而进行的,到了最后,都往往迷失了最初的方向,而成为一种变态的结果。等到有了结果出来,才可以一步一步找出了来时的路径,而寻求此变态之所以然。

美国博士说俄人正在摆锤的情态中,的确不错。然而美国的"德莫克拉西"①,亦并未能由原始出发点而顺着正常轨道,而达于目的地。现在之所谓"德莫克拉西",说句笑话,只怕还有点"拉南""拉北"吧?!然而依照向例,亦可以说是有"拉西"了。方向总不会很正的。

中国向称为"礼义之邦",近几年来,一个大翻身,同声骂着"礼教吃人",好像中国的礼教,一向是一贯到底,彻底实行的。其实,可怜的礼教,哪里配说有此权威呢?!《礼经》上明说着"男子

① 德莫克拉西:英文"民主"的音译。

三十而娶,女子二十而嫁",然而仕宦家却要"年貌相当",以"同年同月"为标准;商农家又照例要小男大女,老婆当娘。《诗经》开首就是"君子好逑",自由恋爱,而习惯上却是权在父母,本人不须过问,还要怕羞。以及"女子无才便是德"、"好马不配双鞍"种种条条,都不能在礼教找出原文确据。然而却也冒着礼教的牌子。所以礼教虽然吃人,人亦未尝不吃礼教。彼此相吃,又成了一种似礼非礼、有教无教的礼教之邦。

德莫克拉西如此,礼教如此。不知世界列邦一切的教宗、主义,果能摆脱此等变态,径趋直达而贯彻初终否,吾仍疑之。

(原载于上海《时报》)

欧化之三时期

"鬼魅"——"神圣"——"乳娘"

刘复之提倡"姑娘""小姐""禁戒""蜜斯"一事,本属一枝一节之细故,若仅以院长资格而亦教于其自己之学生,更不值一再申论。不过彼所宣布之谈话中,有废弃奴性提倡国语之论调,则意义较严重。而与之辩者,又纷纷引证其他之"洋化词"以为反难,则范围亦渐扩大。吾于此亦愿一申鄙见,但须声明者,决非为蜜斯姑娘而罗琐不休,亦非于"刘氏"及"反刘"之间有所左右也。

昔吾友万叶语余,中国火车中之头等客多外国人(阔人免票者不论),而本国人反多三等客,此种现象为世界各国所绝无,言下不胜叹息。吾谓岂止此哉。中国人口中之外国语,忘其所以而且视若当然,自在流出,此种现象,恐亦为神明华胄之所独擅。美国人固用英语,然英美本是一家,系同一语文,非舍己而从人也。安南之法语,印度之英文,则英、法之属地也。各国人士多兼习英、法语,以英语在商业上,法语在国际上,各有相当之需要,系有意义之应用,非无所谓之盲从也。而吾中国则是"怎么一回事"乎。就此点而论,于刘复之"忧民忧国"应表同情也。然反刘之论,举例甚多,既不能举洋词而一律摧陷,则不能谓其说之全无理由。但如伊等之说法,以之折难刘氏则有余,以作根本解决则不足。吾今撇开此等枝节,而一溯其源流。

中国文字在欧风东渐以前,本居唯我独尊之位。政治上虽屡被征服,而文化上迄为中心。元清以外族迭主中原,何尝不郑而重之将蒙文、满文定为"国语"! 然优胜劣败,公例难违,本体既亏,帝力亦复何有。满洲入关,初则强汉人习其"国语",讵意满洲人反弃满而学汉,于是满洲皇帝不暇责备汉人,而先图维持满洲之满语,屡屡抽选考试,以"勿忘根本"、"勿染汉习",三令五申。然而诲者谆谆,听者藐藐。唯"福晋"、"格格"、"乌布"、"达拉密"等几个官名词,尚为流行,然亦只京师咫尺之地,官僚相互之间,并不能得普通之了解也。他如梵文之"南无"、"兰若"等与佛教俱来者,亦只偶现于文间,且不离乎释家之典范。近数十年以日本之强盛,而文字犹同于中国。中国之文字,在历史上诚可谓中国生命人格之所系,不武之民族,所赖以与外力周旋者仅此而已。而不料五千年之"看家本钱",一旦与"白面人"之炮火相遇,大败亏输,竟致是区区者亦将不能自保,良可痛也。吾尝将"中国人对于外国话"可分三个时期,一为鬼魅时期,二为神圣时期,三为乳娘时期。

鬼魅时期

用断代为史之法,定为庚子以前,白面人享受"洋鬼子"荣称之时代。一般人听见由教堂里出来的教徒,口里念着几个 ABCD 的字母,手里一本华英初阶的小书,都能感到鬼气扑人,非我族类之气味。北京大开同文馆,招考学习外国文字的学生,用尽种种方法,不能足额。家家户户,父诏其子,兄戒其弟,"要是进同文馆,学鬼子话,就不是家里人!"社会交际,若提起"洋学生"、"吃教的",正与遇着"着了鬼迷的"一样,简直要"不与同中国"!

现在提起出洋游学,都有几生修到、一步登天之艳羡,出西洋的叫做"镀金",出东洋的叫做"镀银",是何等的光焰万丈。但庚子以前的政府,筹出大批经费,安家钱、旅费、学费、膳宿、行装,一切至优极渥的待遇,竟会沿门碰钉子,"谁到那非人的地方去?!"

记得义和团初起的时候,吾家几个弟兄正在偷习拼音,刚到 Ye go by me to we go 的程度,被几个至亲好友知道,立时提出警告,把几本好容易买来的英文初范,不容分说,连洋纸铅笔一齐代为付之一炬。在火光熊熊中,他们还念念有词说"阿弥陀佛,大难离身,皇天保佑,诸邪回避!"

神圣时期

八国联军打破了北京城,守旧党纷纷倒灶,皇太后也下诏变法自强了。"快!快!快学洋文吧!""外国人的电气多利害呀!赶快念洋文哪!""能同外国人办交涉,升官真快呀,赶快学外国话呀!"父诏其子,兄勉其弟,又变了如此的一套。

有些得风气之先,仗着十分勇气,下极大决心,在庚子以前,与环境奋斗、向新路冲锋、作时代之前驱、有革命的情绪者,时机一到,不能不说他们是"成功者"了。虽然一本"拨拉玛"刚刚毕业,三册笔算数学,才演到中册的头篇,甚至拼音连 R 以下的连缀念法还没有弄清楚的,还有些早上去上学、下半天就教人的,谓之现买现卖,也都挂起"汉英蒙学馆"、"英算速成课"的招牌。什么"半年包能与洋人通话","九个月可应翻译考试",都是广告上很有力的 catching phrase①。而教堂里所谓"教徒"也者,也就捉住机会不肯放松,商承了牧师,在什么福音堂、传道所里,找间小屋,招起生

---

① catching phrase:英文"流行语汇"。

来，还添上个"外国牧师亲自教授"的标语。这一来把那些"现买现卖"的都压倒了，因为是"外国人亲自教授"，好比进京引见的官儿，不经验看手续，而得蒙皇帝召见一般。其实外国牧师哪能天天上堂，偶尔巡阅一次，问个一言半语，就如同得了真传秘授，半洋的老师对于学生就可以说声"货真价实，童叟无欺"了，的确有个外国人在这里，不假！

一位候补道被派充了洋务局会办，只是自己不懂洋文，唯恐见了外国人说不出话来，家里先已特请了一位英文西席老夫子，于是同他商量，充作翻译。西席推三托四，说翻译的身份不高，而且也不是应当的职务，东家倒也无如之何。偏偏一天洋人来道台家拜会，与英文老师撞见了。道台故意两面周旋，要看看这位老夫子的本领。那外国人说了两句极平常的见面语，谁知这位西席却是念念有词，似中非中，似西非西的回答了一句，就此溜之乎也。

《官场现形记》写过某委员只会一个 yes，一个 no。居然去当交涉之冲，因为错用了意思，被外国人敬以马棒。这段情节，好像形容太过，其实在那时也不足为奇。

后来学堂渐渐开得多了，外国人也源源而来。哪怕在本国一无所能，只要能说他本国的话，就是中国学堂里吃香的教员。那几年功夫什么功课好，像都没有洋文要紧。洋文书的本子，原就比线装书的分量重加十倍，再加上"当洋者贵"的空气，外国人体高格大的气概，洋势之优可想而知，所以造就了尢数的翻译人才。

直到清末民初，留学回国的多了。国际的空气亦略有转变。政府当局和中上阶级也知道外国学问不是外国语文所能代表的。又有些国粹国故保文保种的呼声，频频而起，所以洋学问的声光虽盛，洋话洋文的气焰，反有些平常了。

乳娘时期

乳娘时期可以说从"五四"到现在,洋字洋味,洋声洋调,又大盛起来。若就气味之普遍而论,比庚子以后的神圣时期,还加十倍,然而这回是由相当的动机而来,不是简单的"奴性"、"洋迷"几句话就可以了当的。

所谓文化革命的巨子们,最大的口号,就是"改造""彻底"涤除本国旧染,顺应世界潮流。总起来说,是嫌以前那□□□□□□不是离落,所以□□□□大开大敞把一缕一缕的洋空气,一微一忽洋精神欢迎进来。不管三七念一,只求除旧布新,把遗传的劣根性,扫个一干二净,庶几乎有脱胎换骨、入圣超凡之可能。的确,唐三藏虽有十世修行,经历过九九八十一难,若不是最后跌下"没底的船",终不能脱去皮囊,成其正果。中国人无论如何维新变法,有心向上,若不经过"彻底的干",又焉能一劳永逸,平步登仙。

所以五四时期,几个杂志所发明的巨子文章(刘先生即其中之一),对于"旧"——旧字代表中国的一切——的,无往而非"打倒""推翻""痛除""猛击"。有主张废姓的,有主张根本不要中国字换用世界语的罗马字的。称起中国来,照例是"我们贵国",这副神气,不是整个地站到"那一方面"去了么,哪还提的到什么外国文外国语,又何论乎蜜斯不蜜斯!

然而其所以不能与庚子以后的洋奴并论者,因为这般人的本心,是比较有点主义,而抱着改革的"目的"的——这句里三"的"成文一笑——说起来总是为求把中国弄"好"。诚然真要能把隋性的暮气的"我们贵国"送到人家那里"回一回炉",也未始不是一个办法。

这种运动既然占了势力,成了新纪元,那么"欧化"自然成了普天同庆、万方共守的天经地义,还有什么事可以抵抗潮流呢。

第一。新式标点,?！：；就是纯粹的舶来品。学校和书局里预备的稿纸,都作兴注明"必须标点清楚"。试问现在无论是书局,是报馆,是杂志社,谁能不预备这样一套舶来的符号?

除了日本以外,西洋各国的报馆或印刷局里,我想决不会预备一套中国字模,而中国的报馆或印刷局却不能不预备满筐满架的外国字母。如其没有,就是个阙典!

如果不是应付环境有如此的必要,难道说书局或报馆的老板们会成心自己找这些麻烦?！还不是欧化运动的先生们提倡起来的么!

至于他们当初热烈的提倡欧化,不能说全无意义,即刚才所说抱着大彻大悟的决心,想把中国弄"好",所以用着"改造""新生命"的名词,以及"饥饿!""学粮!"等口号。那就是说从新文化运动纪元以后,中国的文人学子,才算有了欧化人生呱呱堕地,在西洋保姆的怀抱中吃起乳汁来了。

这十年中,从文学革命各位巨子一直到最近最新的青年们,都可以说是西洋保姆用乳汁一个一个喂养大的。

所以我们如果要了解欧化的大势,与夫刘先生之"国粹""奴性"等语有无意义,只要把寻常人家孩子吃奶的情形,仔细体会,比个比喻,便可了然。

多病或年已半老的妇人,偏偏无限制的生下许多小孩。乳水不足,能生而不能养,能养而不能壮。于是有几个大些的孩子头儿,觉得自己从前所吃"娘怀之奶",不但不足,而且不洁,不但误了自己兄弟,且恐传染及于子孙,于是赶紧跑到隔壁白皮肤、黄头发、蓝眼珠、体健神强的一位邻舍娘那里,一头钻到她的怀中,很亲热的认作第二个母亲。换胎,是事实上办不到的(科学家好像还没有放这个谣言),不过由她一手扶育成人,自然也会另具一副强旺的骨格,果然一口奶汁下咽,沦肌浃髓,直透丹田,犹如甘露、圣水、人参汤一般,顿时精神百倍,人家的乳汁又的确有生殖灵、百龄机、自来血、艾罗补脑汁的功效,乳期已满之后,又用"托尔斯泰汤"、"马克司补丁"、"屠格涅夫牛排"、"沙士比亚鱼"、"易卜生凉食"、"郭果儿水果"、"加赉尔咖啡",许多合味而又卫生的食品,一天一天的喂着长大起来,不到几年,便成了很强壮有为的"堂堂一表"。常言道:"生身父母在一边,养身父母大如天",《青风亭》张元秀的两句戏词本就有声有色,何况这位保姆,又真有点好东西给孩子们吃。又何怪乎那些吃饱了、喝足了、长大了的孩子们,回到自己家里,向着那些幼小的、怀抱的乃至在胎里的后辈小弟弟小妹妹们,叫他们快快去找保姆,吃好奶,再不要"彷徨""沉沦",颓废自误。小弟弟小妹妹见几个阿哥们在人家那里几年功夫,果然心广体胖面团团的回来了,已是明效大验,何况几位阿哥再"努力"的努力,"呐喊"的呐喊,焉得而不人人兴奋,个个争强,心摹手拟,亦步亦趋。于是一批一批、一队一队的挤到那白面蓝眼的保姆怀里去。

可是这里又有一句答话:"吃谁的奶,学谁的乖。"只看奶娘怀抱或领着下地的孩子,言语声口不是自然的跟着奶娘走么。假如一个北京少奶奶在上海生了孩子,雇个本地的奶娘,再加上些仆役厨夫包围侍候着,长大了定是一口上海话,尽管主人一句上海话都不会说,正所谓习染移人,全视乎在谁的怀抱里——怀抱二字的广义解释就是周围环境——譬如说"马克司"补丁,马克司是人家那里的专名,本家里原无此物,固然非用译音不可,即"补丁"虽是普称,然而点心、蒸糕等等亦不大合式,即使合式,禁不住那样食品是由彼而兴,一切都成联带,所以"补丁"、"沙士"亦就顺流而下。由此类推,保姆怀中的一切一切在"保育时期","幼稚的天真"上,都是自然的仿效。何况科学名词,本不如人,又加上个文学落伍呢。然则"国粹""奴性"之一概谈不到也明矣。

(原载于上海《时报》)

洋化的势力　俗化的势力

中华以四塞为固之国,当世界交通之会,百年以来,无事不为外力所影响,时也亦势也。而旧文化之动摇,新文明之输入,亦因时期、地理而迭有变迁,吾尝大致分为三个时期。前清慕日本以帝国而强,摹仿东瀛,亦趋亦步,朝野从风,迄于宣末,此为日本化的倾向时期。民国初元以至民十之十年中,新文化勃兴,新大陆学者航海远来,谆谆诲我,又际共和之盛,德谟克拉西之运动,举国同情,加以欧战之余,威尔逊、哈定诸公于我之国际地位援助多方,印像极佳,莘莘学子,孰不"爱美",此为美化时期。唯近十年中,美货似又落伍,后起少年别有倾向矣。

严幾道抵制日货之徒劳

其实还是东边的势力大,地点逼近,他们又短小精悍,熟悉我国情,揣摩利用,无孔不入。西方货色无论新至何度,多由东边转贩而来,此吾人所当猛省者。

二十年前,东洋化昌炽时期,凡科学名词罔不来自日本。日本的名词,实不高明,而得风气之先,先入为主,优势所在,本无如何。严复博士悐焉忧之,于是有编订名词之举。他说,凡西洋的名词在中国古籍中都可以找出正确的译名。严译之名词,确比日译为胜,如 economic 之为计学,logic 之为名学,皆胜日译之"经济"、"论

理"。若 unit① 之么匿, total② 之为拓都, 音义双色, 亦饶兴味, 然皆
不能如日译之通行。迄今日词在中国文化上已甚普遍, 成不拔之
基, 严博士辛苦搜罗之少许成绩, 等于昙花一现。

中国名词称谓之变迁

此不得谓国人之惑于舶来而忽于国货也。一种名称之公认
力, 恒超在理解的权威以上, "先入为主", 析言之, 即是"先占据了
脑海而留一最早之印像", 若再加以多数之习用, 则印像愈深, 不
问其名称有无意义, 而群众已自然共同了解其意义, 往往明知其错
误, 而无法更改, 且已经公共了解, 亦似无更改之必要矣。

姑娘

例如"姑娘"一称, 即可分为上中下三级。

	姑　　　娘
上级	父之姊妹, 文言之即姑母, 尊亲之称也
中级	未嫁女郎之通称, 略次于小姐, 因小姐常为官宦家所专有
下级	北京妓女之通称, 一般反对"蜜斯改姑娘"者据此为口实

中国向沿宗法社会之条贯而下。社会间往来之阶级间之区
别, 固无往而非家族伦理之称谓。老爷太太, 官称也, 家庭仆役习
于口, 主人亦熟于耳, 其双方公认之意义, 亦不过尊卑之分耳。然
细味其字义, 不已加入主人之家庭而为孙曾之一分子乎。称妓女
曰姑娘则可, 称姑母则不可, 而姑娘姑母实为一称。又反对称姑娘

---

① unit:英语"单位"。
② total:英语"总体"。

者，以姑娘之背景不良为词。不知现在男界通称之"先生"亦有非良之嫌疑，因上海之"先生"即北方之"姑娘"也。此以习惯而忘其牵混。

宦家男称少爷、女称小姐，普通人家之男女称相公、姑娘。外者有以孙少爷称相公、孙小姐称姑娘者，故"姑娘"比"小姐"晚一辈，而按字面则"小姐"比"姑娘"晚一辈。犹之"小姐"比"大姐"之字面上有大小之别，而名分则有主奴之分。此皆以习惯而忘其颠倒。

爷

昔之北京除"大人"以上之官称外，最流行者为一个"爷"字，上至皇帝，在民众口中亦是康熙爷、道光爷。次则王公，如恭亲王为六爷，醇亲王为七爷。如值后辈当令，则加一老字以示推崇，曰老六爷、老七爷。仕宦则大人老爷为庄而竦之官称，亦以称"几爷"为亲而敬。"爷"可不分老少大小，年幼者亦称爷，但罕称少爷，因少爷在北京恒作儿子解，亦如老太太作"母亲"解。下等人自述其子，亦曰"我们少爷"，自称其母亦曰"我们家老太太"，骤听之觉其奇傲，实为"家母"、"小儿"之代称。以是普通人对于旁人子弟相戒不称少爷，无统属者辄以"学生"为通称。例如吾人携小孩游市场，或乘电车，若年甚幼小不辨男女者，不相识而喜逗小孩者辄向"这是个学生？是个姑娘？"于是学生又与姑娘为同级男女之对称。

学舍中"先生"与"学生"为师生间之对称。然在社会中则"学生"恒为"先生"之儿子。以"先生"即老爷之代称，而"学生"即少爷之代称也。"相公"在北京尤为禁忌，以其昔为男妓之通称，但女妓称"姑娘"则社会中又不忌。

凡入市肆、酒舍、妓馆，获称"几爷"则为"阔"与"熟"之表征，被称者以为荣。又社会间称有权位之人亦曰爷。如吴佩孚、冯玉祥等在北京当令时，市民语及辄曰吴爷、冯爷，不曰吴大帅、冯将军也。京剧中《蚫蜡庙》黄天霸与金大力互称金爷、黄爷，爷与姓可以直接联属，亦为一种地方的习惯。此为由习惯而自成变化。

老

吾辈尚老，某老某老者，推崇年高有德之义。但老又为小之指称，如人家子弟之老大、老二、老三……等皆为长对幼，或平等之轻漫口吻，老赵、老钱等老字以下联姓，原为下级社会之互称，但自前清时即盛行于学界之同学间。（年龄特幼，或身最极小者，有时亦称小……）又家庭中子弟之最末最小者亦称老少爷，老亦为最小之代称。《审李七》剧中之"第老的"以"老"为排行之数目字，当为绿林中之术语。最小者亦称老，说者比之朴克之A，数最小亦最大也。此习惯上之故为颠倒。

把兄弟之许多把戏

旧社会中以家庭为中心组织，此外可云无组织。故社会中常用家庭之称谓以示亲近，朋友间之年资相仿者称人以兄，自称曰弟，长幼间称人伯叔，自称曰侄，唯对于友的晚辈（无亲族关系之晚辈），例不能直呼为侄，仍须称"世兄"，以一个"世"字代表与其上辈为平交，即是长对幼之表示。故平辈之友谊，不随便称人以"世兄"，因按字面虽已呼人为兄，而此两字联属已是自居于老辈也。"拜把子"（拜把子是江湖上之术语，把子是一种信物，文人不

125

懂,以为把兄弟之把字无解,硬说把为拜之音转,应为拜兄拜弟,酸陋可笑)为友谊间之最拉近者,盖为实际加入家族伦理之表征,所谓盟帖兰谱例须开列三代兄弟妻子,持帖交换谓之换帖,如是则可云亲如手足,故可称对方几哥,自称如弟或如小弟,年长者可自称如兄,谦一点则称"如小兄",或"小兄"(既曰兄又曰小,亦是矛盾可笑),称对方曰仁棣或吾棣,以棠棣之"棣"与兄弟之"弟"恰好同音,用作掩护,亦为文雅派表示客气一种办法(真实客气与亲近又是矛盾的)。或曰"如胞"则较善,因如胞字义亲密而又为不自大之表示也。原本"如胞"即换帖之标准意义,所谓同生共死,所谓一人之交,两家父子兄弟皆视同一体,唯妻绝对不能共,(此或为礼教之束缚未达进化之程度欤?)只称嫂耳。又直系的尊亲如祖、父、子、孙等,在普通习惯上犹有所避,大多数仍称伯、叔、侄。但北平旗人中有直呼熟友之父为父亲者,骤聆之未免骇人。又浙中于友之祖父,有称年祖、世祖者,北方少见,不过于"伯叔"上加一"太"字耳。

"拜把子",俗称也;"换帖通谱",文言也。最初皆甚郑重其事,入后则成为官场交际之例文。老袁练兵北洋时代,部下诸将领无一而非"把兄弟",纸铺中印成之"兰谱"格式,销售一空。但二十年中之种种内战人物,又多为此辈把兄弟之同室操戈。可云把兄弟之把戏战争,从前都说过"同生同死",后来都拼个"你死我活"。所谓"刎颈交",所谓"兄弟之仇不返兵",又成了如此这般的讲法了!

《贾家楼》一剧,写三十六友歃血为盟,誓同生死,刚磕头拜把不久,罗成与单雄信禁不住程咬金一施政客手腕,双方一挑唆,立时在酒席筵前反脸挥拳。咬金且在旁冷笑曰"看哪! 刚拜了把子,就拔香头",此剧可为多年内战之总写实,其暗示力之丰足,表现法之经济,实为最精致之艺术。

戊午年在江西馆观袁寒云、韩世昌、孙菊仙等演《钗钏记》。韩时忠(丑脚陆金桂扮),因其父母无意中泄露其罪恶,身陷囹圄,恨恨然欲得其父母而甘心,且引经据典曰,正所谓"父母之仇,不共戴天",亦属妙语天下。又全本《除三害》,周处入水捉蛟,岸上旁观之老者曰,此蛟甚可怕,不知周处生死如何。一小丑曰,这就叫"生死之交"哇?!

信笔写来,遂已游骑无归矣。此文之总结,乃是:

一种名称与其最初之意义恒不相符,或因事实之演进而成为矛盾之交换,或因习惯之变迁而另以支义为正解。可见势力恒能超越理解,变态多于正果。

粗率之东洋名词所以盛行于我国,因不外此例,而又何止此例也。

(原载于上海《时报》)

"佛法"与"孔道" 洋名与华字

上月二十四日谈荟《古城》出版有待,因有"卑人于大雄氏书虽无深切之研究,亦夙推为世界最高深之哲学"语,只以表明个人对于释氏之无成见,且有相当之尊重而已。至释家之言,在世界古今诸大教主、学问宗师中,或据一席之地,或为百海之宗,则让诸深切研究尽力推阅之"佛学专家"好为之。卑人只能立于客观之地位,而盼企其努力也。顷得陈君南青来书云,"认佛法为世界最高深之哲学,似尚未能见其全。佛法含有哲学,哲学不能赅括佛法"。并惠贻欧阳竟无君所讲"佛法非宗教、非哲学"一册,亦云:"宗教、哲学二字原系西洋的名词,译过中国来,勉强比附在佛法上面,但彼二者意义既各殊,范围又极隘,如何能包含此最广最大的佛法耶。"是二君之意,均以佛法为超越宗教哲学之上,深以西洋名词之勉强比附为不然。卑人深感陈君惠教之盛意,于欧阳君之说,亦有甚大之同情。于此有须声明者:

我所谓"最高深之哲学",亦有超越一切哲学之意思,在意见上可云大略相同,不过名词上两君特提出"佛法"二字以为超越之表征耳,微陈君见告,吾尚未悉崇宏释氏诸君子已立此至广至大之"佛法"名词,而吾所谓哲学——本是中国字——亦不限于西洋之 philosophy。是等出入,颇觉无关宏旨。

因复忆及梁卓如主撰《新民丛报》时,有论"孔子非宗教家"一文,洋洋洒洒,累数万言,内容即沥述西方宗教之狭义的信条及仪式,教旨无一能与广大开明之孔子相比。结论则任举世界宗教家、哲学家、政治家、教育家……之长,彼能举孔子之说,以变其长而去其短。

又忆民六时期,旧都国会正议宪法,亦不用孔教名称而用"孔子之道",虽为免"信教自由"条文之抵触,亦共认"孔道"非宗教矣。梁氏认孔道为至广至大无所不包,莫能相并,实亦引申太史公论赞"折中于夫子,可谓至圣"之义,吾于其说,亦表相当之同情。

孔道之是否无所不包,莫能相并,非此处所欲论。但自己平素对于一般以西洋名词强指东方之事物者,久抱怀疑。非只"孔道与宗教"、"佛法与哲学"二端而已也。吾以为唯形而下之科学唯西方所最擅长,只有听从西洋之译词,不可与争,亦无从与争。至于形而上之学问、思想等等,则伸缩甚大。即平常事物有同于西方之古代者,亦早已作了西洋之前驱者,有似落伍而实已含有进步的成份者,今举一事为例:

如吾人吃饭用碗箸,平坐而取食,此实人类食式之进化。西人用刀叉盘盏俯首而就食,此则未脱割腥啖膻、茹毛饮血之故态。夫由动物而晋为人,可于食式征之者,动物以蹄爪蹴裂而生食,稍进而为以手抓挠而半熟食(如土番),再进而用刀叉割取而烹食(如西人),更进而用碗箸羹匙而调食(如华人)。故中餐无不熟透调匀,而西餐则一味之中,往往分肉、芋、豆、菜为数次,此在中餐唯北地之烧鸭子、涮羊肉,往往各色分陈,使客人自己调食之吃法,乃游牧之遗风(其味之美否,另一问题),而甘之者固不觉也。但西餐之每人一份，洁净整齐，则又比中餐之混合制为胜，固未可一概而论。然若习于欧化，只看中餐之不洁处，以为落伍，则非能客观者矣。此事虽小，可以喻大，凡事非经过考究鉴别，不能得其真际。

吾前言之，欧势东渐以后，先以彼族战利之声威，后以欧化运动者之标榜。本国事物不论内容若何，往往以沾着一点洋气为荣。旧学艺能合上一个外国名词，或经外国名人或欧化名人褒美一二语，以为有合于洋经洋典"于洋有征"，则色然以喜。反是则欿然若有所不足焉。此与以前崇古时代之"言必古人"正是一个毛病，不过昔之偶像为古色古香，今之偶像为洋声洋气耳。吾又举一事于此。吾好称人以博士，学问渊博或博于某种学问者，吾率以博士称之。见者遂问子所称之某博士系"耶鲁"乎？"牛津"乎？"帝大"乎？"早大"乎？法学乎？文学乎……吾笑答曰，皆非也。此只是"博学之士"耳。昔固有博士弟子、翰林博士、太常博士、五经博士，乃至茶博士、酒博士，博士非一，况此博乃中国字之"博"，此士乃中国字之"士"，与彼某大某大某科某科何与焉！如吾于博士下加 Dr. 子来质问未为晚也。此虽近于滑稽，然亦可以见吾对于西洋名词不甚依赖之态度矣。

东洋名词

哲学与宗教是中国字，其背景各为西洋名词，然双方并非直接，乃经过日本之媒介而后结合者。是故 philosophy 为西洋名词，"哲"与"学"为中国字，不与西洋发生关系者也。将此两字联缀作 philosophy 之正译，而转贩于中国者日本也。（"宗教"、"博士"及其他亦如此，不胜枚举。）此因大欧化之前，已经过一度仿欧式的日本化。"东洋乳娘"实在"西洋保姆"之先，东洋货先入为主，故至今已成积重难移之象，只就此等名词一加考察，即可知当日东洋乳入人之深。

第一次提倡洋乳之巨子有二，一新会梁启超，一侯官严复。梁氏所介绍者完全为经过东洋炉之西洋货，严则精通西洋文，有直接欧乳抵制日货之雄心。凡日译之词，彼皆不屑。即如哲学二字，严译为爱智学，盖从 love of wisdom 而直译者。当时梁、严二氏在《新民丛报》上曾一再商榷。（实则东洋名词固多劣货，而亦未必竟无是处。如 philosophy 之译哲学，哲字在《尔雅》即作"智"字解。《书经》"濬哲文明"、"知之曰明哲"，皆"智"之义也。而 love of wisdom 既是 philosophy 之一种抽象的常解，则哲学二字，已甚浑括，并无不合。）假使严氏抵制日货之计划得以成功，则"哲学"与西洋名词 philosophy 早已脱离关系矣。

等等不一

但就日本之所谓哲学而论（即西洋之 philosophy 而为中国所流行应用者），其意义亦复等等不一，可大可小、可高可低、可广可狭。有所谓第一哲学焉，有所谓道德哲学焉，有所谓宗教哲学焉，有所谓自然哲学焉，有所谓人生哲学焉。哲学之抽象的意义既为求知爱智，易言之则凡事寻求所以然。大之则万象之探原竟委，中之则百科之精益求精，小之则一事一物之不盲不妄，无不可以成为哲学。吾人下笔作一短文，其中若有一中心思想，超乎所写之事物而有提示之意味者，亦可谓之有哲学之文字，乃至一言一动之有意识，不肯人云亦云，不矫揉造作者，皆为哲学的言动。故曰哲学无对象。唯其无对象，是以无定限。大雄氏书既高出一切，高出一般之所谓最高哲学、第一哲学以上，似亦不妨临时称为哲学，如欧阳君所谓"不说真理而说真如"，"必谈知识之本原，唯有佛法为能知","但说唯识不言宇宙"。既已有说，既已能知，则谓之哲学，亦奚不可，以其所说所能超乎罗素、柏格森及往古来今诸哲学家之上也。故谓之曰"最高深"之哲学，卑人之本意原不欲使大雄氏下侪于一般之哲子，一则卑人对于西洋哲学亦持客观，无须特重。二则初不知佛学诸君已定"佛法"二字为超级哲学之名词。卑人于此名词，及诸君所公认大雄氏之超越地位，并不反对，此间所声白者，只是前文所云"最高深之哲学"，只为行文之便利（亦以哲学之意义无定限故），决无屈"佛法"以伍哲学之意思也。

可敬之精神

哲学家可敬而又可悲。其可敬者求知求真，勤勤然，遑遑然，金石为开之勇气，而又有虚怀若谷之精神。故哲学家无时不自信，亦无时不怀疑。故如造化之原有唯心、唯物、唯实、唯识、一元、二元、原子、电子诸说，彼之所求者为最后之真 ultimate nature，至大之原 first principle，而孰为此真此原，哲学家则不肯加以最后之肯定。（此指全体而言，其在个人之自信力上或有一时之肯定，例如主唯心者既有所主，当然要先下一肯定之决心，以定寻求之轨道。）不过苦苦的向前追求，此路不通，另辟一路，子不必问于父，弟不必和其师，乃至本身亦不必其前后一致。所谓行健不息，无必无我者，此可敬也。

可悲之迷妄

其可悲者，既曰无对象但求真理也，又常悬一大对象于心目中，因此大对象之不可捉摸，乃各就小对象以钻之研之，时而曰在心矣，时而曰在物矣。或曰当求之于知，或曰当返之于质。曰无对象而对象乃多而益歧，曰求真理而真理乃变而愈幻，遂万物而不返，涉歧路兮旁皇，此可悲也。

花不发柳成荫

顾哲学虽不能解决其最大最高之中心问题，而科学发明，人生之利益则甚受其赐。唯心之哲学无结果，而心理之专门于焉成立。由是而有心灵的艺术，由是而有医学的精神疗养、法院之催眠侦察。唯物之哲学无明效，而物理之科学从而繁衍，由是而有驱使万物之技能，由是而有利用自然之方法，由是而工艺制造升天入地，而形成所谓近代之文明。此种文明之真价值若何，姑不置论，而揆之哲学最高之义，可谓愈去愈远。

曩岁应顾君谊、王稚垓两君之约，为平民大学授科学概论，内分"科学与哲学"、"科学与文学"、"科学与艺术"、"科学与宗教"、"科学与人生"五项。其科学与哲学之关系曾设一譬曰：哲学家之中心问题，譬彼海上神山可望而不可即，唯其可望，是以穷追；唯其不可即，是以莫达。因穷追不已，或浮东海，或涉泰山，或左或右，或前或后，奇门争斗，捷径宏开，于是发明了许多人行之道路，每一路中有佳卉，有嘉禾，有奇遇，有丰获，故目的虽未达，而不为徒劳。哲学不与实用相期，而实用则为哲学唯一之善果。所谓"有意插花花不发，无心插柳柳成荫"，此类是矣。

然此特就往迹，若在今日，哲学家之迷梦可以醒矣。本身之大目的既历千载之光阴、耗无量之脑力而不获端倪，副产物之科学技能，又大有膨胀过度造成物质万恶之现象，迷而不返，佛学家主以佛法破真执，破其妄，要言不烦，卑人愿以满腔诚意表同情焉。

哲学教授与哲学饭碗

实则哲学之妄,知识界亦未尝无解人,哲学名教授胡适之是也。胡于去冬在旧都协和礼堂公开演讲题,即是"哲学是什么?"内容则"宣告哲学破产","哲学教授之饭碗打破"也。略谓哲学本身无解答则已,一有解答,则立被科学接去,而科学又各有其哲学,结果则哲学乃空无一物,而哲学教授乃失其凭借,欲保此饭碗,想一出路,只好着落在"人生"上,以哲学寓于日常生活中较为实惠。例如由某处至某处不走东边而走西边,求其走西边之所以然,即择路之哲学。贼人窃物留下一纸曰"生计所迫,乃不得已而为之",此"不得已而为之"即是哲学。

剐庄廉价

胡博士此讲虽以滑稽态度出之,而其意义则甚为严重。彼以"在哲学堆里苦磨了半辈子"之身,而现身说法,自觉觉人,不失为忠实光明之学者。夫以如天如帝之哲学招牌,而剐庄廉价,到如今只落得以"日常琐屑"为下场之地,固属可怜,而舍此之外,实亦别无周全之法,博士岂愿不留余地哉。一时各大学讲坛上之中外哲学博士闻而大哗,纷纷质难,然亦不过把陈账背上一套,把外国哲学史重念一遍而已,奈何?奈何?!

戏剧中(如《老黄请医》)之丑脚常有将来人寒暄一阵,问长问短,将其一家大小问了一个周到无遗,忽然又问来人"可是您到底是谁?"者。又有一笑话,有自夸外国文精通烂熟,只余二十六个字母还未认识者。吾谓胡君"哲学是什么"命题之滑稽讽刺大类于是。哀哉哲学!哲书则汗牛充栋,哲子则车载斗量,真不知他本身是什么东西也。

"素餐"与"肉食"

吃荤吃素之说法等等不一,而荤素之解释,亦种种不同。

(一)为卫生而吃素

植物丰于滋养料又纯洁而无流弊,肉质多脂肪,易于肥腻致病,猪肉尤不洁,故以吃素为摄生养寿之法。如昔日欲与大限比赛年龄之伍老博士,即提倡素食而又躬行最力者。此外以蔬食养生而不著名者亦不在少数,目的是为自己不在对方,故非所不忍食,乃不屑食不肯食也。换言之,若一旦发明肉食之滋养胜于菜蔬者,而未不可弃菜香而尝肉味。

以卫生为目的,故其择食之法不一:(一)循平常之所谓荤素而区别之,避"飞潜动走"而就菜蔬果实可矣。(二)超肉食以求奇别之荤,如鹿肉、狗肉、驴肉,各有所取,信西法者重牛而轻豕,牛豕何择,谓牛之滋养多而已。(三)越素食以求特异之素,如《三国》记一人因淡食而肥,则并盐亦不用,即今世之每餐大米饭一碗,白开水一杯者,吾亦亲见之。

故有以吃素为卫生者,即有以食肉为保养者,究竟谁是谁非,留与科学家研究解决,卑人但纪实而已。

（二）为疗病而吃素

除生理而外，在病理上之荤素又是一种情形，中医于病人大率首以吃荤为戒，所谓荤者当然就是一般之所谓"鸡鸭鱼肉之类"，中医固无若何科学研究，但亦有其区别。如外科于疮伤只戒牛羊，谓其为"发物"也。西医于病人戒荤不为必要条件，视病情而拣选，脂肪多之肉类，亦常忌之。

（三）为好生而吃素

好生有相对的，有绝对的。相对的好生说者，即其观念不尽在对方，而有为本身或亲人禳除疾病及死后之苦的用意。如妇女之吃素，有所谓观音素、灶王素、花斋、朔望斋、短素（长素者甚少）等，吃素而择日定期，是所谓一暴而十寒，挂一而漏万也。对于素食之解释多持严格，持好生观，又持卫生观者，则舍牛乳而食豆浆，形式相似而质与效亦相仿，此为两得。

由好生而放生，又有专为放生而买者。（曾忆某笔记一事，因一家常川出资买鱼放生，既买而还之于河，游手好闲者复网而售之，决其必买也。如是买而放，放而买，河族益无宁宇焉，然不得谓其念之不善也。此与本文无关，附以助谈耳。）又不只为食不食之问题，而将口腹上之"好生"扩大矣。上之有礼敬佛氏慈悲之念，下之有轮回戒惧之情，故"吃斋念佛"常为连贯之词。

绝对的好生说，即专于慈悲一念，平等众生之旨，"举足怕伤蝼蚁命，爱惜飞蛾纱罩灯"，固和尚之口头禅——此口头禅系按字面用，不含其他批评意味，佛教先生勿误会——对此微虫尚多护惜，何况大者。僧之不荤似属当然。然俗传济颠僧酒与狗肉不离乎口,而口碑亦远,又似别有超特之意义。不过在一般的状况而观察,则好生原为人类心理之所同。所谓"天地有好生之德",为善士之恒言。所谓"不除庭草留生意",为诗人之微旨。所谓"君子远庖厨","闻其声不忍食其肉",可知吾人所以日食肉糜者,亦"眼不见为净耳",心固有所不忍也。只为不脱习惯之过失,而非有心残忍之罪恶。苟于"闻声不忍"有同情,即于"赤子之心"为弗丧。若以吃素为求福免祸之左券,指定某日某日为素期,诚伪之殊,转非形迹之所能显,此又一说也。

(四)为节约而吃素

鸡鸭鱼肉之价值,大率视菜蔬为昂。故吃素又为省俭之一法。贫户恒终年不荤,非不欲也,力不足也。故芝油豆油为下级社会中普销品,而腊月三十日过年买肉,合家吃一回肉包子,以偿一岁之辛苦,作狂乐之纪念,亦名之曰"开开荤"焉。

骂官僚之词曰"肉食者鄙",曰"吃油炒饭",曰"民脂民膏",皆以吃荤为象征。于是形容教官之清苦与馆师之寒素者,即以吃素为暗示。不曰"豆腐风光",即曰"苜蓿滋味"。教官(即教授、学正、教谕、训导等)于丁祭时,分肉最多,谓平时无钱买肉,只春秋二祀可借孔夫子余福而饱尝肉味也。塾师处馆以供馔之丰歉,为礼谊之厚薄,有讽小家蒙师一诗曰:

主人之刀利如锋,士母之手轻且松。薄薄批来如纸同,轻轻装来无二重。忽然窗下起微风,飘飘吹入九霄中。急忙使人追其踪,已过巫山十二峰。

此形容"肉"之可贵,望肉之殷,可谓入木三分矣。

（五）为口腹而吃素

鸡鸭鱼肉之美，豆腐白菜之淡，特大概言之耳。植物中亦自有其天然之等级，春薤南莼，脍炙于诗人之口者，讽诵生津，令人涎垂三尺。故素食有美术的，有贵族的，其美恶贵贱之分，则视品类、时期、地域而异。清代野记中记"蠢汉食黄瓜"一则。黄瓜即《礼记》"王瓜生"之王瓜。（但北人早已呼为黄瓜，"王瓜"之义太高贵，不能通俗，王改为黄，想亦自然之变化。但江南口音黄王不分，是以宜古宜今，两无不合。）此仆为省钱计，入酒舍不敢含荤，只就菜蔬之极平常之黄瓜而大嚼焉，食毕计值，乃需多金，超乎肉糜数倍，以此黄瓜在此时期中乃最稀而贵者（去冬在平津车中见小贩向乘客兜售黄瓜，每根需一元上下），于是乎闹成"小吃大会钞"、"穷人大摆阔"焉。

蚕豆、豌豆、蘑菇、茄子……品味者恒著目一个"新"字，售者亦分为若干期而定其价目，饭馆于珍贵之菜蔬，有时亦标出"随市价"，不敢预定也。以稀为贵，如古董名家之考究汉宋，以新为奇，如时代先进之竞赛潮流。故旧都阔家以"尝新"示其可贵，无论何时何物，谁尝着第一期的新，谁的脸上就有一种先进的气概。而植物之竞赛性又远超乎动物之上。肉类虽肥，时间性较少。菜蔬则时时有新作品，时时有落伍者。黄瓜有贵至一元一支之运，即有贱至几个"子儿"一把之时，一似"自然"的主宰有意弄此狡狯，作新的象征者，令人深佩"大自然"之颠倒众生，真乃无所不至也。

旧都之素菜馆有一两家，既合于"物稀为贵"之原则，而"六味"之名，尤见五味之外别有风味，与六根六尘之六，亦若遥相呼应，即此取名，已富于技术。其各品皆鲜美，而取名则与荤菜馆影射，如"瓦块鱼"、"鸡丁"、"蹄筋"之类，其质则非，其形则肖。既曰素食，何取此名，善士食之，不心恶乎。或曰将使众人觉悟此可代肉，弗须求肉也。然则已承认肉味之美，而自居于摹仿之第二流second hand矣，谓之诱惑，亦奚为不可。然说到根本，一方面则营业之便利，一方面则口腹之便利，至于新鲜别致，则两方之所同也。竞论荤素，亦词费矣。但满壁佛书，颇疑为矛盾，近年改为禄味，则兼"肉食"之气息，虽不甚雅，转为近实。

以上所述，乃吃素之等等不一。至吃素之正解，原于"好生"之一义。于是"素"之解释，亦常常引起怀疑。彼生物家动植之分，似不足以尽慈悲之广义，即论科学的剖析，矿、植、动、人，皆相续而非严划，相对而非绝对。植虽不动，未尝无生，有生则有其"不外形"之动，不食动物，未必即是不食生物。乃至喝一口白水，烧一块土炭，已不知有多少芸芸之生，澌灭以尽，此非虚拟妄谈，以显微镜察之，固历历可征也，此又"薇蕨周家"之类，饿死外无他术矣。再则"眼不见为净"，"求心之所安"，聊可解嘲，而"心"固虚灵一物，安与不安唯一己知之，若"眼不见为净"，固"君子远庖厨"之义也。

"是先有的鸡蛋？是先有的鸡？"尝为一般因果相互论及怀疑派之普通的象征语，不须呆看也。鸡蛋为日常生活中最普通之食品，其用最宏，其说不一。病人戒鸡有不忌蛋者，善人不吃荤有以蛋为素者。又尝闻一笑话。有和尚食鸡了，人问之曰，师以出家人，奈何不知戒律。答曰，此无知无觉亦无动，固蔬食之一类也。人曰，虽非鸡，而其中实有小鸡，一蛋落口，则一鸡失其全生也，奈何。和尚乃且食且作偈曰：

　　老僧带尔西方去，免在人间受一刀。

此事恐属趣谈之一类，然而极平常的鸡蛋，偏有如许的象征，可知只要鸡蛋问题有解决，则类乎鸡蛋之大事，循此途径而解决者必不少。

（原载于上海《时报》）

变态之称谓

伦理称谓之混乱卑恶

中国——此处确可以用新人口吻"我们贵国"矣——虽重家族伦理,而于伦理关系,实未得普遍之认识。故下级社会中常以伦理名称作诟詈之习语,如"丈人"、"舅子"其显著者。其实人孰无子女姊妹,本身无者兄弟有之,上代无者下代有之。且此等诟詈实含有其猥鄙之背景观念,改进风俗者,不可不注意也。子孙之于父祖,系天然之系统。乃以"儿子""孙子"为骂词,是必其人从不为人之子孙,而产自空桑矣。又旧都之单用一个"孙"字者,更含有"傻小子"、"呆子"之意味。如市头星相者流,好以被算者为"孙",每至日落收摊时,辄互询曰:你今天一共算了几个"孙"?其意则我本以术骗人,偏有甘受我愚者皆傻小子也。既愚弄于前,又刻毒于后,其心与口,皆可诛不可赦。又乞丐之赶逐洋车而索钱者,辄呼"老爷,奶奶!"而背后亦曰"赶孙"。其做"倒车"经纪者曰"倒孙",谓之苦人,何其轻薄,虽甚慈悲者不能为之惜也。

所谓上流人士、仕宦家庭亦有不可解者,如子女呼父之姊妹曰姑、母之姊妹曰姨,老爷之姊妹已出嫁者称"姑太太",而太太之已嫁姊妹则不得称"姨太太"——只能照其夫家之姓称某太太——以姨太太乃"妾"之专称,若称太太之姊妹为姨太太,则似以为其老爷之妾矣。彼固不甘，此亦不敢也。妾既称姨太太，而太太之子女亦例称父妾为某姨，是已为太太之姊妹行矣。然试指姨太太以语太太曰是汝之妹也，则太太又必怒。

姨太太之变迁

近十余年中，军阀财阀姨太太日多。"姨"字又恒被省略，但称二太、三太、四太，以至二十太、三十三太……夷考其故，一则数目既多，节一字可得口头上之便利。二则姨太太人才日富，当有交际出色，或偕所天周旋坛坫，或代太太处理家政，甚有奔走国事者，如五年前某驻日公使做寿之征文启中，历述应付交涉之国难，归功于其侧室作国际间谍，幸得撤五项，称为功在国家。果如所言，自是女中豪杰，老爷且自愧不如，更何能吝于太太之名义。三则姨太太既多，其入门之法亦等等不一，尽有先用明媒正娶花轿红帖之婚式，不计对方元配之有无，甚至已入室之姨太太多少亦在所不论，而只冀一婚礼之仪式，太太之称谓者，实际虽排行至于十名以外而太太自若也。做"姨太太"虽日多，而"太太"之上"姨"字反渐渐琢磨向尽，此近期中之摩登变态也。

家庭经济

在昔固有"愿为夫子妾"者，甚有男子愿化身女子为才人妾者。大抵所谓风流佳话，文人标榜，盖如此而后"爱才"之爱，非泛泛之喜爱，而深挚之恋爱矣。近时此风极盛，不只佳话，乃多实事。昔见报载"女校长愿为第八妾"，征诸事实，殊不乏其例。初若可惊，继亦无怪，盖"才"若加"贝"，则诱力涨以百倍，拜金之风炽，物质之效昭,况虚荣华饰关系之密,几若womankind①之人生定律乎。吾览旧都之某里某里,天津之某界某界,洋楼层叠,市肆栉比,导游者指而目之曰,此某帅产,此某长户,乃至一小洋货铺,一小咖啡馆,亦皆以某帅某长为店主东,有以一帅而兼至老板者,一长而兼数业主者,颇疑衮衮巨公,何不惮烦耶? 已乃知多数为姨太太脂粉钱之剩余价值。世人第见此辈出入摩托,周身宝钻,昼舞而夜博之,挥霍无度,不知此犹"浪漫之浅流",不足以尽姨太太之能事也。姨太之能者,多为经济家,权子母,多居积,设肆以利百工,出资以通有无,于是粉白黛绿之佳人,多握算持筹之店主矣,彼"老爷"者为一身之吃着不尽计,又须为太太、姨太、少爷、小姐……之各个的有备无患计。下野之巨公,辄侈言曰,吾今厌弃政治生活,努力实业,以厚民生、培国脉矣。于是姨太、少爷之流,亦慕之而各领一支,各成一队,以从事于生殖运用,故一人之邸,有若干之小老板。是则军财诸阀之所以无餍,不第为一人之享乐终身,且须顾及群下之分封列国,又焉得而不多多益善乎。

（原载于上海《时报》）

---

① womankind:英文"妇女们"。

俗者熟也，未能免俗者多矣

"雅"与"俗"，"新"与"旧"是对待的，而实在是相对的，用历史的看法，则可知无时无地不在流动变幻之中，谁也脱不了拖泥带水的干系，"雅"人看低了"俗"字，"新"人恨透了"旧"字，然"俗"与"旧"当做何解释乎？这要先说他一说。

泰州学士顾君义为今之研究语文学者，曾述其与刘师培、黄侃研究之所得以谓予曰，刘彦和言练字为熟于众字之义而能拣择之。古来用字不定，其故有三：

（一）缘形而不定。仁义之义本做谊，威仪之仪乃作义，举本字者可用谊，从常行者可用义。

　　　霄按：此真"言之有理"也——虽然下面不必接"马上加鞭"——什么叫做"举本字"？就是把那个字的真义正解认识清楚，考证明白，《尔雅》《说文》，全是这一类的工作。如此便是"雅"，什么又是"从常行"？就是随着习惯的便利，至于字之正伪就无暇细问了，从常行者从俗也，俗者熟也（此处学时髦加个洋字注解，就是 familiar and popular）。经学家讲到微言讲"讲义"，古文家讲到桐城"义"法，道学家讲到"仁义礼智信"，雅矣！不知这"义"字便是一个俗字也。由此可以看出泰州学士之博而能通，专而不滞，他的次篆是"君义"二字，但有时写君谊，"本字"与"常行"兼收并用，正是刘彦和所谓

144

熟于"义"而拣择之。他姓"顾"名"名"字"君义"，原取"顾名思义"之义，正是学者本色。不过学者的流弊，常常会闹得"食古不化"，而君义则不然，一方面思本字之义，一方面顾常行之义，"本字"、"常行"各有所取义，然又决不至于无意义。如"谊"、"义"、"仪"三字，"谊"与"义"通用，"义"与"仪"密合，他写"君谊"写"君义"，但决不会写"君仪"，因前两字都不失为顾名思义，若后一字则出乎"常行"、"本字"两个原则之外了，君义所不为也。其师刘师培肚里虽博，惜乎犯点"死心眼"——北平俗语却大有科学精神——故如一篇《休思赋》专拣些大古大雅字堆而砌之，不管旁人看着费事不费事，被《新青年》骂了句"什么东西"！其实他的字又何尝无根据，又何尝不顾名思义？惜乎只知其一，不知其二——不知词以达意，若是不顾大众，何如不作，此君义所不为也，"师不必贤于弟子"，信然。

（二）缘义而不定，由此与彼，于义无殊，故"咸熙庶绩"易为"众功皆兴"，"察其所由"易为"揆厥初元"。

此所谓"一句话，两说法"，怎么样都不算错，因"义"无殊也。然则亦有雅俗之分焉。于是好弄别致，又不免于炫其古董焉。常言"文章西汉两司马，人物南阳一卧龙"。卧龙且不必管他，单说两个司马，就有些"马牛其风"。司马相如专喜古义用奇字，所以"深恩广大"要写"淇恩庞鸿"，"设官治事"要写"展案错事"。扬雄亦如此，"动由规矩"要写"蠢迪检柙"，"倥侗颛蒙"即"无知顽愚"之类。一半是那时代中之所谓"创作"——亦如现代人喜欢多染洋味多用洋典一样，一半是词章家自己组织上的理由，然而看的人、念的人却受了苦

145

了。司马子长则不然,他用字而合于时代,贵乎自然,他亦富于创造力,但他的注意力集中于对方——读者览者——在叙述中常常把比较通用的词,代去古而雅的字,《书经》上的"允釐百功,咸熙庶绩"他改作"信饬百官,众功皆兴"。这是翻译式。"予乘四载"改作"予陆行乘车,水行乘舟,泥行乘橇,山行乘撵",把四个"载"都注出实物来了,这是注解式。可见使人能懂,未必便失去了自己的"雅"。龙门价值,千古定评,终究不是"对文君而施恋爱"的那位先生所能及。雅俗之分,诚有大于形式者。崇古时代如此,今之崇洋时期,欧化大家,有无"炫洋"之病?其亦"再思再想"可矣。

(三)缘声而不定。声韵必取协定,用字可无定准,《诗》云"母也!天只!"复"父"为"天",《易》曰"既雨既处",变"止"为"处"。扬雄变梁父为"梁基",蔡伯喈用"祖踪"为"祖武",故"危涕坠心"互易常位,"天"字调仄句则为"有昊",平句为则"穹苍","地"字调平句为"媪神",仄句为"后土",故韵偶之文,用字最无常。

　　声韵的关系,的确与人类语言有重要关系的,you mistake it 为什么要说 you are mistaken 乎①。"母也!父只!"代以"天",就是"天"在此悲哀场合较为响激。既雨既止——今语体当为一忽来下雨,一忽来住点——本是很好,奈不协韵,于是改止为处。说到"危涕坠心",可以想到"漱石枕流":石如可漱,牙如何得了;流如可枕,大可跳黄浦江试试。然为声韵起见,遂使字义大受委屈,故如谭鑫培《碰碑》之把"瓦解冰销"倒作"冰解瓦销",也有其不得已之故焉,此句不必指摘其

———

① you mistake it:英文"你误解了";you are mistaken:英文"你错了"。

谬,更不必强为饰造什么"兵败荒郊"之音误也。

君谊复述其宗先贤亭林先生之言而引申其义曰:"舍恒用字而借古字,只为自盖其俚浅",故用字不遵正轨无理由者,一曰是古非今(案此崇古时代之现象,在今日应改为"是洋非华"矣),二曰慕雅贱易,三曰崇雅而鄙俗,四曰趋奇而厌常,是为四敝。是故黾勉无殊于密勿,差池或书作紫虒,驰铁道曰附轺车,乘轮船曰上番舶,苟俗间所恒用,必须易以他言。

由此观之,雅俗无一定之诠释,是相对的,流动的,且常常是轮转的。常行者为俗,则偶见者为雅,迨至"偶见"成为"习见",则雅者又变为俗,乃有更雅者出焉。此更雅或复返之最初之俗,例如这般那般之"这",俗字也,偶写作"者般"、"者番",觉其雅矣,不知"这"字原读彦,训作迎,"且言且迎"之义,乃动词。"这"在昔时原是"者"字。又如旧时官名六部尚书侍郎,称司马司徒司空司寇宗伯冢宰,郎中曰正郎,员外曰副郎,主事曰主政,原以别于普通官名为雅。古文家以此等雅称之,大通行也,又弃之而直称尚书侍郎郎中主事,如方侍郎、梅郎中之类,是轮转之说也。是故俗者熟也。"番舶"如通行,必又以"轮船"为雅矣。昔日衣裳以峨冠博带为雅,继而改为窄袖高领,继又改为肥袖宽襟矣。斗篷既俗,则有大衣。大衣通行之后,斗篷又为名贵。文字亦复如是。盖求新好奇之心理,实为人类之所同。故一方面为自动,一方面为适应环境,若以局外眼光客观地位加以评判,则又只能就其词之精疵、义之正讹为衡量之标准。例如昔时办事须"宗旨",作文必"立义",今则须说"中心思想"。昔云"伤心人别有怀抱","古之伤心人也",伤心人三字本已沉痛,但今语则为"心灵上受了创痕的人"。是皆比旧词加细,又未可概以好奇而非之也。

卑人以为四蔽之由来,在乎个人之过度认识欲,认识欲虽亦为常情所不能免,但如何能达此目的,则在乎本身有可以获得认识之道,所谓鼓钟于宫,声闻于外,鹤鸣于九皋,声闻于天,总须货真价实,充实内容,若徒粉饰外表或一二末节以自炫,是金玉其外,败絮其中;西语所谓 emply makes noise①,所谓 all that glitters is not gold②,是为学人之大忌,即幸猎虚声亦难持久。故求新趋奇,非绝对不可,必着意于文字之需要,读者之便利,在己则不得已而用之。盖雅俗既属相对,界画正自难言,要必先自返省有无"貌为艰深,文其浅陋"之心?苟不自"为己心"出发,无论其形于外者如何,终可见谅于解人也。

今之欧化诗,尤其是译作,其佶屈聱牙奇形怪状有过于天书鸟篆。前语胡适之博士,欧洲名诗之译品虽多,吾不能读奈何。适之曰,不但君不懂,我也不能懂。吾曰,不但君不懂,只怕连作诗的外国人也想不到被人译成如此模样。诚不如读原作之为愈,读原作虽未必邃明其秘义,尚可读成一贯也。呜呼,人不懂,己亦不懂,译者不懂,作者亦不懂,此等"不懂式"的新文学果何为者,岂以古文雅言,尚不足以收"文化障碍"之效,必添个洋装的道貌以继承此高贵之地盘欤?

（原载于上海《时报》）

---

① emply makes noise:英文"人为的喧闹"。
② all that glitters is not gold:英文"闪光者非金"。

胡博士又"大喊一声如雷震"
怎奈"家家有本难念的经"

欧式语体,经新化诸巨子"努力!""呐喊!"提倡之结果,十余年来风行全国,成效昭彰,唯独报界除新式附张或讲学谈艺之作品外,一切记载评论,大多数仍以普通文言为本位,对于新白话始终抗不承命,处处不约而同,无怪乎语体文大宗师胡老博士的一点推广文化的心,无时不在被热烈的火焰燃烧着,遇着机会,他就要"呐喊一声如雷震!(胡)家号令鬼神惊",最近为《大公报》一万号作文,又提出三件大事要我们报界诸位先生共同注意。头一件就是:

在这个二十世纪里,还有哪一个文明国家用绝大多数人民不能懂的古文来记载新闻和发表评论的吗!

这虽然用的是反问式口气,只为表现他"心中好似滚油烧"的热情,和"大倒板式"的腔口气概,至于其中所涵的意见,显然是:

(一)认为现在各报新闻、评论,所用都是古文。

(二)这种古文不但是"多数"而且是"大多数",不但是"大多数"而且是"绝大多数"所不能懂的。

(三)一面反对"古文",那一面当然就是主张用他欧式语文体了。

他似乎认定了现在中国的文字只有两种文字,只要不是"语体”，就统而名之曰“古文”，而不知报纸所用，只是通俗文言也。他看得绝大多数的报纸，不肯用语体，十分着急。不知十年以来，抢着“跑潮流”的如此之多，即我们报界里亦少不了努力前驱的志士，想拿“白话”作丈八长矛冲锋陷阵的大有人焉，而结果则除了对于学界专设的附刊一个小范围之内，可以大行其志外，对于正张上的专电、新闻、论说，还是非用普通文言不可。可见现在报纸通用的文言自有其本身工作及应付看报纸的绝大多数之需要（是新闻记者身当其冲的绝大多数，不是学府学者眼中之绝大多数），其如何需要日后再说，此处所欲言者，适之博士似未从适用于日报之“适”字设身处地。说到这里，来句戏场上的科诨吧，偶见胡博士在《新月》上批评一个诗人的作品，先说“自己做了逃兵，却批评别人打仗打的不好，那是很不应该的事”，凭这句话，足可以看出博士是何等诚恳谦和，存心忠恕。博士自认是诗界里逃兵，那么在报界里呢？我可以担保他决不是逃兵，而是在根本上就没有当过兵，见过阵。自古道“事非经过不知难”，又道是“家家有本难念的经”，老博士啊！老博士，你要再思啊再想。（谓予不信，请问问，你那一心一德的文化同志孙伏园，他由学者而入报界，在北京为副刊记者，到汉口又作报纸总编，此中甘苦，备尝之矣。）

语体文之清明真切，确有特长，不但年少朋友，争相摹拟，即如老汉偌大年纪，亦常常借重。但我所信者，（一）“文”之与“语”乃相对的，而非绝对的。（二）现在报纸常用通俗文言，如果为大多数所不能懂，则欧化语体亦为大多数所不能懂。（三）文字的形式，应随各个之立场及其必须适应之对方而各谋其便利，不能执一而论。

（一）曷言夫“文”与“语”乃相对而非绝对耶？（自注：此句腔

调,转到"梁任公派"上去了。)普通文言与语体之分别,最显然者为虚字之"之乎者也"而非"的吗哇呀"耳。(僻典、冷字、粤句等古文词章之特征,我敢言报纸文章绝对无之,而且也绝不会有的。)然文学界知识界之语,每每自然带出些"之乎者也"而不自觉,例如《新月》第五六期:胡博士一篇大文里一段:

> 短诗之中,如"自己的歌"、"迟疑"、"你尽管"……都是很可爱的诗,以风格论,"信心"最高,"雁子"也绝好。"雁子"的第三节,稍嫌晦一点,其实删去末二节也可以,此诗第六行,诗刊把"那片云"印作"那个云",一字之差……不可放过如此!

即以此段而论,实在看不出它是"文"是"语",因为开首一句"短诗之中",就是文言的味儿,不然何不曰"短诗的里面"乎。中间的"以风格论",何不曰"拿风格来说"乎。末尾的"一字之差",何不曰"一个字的错误"乎。全段转换呼应有关系的句子,皆用文言的虚字组成,于是充满了文言的气韵,则谓此段为文言可也。然博士固非有心作文言也。口吻、身份、习惯如此,出于不自觉耳。举此为例,至少可以证明"文与语非绝对"是不错的了。

再举一例如大周(即署名"鲁迅"者,我知其弟兄二人,一个叫周作人,一个叫周树人,而记不清他们二位,兄是什么"人",弟又是什么"人",故以大周称之)岂非极新文豪,几与胡博士齐名之语体大家乎。然在《文艺新闻》上见到此君辟谣的一封信,则自开首"顷见致舍弟书,借知沪上之谣,已达日本,致劳殷念,便欲首途,感怆交并,非言可喻"。以下通篇皆是古雅的文言,而末段:

> 文人一摇笔,用力甚微,而于我之害则甚大,老母饮泣,挚友惊心,十日以来,几于日以发函更正为事,亦可悲矣。今幸

无事,可释远念。然而三告投杼,贤母生疑,千夫所指,无疾而死。生于今世,正不知来日如何耳。东望扶桑,感怆交集。此布,即颂曼福不尽。

凄凉雅韵,居然乐毅《报燕王书》、子长《报少卿书》的风味。写得的确不坏,而与革新文豪之常态则大相径庭矣。此君此文自云"昔尝弄笔,志在革新",这话倒是不错。他的"革新"只是一种行"志"而已矣。在理性上,在兴趣上,似乎都还感觉文言这样东西,大有眷恋之余地,彼于牢骚抑郁之余,写出这篇悱恻缠绵的古雅文字来,其亦动于中,形于外,而发于不自觉欤!此又可见文言之本身,自有其特殊之优点,而不能绝对的屏除,又是我的相对论之一证。

(二)曷言夫报纸文言如不能懂,则欧化语体亦不能懂耶?

报纸文言,既非僻奥艰深之古文,有文字之常识者,殊不思其不懂。假使此等通俗文言而仍不能懂者,则欧化语体又将何所恃而可以必大多数之能懂乎。例如《新青年》的第八卷《少年的悲哀》篇内:

"什么地方呢?"我问。

这是欧式文一种句话,知道欧文的自然一看就可明白,"我问"可也,即"问我"亦可也。"他说"可也,"说他"亦可也。said 与 he said 不是一样的意思吗。但在习于中国白话而不习西文者,则"我问"二字放在"问语"的下面,就能把他们装到闷葫芦里去。

此犹极浅之一例耳,一切欧化文之繁复者更无论矣。要知欧化的语体文亦是"文",是用欧洲文法组成之一种文字。虽然其中字句有许多常用语(文人学子所常用者)而并非国人大多数习惯之"语",故曰不能为大多数所能懂。

（三）曷言夫文字之形式和随其立场与对方而异,不能执一而论耶?

方言土谚虽浅,不能通之于文学界知识界,犹之雅文及欧式之不能通于下层民众。食古不化者之"古文",有为文人所不能解者,食洋不化之欧化文,有为新人所不易明者,故文言必求其通俗,白话必求其不太"洋"不太"土",只能自我而力求其平易近人,而不能必其尽人皆喻,此主观上应当如此。若在客观,则文言与语体,均不足以应现在大多数不同的习惯,情境之所需,而有赖于各式之文字,随时随地,应付各个之需要,例如各处之地方小报,多用土语,文人不能强其用文言,新人亦不能强其用新语体,且文人学者如欲灌输其知识理论深入民众者,非将其文言或欧化译成俗话不可。

就现在所谓白话而分析,则有(一)西式白话,(二)小话白话,(三)方言白话,(四)剧体白话,(五)中上流人士通用之官话白话。此五者之中,(一)(二)(四)项皆可名之为特体之文,即"欧式语体文"、"小说文"、"剧体文"也。

卑人不管他人如何,自己总以剧体文为主。比做一军中之诸葛亮军师,而以以下之五种文为听候调遣之五虎上将:

（一）古文如黄汉升(取其苍劲)

（二）俪词韵语如关云长(取其伟丽)

（三）小说文如张翼德(取其壮阔而有谐趣)

（四）方言土语如马孟起(取其猛悍而质直)

（五）欧化语体如赵子龙(取其稳健而□畅)

有时参互诸将以赴各方之急,有时单遣一将以应敌,视情景如何以驱策之。不是我说句狂话,语体文虽已风行天下,势力无边,在剧体文之主帅支配以下，只能奉屈为"白盔白甲白旗号"之"四将军"。也不怕你"动不动就是你那《长坂坡》！"

关于剧体文一事，胡博士曾提出非正式的抗议，以其话长，当另篇记之。

（原载于上海《时报》）

假使"语体"尽取"现代文言"而代之，那不过梁启超与胡适之演一出《受禅台》

报纸之通俗文言，受梁任公之影响为最大，实以梁氏置身于舆论界为最早，其流畅锐达之文笔，开合推排之阵势，铿锵妙曼之音调，极利于理论之阐发，便于普通之习诵，故当《新民丛报》发行之数年间，几于家弦户诵，人手一编。科场之士子，学堂之学生，乃至与梁氏宗旨不同之《民报》，虽日日与作笔战，而文字则无一不摹梁，可想见其行之远而入人深矣。然梁公亦尝经过三度之变化，其显然可指者，为丁酉戊戌间之《知新报》与《时务报》是为摹古的时期。壬寅以后之《新民丛报》《国风报》为创作通俗化的时期。而民元之《庸言》则古雅化的时期。今各举一例：

《知新报》之发刊叙例

盖闻伐木之□，每感怀于□声，□□之柱，□□□于独木，□□见□，□喜欲狂，若夫报章所□，囻国消息，□具前论，□□□，□□□□，□□□□。

子□好□，孔□卒□其功，贾生□策，孝景始感其言，言之若罪，闻者足□，□□说第一。

大哉王言，如丝如纶，□上□第二。

□□创巨痛深，知耻不殆，□□不忘在□，句□每□□□，□□□□，□□新政，□近□第三。

155

周知回国，行人之才，知己知彼，兵家所贵，□□□之□心，□□□之妙用，□□西国政事报第四。

生□□□，是曰大□，□□□巧，不耻相师，□□西国□学□政商务工□格致等□第五。

此仿自"汉书叙传"，可谓古而又古之古文式。

《新民丛报》之新民说叙论

自世界初有人类以迄今日，关于□球上者何啻千万，闻其□然今存，能在五大洲地□占一□色者几何乎，曰百十而已矣。其能屹然强立，有左右世界之力，将来可以战胜于天演界者几何乎，曰四五而已矣。夫同是日月，同是山川，同是方趾，同是□□，而若者以兴，若者以亡，若者以弱，若者以强，则何以故。或曰，是在地利，然今之亚美利加，□古阿美利加，而□格里□□民族何以享其荣，古之罗马，□今之罗马，而拉丁民族，何以□其□。或曰是在英，然无非亚历山大而何以马□顿今已成灰尘，非无成吉思汗而何以蒙古几不保□□，呜呼噫嘻，吾□其由，国也者，积民而成，国之有民，犹身之有四肢五脏筋□血□也，未有四肢已□，五脏已□，筋□已□，血□已□，而身犹能存者。即亦未有其民□□，□□涣散混浊而国犹能自立者，故欲其身之长生久□，□摄生之术，不可不明，欲其国之安富尊荣，则新民之道不可不□。

《庸言报》弁言

国之义有三，一□常，言其无奇也。一恒，言其不易也。一□用，言其□也。□奇之□，未尝不可以□□天下之□□，而为道每不可久，且□□□而多□焉，天下事物皆有原理原则，其原理之□常不易，其用之演为原则也，则常以适应于外界为□志。不入乎其□者，或以为□□□曲而实则布帛菽粟，夫□之□，可□知能者也，言之□□，至今极矣。而□去治□者愈远毋□于兹三义者有所未□焉。则□言之所为作也。

以上为梁氏三个时期之三篇开宗明义的文字，各能代表其一时之风格。《知新报叙例》虽为古文式，不过取《汉书》程式而填写完成，盖尚在举业时代，于古文并无深造，偶慕真高雅，追其形迹，与梁之本身作风实无深切关系。《新民说叙论》则为梁之真实面目，所谓开阖推排流畅锐达是也。此等文最为普通人所悦。而最不为文学家所许，甚有斥为肤词滥调者。至《庸言报弁言》，则简练劲直，渐洗从前排宕之架格，而易以挺妥坚实，盖此时梁氏著作已多，渐入老成之境，非专以才气自喜。其文在古文专家视之，自尚不为纯雅，以视第一期之摹古，第二期之趋时，已不失为格高味永矣。

是时梁已回国，日与古文家及贵雅之诗人游，故诗文皆趋于古雅化。及新文化运动既兴，与胡适之等颇称投分，于是语体白话也，大做而特做焉。要之，梁之本身作风，仍以《新民》、《国风》两报之所表现者为最充足也。

梁氏自身之文字，除架格音调外，如日本名词，固多由梁氏输入，而西洋音译如《新民说·自尊篇》之"自也者，国民之一分子也，自尊所以尊国民故。自也者，人道之一阿屯也。自尊所以尊人道故"。其"阿屯"二字，令人目光为之一新，原来是西文之 atom，揿运入文，视胡博士之"劈克尼克来□□"之创作为更早矣。其常用之词句，如"吾重思之"、"不宁唯是"、"更有进者"、"吾人以为"

等,几成为梁文之特征,而为报界所习用。唯近十余年之报纸论文,颇能就梁氏架格而加以紧缩,加以充实。则固时事指论趋重实际质料,而日报之篇幅比杂志又须经济也。要之,梁氏明畅周至之通俗文言,兼容东西洋名词,句法之新式语气,固犹一线相承,大同小异。昔者黄远生君尝推梁氏为"报界大总统",吾谓报界之新闻方面,梁氏实无多大贡献,其自身未尝办过日报,所主撰之《知新报》《时务报》《清议报》《新民报》《国风报》等,虽皆以"报"名,实皆定期刊物,多长篇理论而少时间性之纪载,是杂志而非日报,故其最着力、最多、最普及、最动人者,乃议论之文章,通俗而新颖之文笔。其所影响于报纸之各方面,卑人皆曾分门别类为各校新闻学诸生详细讲述。至今日则不但报纸文章,即官场中关于时事论辩之长篇文电,亦有甚多之梁氏遗风余韵在焉。

卑人以为此等通畅的文言,知识界绝不至于不懂。唯民众之仅习土语白话者,或尚不免隔阂耳。然而"这话可又说回来了",欧化语体又岂民众所能懂乎?

假设"语体"代"通俗文言"而普及于报纸者,那不过是"梁胡文式之代禅"而已。

又按假使任取其一种"跑潮流的报纸"加以观察,立时可以看出。

正张之评论纪载用文言,多是梁启超闯下的江山,附张之学术文艺所用的语体,多是胡适之打来的天下。

(原载于上海《时报》)

四、科举教育

从童生到状元

这几天,正是举国士子挥汗绞脑汁的日子,考小学,考中学,考大学,不知凡几,特述四十年前之"考"之一门科举制度,以为今之"考"者观览。

科举制度自以乡会试为骨干,所谓"三年大比"是也。但奠其基础,先有童试,研究"童试"情形乃可证其本原。盖旧时考试约分四级:(一)童试,(二)乡试,(三)会试,(四)殿试。童试考取秀才为读书人进身之初步,殿试成进士为科举功名之高峰。

童　试

"童试"又名"小试",应试者口称"考小考",凡士民人家读书子弟、身家清白者皆可注册与试。(惟娼优隶卒及其他被指为堕民等则无资格。)先由州或县官出示招考,报名后由学官(即学正、教谕、训导等)造送名册,于试院(一名考棚)点名局门入号出题散卷。第一场为正场,作四书文两题(俗称八股),试帖诗一首,当日完卷。县官及幕友阅定名次出榜,榜上有名者则应为第二场复试,再删去若干人,乃行三复、四复,后出"大案",是为最后之榜,县试乃毕。

"县试"之后,则有"府试",亦像"县试"那样的场子,再逐序过了出"大案",各县童子先期齐集府城,各学的学官皆往照料士子,伺候上官,府试亦是分县出榜,每县试有一案首(大案第一名),府试亦每县有一案首。府试已毕,即赴院试。

学院先期到府城,驻节试院(外为考棚,内为厅堂院落),再逐序分场试毕,出最后之"大案",榜上有名者便是秀才,大功告成矣。每县应取若干多,有固定之章程。提督学政有取中之全权,不受府县考试名次之拘束。惟事实上凡府县所取之"案首",学院照例取录,一则给地方一个面子,二则县官供应,府官提调,即以酬劳。

院试录取者各回本县,由县官率领到县学与学官一同叩谒圣人神位,后各生向学官县官行礼,即是"身入黉门",有顶戴荣身之生员矣。初入学为附生(附学生员),俟经学院岁考优者晋级为增生,更优者为廪生,又谓之"食饩",由官库支取其微之廪膳费,即是正额之公费生。学官虽名为教谕、训导,各生仍回自家读书,候学院传试。至乡试之年,亦经学院考试注册,移送入闱。

乡 试

生员无论为廪生、增生、附生,皆是在家之学生,故不能直接入仕。平民若想做官,须先捐得"监生",生员入仕亦须先捐贡监,故若专论做官资格,秀才尚不及监生,惟秀才是考试得来,故身份远过花钱得来之监生。监生亦可应乡试,亦可直接捐官,生员若捐官,至少须先捐下贡即出学。若考得上贡或中举,那自然更好。上贡下贡之分别,上贡为"恩拔副岁优"不可以捐得,甚名贵,下贡如廪贡、增贡、附贡,廪、增、附各生花钱亦能得之,离开学校可以捐官矣。凡监生及生员捐贡入仕,及其它如军功、保举、议叙,皆为异途,惟举人及上贡方为正途。

乡试分省举行,故中试者谓之"举于乡"。试期除特别原因展缓外,恒在中秋,故曰"秋闱"。三年一次为正科(另有皇家庆典特加之恩科),每省取中多少各有定额。每试三场,头场八股三篇诗一首,二三场为经义、策问,惯例偏重头场(若潘祖荫、翁同龢等主试,则三场并重,比因翁自有淹博,非可概之他人)。中额既有定限,故文章佳者未必登榜,即名登金榜之人,亦未必皆胜于落第者。宗旨"凭文取士",而事实则文章不尽为凭,惟其如此,所以更有神秘性以吸收信仰,相信文章之外,有神权命运关系,有善恶因果关系,详情最好是细读《儿女英雄传》安公子乡试一节,把场内场外一切写足,真有历史价值。(掌故及历史只能记载大概层序,小说则传神写景,使读者如身临其境,故为可珍。)

每科取中举人之外,又取副榜举人若干,又名"副贡",亦有定额,亦算正途出身,且与举人论"同年",惟举人可应会试,"贡"则仍须应乡试。"举"及"贡"皆是科名(学位之类),并不即入仕,但已有绅士身份,对知县可用平行仪,自称"治弟"(生员则须称治晚)。举人及"上贡"虽花钱捐官,亦是正途出身。上司及同寅,另眼相看,与其他异途不同。

会 试

会试于乡试之次年春三月行之,故又名"春闱"。礼部先期奏请特简"知贡举"及正副考官(总裁)、同考官,各省新旧举人齐集京师连试三场,情形与乡闱略同,每科中额场前请旨,每省取中若干人,榜发有名者次月即应殿试。不中者各自回籍以待下科。(如遇"考中书"及"大挑"年份,亦可以举人资格得一官职。)

殿　试

　　会试中式者经过复试(一文一诗),如无大谬不致罚停,即应殿试,又曰御试,以皇帝口气发问,士子以奏对体,写卷最重书法,由读卷大臣阅定名次进呈,御览分别一二三甲。第一甲只三人,赐进士及第,即时授职,以示优异(状元授修撰,榜眼、探花授编修)。二甲赐进士出身,三甲赐同进士出身。乃应朝考。朝考优者入翰林院为庶吉士是曰"馆选",次者以主事分部,再次用内阁中书,再次用知县。(最劣者归班铨选,等于不用,如此极少。)翰林自极名贵,然亦有重实惠而愿得知县者。(《儿女英雄传》安老爷所说确是真情。)

　　状元、榜眼、探花系榜下授职,故考差、放差有优先权,庶吉士则须俟经散馆考试,留馆授职后乃可考差,而主事、中书则须到衙门若干年补缺后,方得与考。即考差时,亦以翰林得之较易,一则翰林清苦,借以调剂;二则翰林清贵,各方面心理上总觉得"衡文"是翰林专门,因成惯例,非有法制规定也。

(原载于《子曰》丛刊)

164

谈谈状元

硕果状元　将军师傅

"状元"是旧科名里最难能可贵的一样东西,那比现在的博士名贵的多多。民国以后虽时代不同,且科场久废,而状元的旧印象、潜势力,犹自余音袅袅。即今荒落的故都,尚有一硕果仅存之末科状元刘春霖在。冀察政委会的委员长宋哲元将军特地聘请他做师傅,教授经贤传微言大义,聘书是亲自捧送到门,每次进讲用自己的汽车接送,而且遇有公事,不能听讲之时,还要亲向师傅请假。尊师重道,典礼优隆,北平人士谁不注意着谈论着这位"状元师傅",有昔时翁同龢、孙家鼐、陆润庠之风焉。夫状元本为江南之特产名产,而今复古声中,似尚有"津津而道"之价值,因作"谈谈状元"。

神秘之故

"状元"是"殿试"第一甲第一名,天下事总以"第一"为贵,学生考试,何独不然。像民国四年的大举考试留学生,翁文灏君得了本科(矿科)的第一,又得了各科的总第一,总平均分数九十五分之多。万人称羡,说是历届留学廷试未有之盛,不愧真才实学的洋状元!然而总觉得科举时代的状元别有风味,是"何以故"乎?学生们的第一，是凭着实在的成绩，具体的比较，定出来的。而状元则不一定是那样的"三七念一"，人只要中了状元，自然觉得他有广大神通，非常的神秘，而不一定去考究他的学问如何，程度如何。即如武科状元亦是状元，亦是经过御试的"天子门生"，亦是十分荣耀的"大魁天下"，所以看得平常的原因，一半是重文轻武，一半是考究得太具体了。弓拉多少力？刀重多少斤？箭射几百步？都有实迹可指，没有神秘可以鼓动一般的神经。

五大原则，"命运"当先

科名的五大原则是"一命、二运、三风水、四积阴功、五读书"。又道是"尔无文字休言命，我有儿孙要读书"，又道是"窗下休言命，场中莫论文"。如是命运、阴功（风水亦可以附入此二项）、学问，可以说是三要素，而"命"与"学"尤为要素中之最要者。把这些综核而再紧缩起来，"命运论"怕要占很大的成分。的确，科场若专凭文字，实无把握，有文字而不得科名的失败者谁不"彷徨"地"呐喊"着"岂真登第皆名士，未必专房尽美人！"而且"非战之罪也，命也！"所以不完全同于彩票（或奖券）者，彩票只有"命运"问题，"风水""阴功"或者有之，却绝对与"读书"无干，而科场则"文墨"之事究竟不能让"命运"来专权耳。

曹鸿勋、张謇、王寿彭

由童生秀才科考岁考，而乡试会试，直到殿试。全国各省上百万人过了多少次箩，才有二百或三百名进士，这进士里有个状元。"状元"其机会与航空头彩真不相上下。殿试名叫对策，其实是以书法为凭，似乎写得好的，便有望了。而亦不尽然。因为：

第一，自己能写好字，偏偏这一科的"书法大家"太多，强中更有强中手，写的好亦是枉然。例如丙子科(清光绪二年)浙江冯修庵先生(名文蔚)写的美女簪花谁都佩服，他自己亦"不作第二人想"了。谁知山东人曹鸿勋、山西人王赓荣写的坚切庄严，以殿试策工夫(亦名大卷子工夫，在书法中另一格)而论，确乎比冯有力，结果曹的状元，王的榜眼，冯先生只抢了个第三名(探花)。他自己说运气不好，偏与吃馒头吃面的大汉同考！假使没有这两个"北方之强"，状元不就是冯先生了么。换个来说，若与写字平常的人考在一块，则纵非十分出众，亦能得状元。甲午科的张謇的字，比冯文蔚先生差的多，却喜与张联名的尹铭绶(榜眼)、郑沅(探花)都不能胜张，于是张四先生便"状元"了。(还有别的原因，另详。)即如现在仅存的惟一状元刘先生，他的书法比历科状元实在平常，而在末科各卷则较优，他亦"状元"了，亦无非"有命存焉"。

第二，以特别机会而忽然得之的，不但不在乎文章，且不在乎书法。例如癸卯科有会试有乡试，因为那年是西太后的六十九岁，明年甲辰是七十整寿，所以各大臣都注意"吉祥之兆"。"王寿彭"三个大字，译作通俗一点就是"万岁万岁万万岁！"的呼声。于是他就做了"金殿传胪"第一声了。而头两批放的云贵两广八位主考，其大名李哲"明"，刘彭"年"，张星"吉"、吴"庆"坻、达"寿"、"景"方昶、钱"能"训、骆"成"骧，合起来是"明年吉庆，寿景能成。"这几个人当初起名字之时，木必想到赶上"老佛爷"的万寿。走上这步红运岂是才学能力所能为哉！"命运"到了，泰山都挡不住，又何论乎"城墙"！

第三，以特别因缘而得之的。例如甲午状元张謇，他本是乙酉科顺天榜的南元(乙酉是潘祖荫的正主考，翁同龢的副主考)，翁、潘两人得意门生,又是江南名士,所以到了甲午殿试的时候(潘老先生已经去世),翁老先生非他的状元不可。但钦派的读卷大臣以大学士张之万居首,其次为协揆旗人麟书,其次为李鸿藻,而翁之名次在第四五。而三人又皆翁之前辈。张之万他说,我是第二,我看中的卷子亦是第二,状元我不争,榜眼我不让。李鸿藻极力赞赏沈卫那一本,亦想定为状元。(沈后放陕西学政,于右任的老师。)如是情况之下,张謇不但无望于状元,连榜眼、探花都没有分了。而翁老先生则拼命相争,非把状元给张四不可。张之万愤愤不平,几致失和,相持不下。幸亏李鸿藻出而发言,情愿把自己所拟的状元放弃(即沈卫),并劝张老前辈不必坚持。张之万孤掌难鸣,才勉强许可,而难产的南通状元安然降生矣。原来张謇会试中式,是李鸿藻的正总裁,翁之门生亦李之门生,在殿试之前,已与李门多多接近,翁亦预为联络宣传,造成联合对待张之万之局。(沈卫则系庚寅科会试中式,孙毓汶的门生,与翁、李均无渊源。甲午补殿试,后来亦入翰林。)至于张謇之卷何以齐巧分到老翁之手,据王伯恭的《蜷庐随笔》说:是收卷官黄思永的关照。黄是南京人,庚辰状元翰林院修撰,甲午殿试派充收卷官,他亦是翁之门生,认得张謇的笔迹,便把卷子送到翁处,听说亦是老翁预先嘱托他留意的。由此看来,张四卷子若不先入黄手,就不到翁手,到了翁手,若没有李鸿藻帮忙,亦是一场虚话。那千钧一发之际,若非种种机缘凑合,哪怕你南通一杰,江南名士,亦只好望元兴叹而已。所以后来通州的乡亲们庆祝本地出了"文曲星",把水月阁魁星楼改作"果然亭",以为"文章有价"、"名下无虚"并且题了一副对联:

　　画槛欲凌云,风月无边归小阁;

锦标今夺得，文章有价属崇川。

真乃不胜荣幸之至。哪知张四先生在民国六年重修此亭，又把"果然亭"改做"适然亭"，把对联改作：

世间科第与风汉；

槛外云山是故人。

又题了一段跋语说："余以清甲午成进士，州牧邦人撷唐圣肇诗语为果然亭，世间万事得其适然耳。丁巳余修此亭，不敢承前意也。适然之事，以适然视之。适得涪翁书，遂以易榜。"这一席话，有人以为旷达，有人以为谦虚，其实皆非也。张季直自己的事自己知道，他的状元，是"适逢其会"，总而言之，有"命运"存焉！

"状元命"成为流行的专名词

科名有"命"，状元更有"命"中之"命"。说到这里有个笑话：近年来，平津一带不是常有结队的飞机光降吗？人人恐怖着炸弹临头，就有人加以冷嘲说：居民二百万人之多，即使偶然下弹，亦轮不着你，除非你有那"状元命"，而航空公路奖券之头二三彩，有比作"状元榜眼探花"者，亦不为无见，以代数学之 chance 演之，固是一理也。

文曲星

因为"命运"之神特别的十分的努力帮助状元之成功，真像"天授非人力也"一般，于是状元又成功了神话家的对象了。因为他的命大，所以能得状元，戏剧和小说里都说状元是"文曲星"转世，所以从下地到大魁常常经过许多磨折，战胜非常的灾难，《佛门点元》《琼林宴》等戏都是写状元的魔鬼重重。正像唐三藏"九

169

九数完魔劫尽"，才修成丈六金身，"大难不死，才有后福"，人们都有此迷信。并且命大的人，还能够庇护他人之命。神怪体的笔记小说里常有状元能御雷击，能退丧门神的异事。浙江名士严桐的《墨花吟馆》怀徐颂阁（郙）诗云："金瓯唾手何须问，忆否沧浪蹈海时。"就是说他二人曾于清同治二年乘轮船回南，快要到上海了，夜间忽轮机被火烧红，一炸则全船齑粉，幸被洋人用水龙救息，得以脱险，同船的人都说靠徐状元的洪福，后来还要做宰相哩！按徐系江苏嘉定人，壬戌状元，到光绪二十五年己亥，他果然做了协办大学士，也算被他们预言说中了。无怪乎《金山寺》一剧，白娘子怀孕在身，状元许士林尚未出娘胎，已有魁星保护，佛门的法宝竟无如之何也。可发一笑也已。

阴功、世德

旧时社会常是以果报奖励作善的，"奖品"种类不一，如长寿、如多子、如高官，如巨富等，科名当然是重要的礼物了。说到"阴功"又与平常的道德行为不同。《儿女英雄传》安公子中举之后，他的座师娄主政，问他平日做过什么大阴德事？他说无有阴德，便是有，既曰"阴"德，自己又怎会知晓？此可与《聊斋志异》中"有心为善，虽善不赏"之语相参证，总须自然的行善，没有作用不是邀福的行善才算真善，故曰阴功、曰阴德、曰阴骘。"阴"之为义大矣哉！状元者科名之极，大德之归也。不但要自身有阴德，而且要先世的世德，《坐花志果》那小说上说吴门潘氏的世德，即道光朝著名的状元宰相潘世恩老先生，他的祖上做过多少好事，成了道地的"积善之家"，才得到那样的厚报。又道光丁未科的状元张之万（后来亦做到宰相军机）据李慈铭《越缦堂日记》上说："与香涛学使谈祸福报应事,备知其家世循吏,其远祖淮,明正德中官河南道御史,率同列争马昂妹事载《武宗实录》。又今漕帅子青侍郎之父工部君监修西陵时以开渠须坏人家墓,力争于诸大臣,始得改道,此其食报之由也。"可见深识时务的张文襄,亦确信哥哥的状元,和他自己的探花,是由明朝就积德下来的。又癸未状元陈冕,其父曾为山东知县,当阎文介为鲁抚时,有黄崖误剿一案,杀戮甚众,陈父充军营委员,设法保全许多性命,阴功浩大,于是有了状元儿子。此外凡是状元,总有些好祖宗代他积德,常在小说或群众口头上,称道不衰。而状元之神秘性,益森严矣。

风水、苏州

"风水"这样东西是关乎"地"的,与"命运"之定于"天"者,也算相辅而行,也算无独有偶,总而言之,神秘而已矣,迷信而已矣。有私人之风水,有地方之风水。私人风水,如坟地之向背,房宅之阴阳,都算有关系的。地方的风水,地形及公共建筑物(如鼓楼、佛塔之类)之外,人的方面,就合乎"毓秀钟灵"的意思,一个地方若出了状元,那就合县增光,非同小可了。

谁都知道,全国各省状元以江苏为最多,而江苏又以苏州为极盛。陈康祺的《郎潜纪闻》上"本朝状元总数及常熟科名之盛"一段内云:"自顺治三年迄同治十三年,凡九十三人,江南一省得四十五人,常熟一县得六人。"据我所调查,江苏一省自顺治丁亥科武进人吕宫首得状元,以至同治末年甲戌科之陆润庠,共得四十八人(安徽还不在内),若连光绪朝庚辰之黄思永、甲午之张謇算入,则为五十人。常熟有六个,虽不为少,苏州城(长、元、吴)则有十七人,还是苏城收获为最丰。陈先生原文似乎侧重常熟翁氏,文中有翁文端（心存）以至翁同龢、翁曾源，极口赞叹。因翁氏而及常熟之他姓，故未暇计及苏州，然常熟固是苏州之一县，若并而计之，再加上昆山之徐陶章等，则苏属状元有二十余人，又占江南之半，猗欤盛哉！

非风水之穷也，乃政治作用

但事有奇怪，苏州状元，到同治末年而止，甲戌陆润庠以后，就没有了。光绪一朝十三科之多，江苏人之得元者只庚辰黄思永，江宁人；甲午张謇，通州人，也都不是苏州。而贵州出了两个（丙戌赵以炯，戊戌夏同龢），广西出了两个（己丑张建勋，壬辰刘福姚），福建出了两个（丁丑王仁堪、庚寅吴鲁），四川出了一个（乙未骆成骧）。边省热闹起来，而江苏却落了伍。于是有人说，苏州的风水被陆润庠占尽了，江苏的文运被张謇走完了。岂知此中另有些政治作用哉？蜀人高树（己丑进士，以部曹为军机章京记名御史，后放奉天锦州府知府，颇娴掌故）著《金銮琐记》云："清末鼎甲渐及边省，盖以笼络天下士人。"所言当非无见。的确，科名本是君主绝妙之工具，所谓"天下英雄入我彀中"。状元是科名之极诣，自然魔力更大。不但才士文人受其颠倒，而且深入一般的社会。即如戏剧里的《状元印》说蒙元借考选状元为名，要把抢得状元的人用药酒毒死，又如《黄巢造反》因已得状元又被贬去，愤而为乱。这些虽出于稗官野语，却正是群众心理的反映，可以看出"状元"的印象之深刻而普遍，与"真龙天子"一般。

状元的幸福

状元的特权：（一）是殿试定榜即与榜眼、探花，提前授职，不须等到散馆外,在三鼎甲之中,榜眼、探花都授职编修,状元独授职六品修撰。(二)授职以后即可掌文衡。如咸丰丙辰状元翁同龢,同治戊辰状元洪钧,光绪庚寅状元吴鲁,壬辰状元刘福姚,皆未经散馆即或放主考,或放学政。榜眼、探花虽同有优先之考差权利,然总不若"龙头"之吃香。又《郎潜纪闻》云:"国朝承前明旧例,顺天乡试正考官多以前一科一甲一名充之。康熙壬子科以庚戌状元蔡启僔主考,乙卯则以癸丑状元之韩菼主考,丁巳则以丙辰状元彭定求主考,辛酉以己未状元归允肃主考,一时奔走声气者遂先期辐凑于其门,场屋中多幸进者。自归宫詹自誓,关节不通,榜发下第者哗然,冀兴大狱,自后北闱试事,不复令新殿撰持衡。"可知状元在明代及清初之权利远在榜、探之上。(三)清代为帝择师,原无必须状元之例,至于同治之师李鸿藻亦非状元,后添派弘德殿行走,师傅多人,有翁同龢在内,及光绪即位,遂又为帝师首席。而孙家鼐亦以状元授读毓庆宫。至宣统,则陆润庠又是状元也。选师于状元,在清末几成惯例矣。惜乎科举之运已终,满清之祚亦绝。不然后起之状元师傅尚可源源而来也。(四)新翰林可以写"对子"送人,易取墨敬,然鼎甲较为吃香,状元更无投不利。王寿彭得状元之后,返籍一行,饱载而归,予亲见之。(又按康熙以后,状元为次科主试之例虽停,而乾隆戊戌会试,两总裁、四同考皆以状元充之,可知状元潜势之优,亦见《郎潜纪闻》。)

倒运的状元

中了"状元"之后,可称洪福齐天矣。但是以后的命气还要看有无特别恶魔作祟,因为"一步登天"之后,从云端里翻跌下来,不能复振,亦是有的。(一)嘉庆甲戌状元龙汝言受特达之知,宠眷优渥,乃以校对《高宗实录》不慎,革职永不叙用。(二)道光丙戌状元朱昌颐因某科场前私评举子之文,致生是非,严议降谪,蹭蹬终身。(三)道光庚戌状元陆增祥因散馆考试用"霓"字作仄声,皇帝说他不对,看在"状元"面子,勉强留馆而终身不掌文衡。(四)同治癸亥状元翁曾源及第不久,即患神经病,潦倒以终。(五)光绪甲午状元张謇及第之次年,即因好谈朝政,军机处奉光绪手谕,"文廷式、周锡恩、张謇、费念慈等,均著永停差使",于是仓皇离京,而"状元"遂与翰林院长别矣。

(原载于《逸经》)

考试出题之趣谈种种

"诟詈"、"诙谐"、"巧捷"、"错误"

客岁初闻首都高考试题，"地役权"误"役"为"域"，典试委员长钮君获罚俸处分，继见报载四川中学会考题"以工代赈"误"赈"为"账"，教育厅长杨君以此挂冠而去，何"题误"之多耶！考试制度为中华独有之良规，亦新国五权之重镇，观瞻所系，威信攸关，虽曰过失无心，无乃太不慎乎。吾乃浏览前人载笔，得胜代"题误"二事，一见于梁绍壬《两般秋雨庵》，曰："乾隆甲寅浙江乡试《易经》题，误出'离为目为火'；宋方勺《泊宅编》载：符建中，浙江乡试《易经》题，误出'为布为金'，无独有偶如此。"宋清相隔数百载，两误皆在浙江，又皆属《易经》，何其巧耶。一见于邓文滨之《醒睡录》曰："乾隆五十八年癸丑会试新进士朝考后，纯皇御制笔误文云：昨朝考题三月即拟定手书封识交监视官以试诸士，可谓谨密之极矣，乃今日阅悉诸臣定等呈览，视之则'积古'也，不见于经文，乃憬然悟曰本拟'稽古'，而予笔误'稽古'为'积古'，监试诸臣，见不及此，而未请旨，是非诸士子之误，皆予一人之误也。夫试题一字之误，亦何关紧要，然使政之是非，人之生死，亦如此误书可乎。"（其下尚有"稽古"不若"积古"之转语，颇涉滑稽，辞冗不录。）是亦在乾隆时代，亦经题（《书经》）也。又梁章钜《制艺丛话》云:"保定某令系翰林改授者,邑试出'虽有镃基'题误'镃'为'滋',童生有黠者诣案前问曰:'"滋基"是何物?'令曰:'田器,汝不读注耶!'童曰:'田器亦不一。此莫非桔槔乎?'曰既从金旁,当是钱镈之属。继觉其言有异,取视题牌果书水旁,乃笑曰:'本县一时笔误,幸有尔诘问,业已说明,金旁,否则成笑柄矣。'遂改正之。"此又一题误,但系"小考"(凡入学考试为小考),故无大碍,且不妨以滑稽解之,若乡会大比,则无此从容谈笑之余暇矣。清光绪庚子后,张之洞议改八股为策论,主考官仍遣旧翰林及进士出身之京员,谓旧员虽未习时务而主试非应试之比,出题阅卷尽可佐以参考书,是亦"考人易,受考难"之意。壬寅、癸卯、甲辰乡会试,着重时事、经济、科学、西方政俗,皆旧员所未尝学问,然试题未见有何笑柄,闱墨亦灿然可观。盖主试者先有歉然不足之心,复延时彦为助,虚怀以将事,虽不内行,亦能寡过。若泰然漫然,出以大意,则愆尤自集,所谓"不蹶于垤而蹶于原",固与学术浅深无关耳。

民国初年曾见北京某报记旧闻,涉先研甫兄督湘学事,曰:"徐仁铸为湖南学政,出题专尚怪僻。按试衡郡,出'民为贵'题,书吏误书'贵'字'责',徐不细察,即'过朱'悬挂。诸生哗问题出何处。徐亟出示,谓闻朝政有变,心绪不宁,致此疏忽,深为抱歉,乃已。"此事吾未尝闻,亦不敢谓其必无。"过朱"不慎,又非"笔误",乃"失察"也,其为疏忽固矣。所须申论者,"民为贵"出于《孟子》,《孟子》乃四子之一,士子窗下必读之书,场中出题,胥莫能外,不得谓之"怪僻"。若曰提倡民权,应知避忌,则应首禁《孟子》,《孟子》非怪僻之书,则《孟子》之文句,即非怪僻之题明矣。家弦户诵之圣贤经传,朝廷以之昭告士庶,父师以之训育子弟,谆谆而诲、拳拳服膺者,原为场中代圣立言,阐其余蕴,上以是求,下以是应，何施而不可。然若《孟子》中"草芥寇仇"之论，"搂其处女"之言，以至《诗》之"怀春"，《易》之"构精"，则罕有用以命题者。夫五经四子，为题材所取给，供廿余省大小考、春秋闱、馆阁试，十百科千万人之凭依撰著，已嫌太隘。况又侧重四书，而四书中涉及民权之义、男女之事、侮圣之言，或虑为时君所厌闻，又相率而避忌之，遂致题式日穷而割裂勾牵，怪闻百出，此则文场之浩劫耳。乃以"民为贵"为怪僻，真可怪矣。

明邱琼山云："国初试题皆取经书中大道理、大制度，关系人伦治道者，然后出以为题。当时题目无甚多，故士子专用心于其大且要者，又得以其余力，旁及他经及诸子史。主司亦易于考校，非三场匀称者不取。近年以来，典文者设心欲窘举子以所不知，用显己能。其初场出经书题往往深求隐僻，强截句读，破碎经文，于所不当连而连、不当断而断，遂使学者无所依据，施功于所不必施之地，顾其纲领体要处，反忽略焉。以此科场题目数倍于前，学者竭精神、穷目力有所不能给。故于第三场策问，所谓古今制度、前代治迹、当世要务，有不暇致力焉者，甚至名登前列，亦或有不知史册名目、朝代前后、字书偏旁，第以科额有定数，不得不取以足之。"此一节最足以状八股之敝，亦最足明科举之冤。盖科场三试，四书文、试帖诗、经义策问，固无所不备，而积习相沿，惟凭头场取中，经策两场，任其抄袭敷衍，甚至如光绪初顺天第一名张彭龄，五策皆直誊题目而加一结语，即为完卷(见李越缦日记)。以堂堂抡元之作，尚且如是，他可知矣。此岂制度之过乎？邱先生又曰："提学宪臣，小试所至，出题尤为琐碎，用是经书题目愈多，学者资禀有限，工夫不能遍及，此实学所以几废，而科学所得，罕博古通今之士也。"按此虽明代情形，至于清时学政诸官，亦喜以题为戏，率意而为，无奇不有，尝细析其类曰诟詈、曰诙谐、曰巧捷、曰错误，任举数例，皆可以入《笑林》也。

诟詈者，如同治庚午年，两江总督马新贻为张文祥所刺毙命，众谓事涉帷薄，舆情于马多不满。上江学使殷兆镛适当录遗，考贡监场曰"若刺褐夫"，次日补考又出"伤人乎"，皆深恶马氏也。则以局外人讥刺时事。咸丰初，俞樾为河南学政，自负南国人文，鄙夷一切，有两县同日复试，一县题"兽蹄鸟迹之道"，另一县题"鸡鸣狗吠相闻"，谓字不成字，文不成文也。则以大宗师而非薄生童（俞后以不职，为御史劾罢）。又光绪中赣人万某，为江苏宜兴县宰，恃才傲物，累侮其同城荆溪令赖君。赖心不能平，于县试日出"如有周公之才之美，使骄"题以讥万也。万于翌日复试宜邑童生出"骄其妻妾"，则以恶声还报，谑而更虐矣。此同官之互相诋諆者，而皆"借题发挥"（借用）伤雅道矣。

诙谐派则只为笑乐，不杂诟詈。如《制艺丛话》载乾隆时彭文勤视学浙省按试处州，知府因公委同知点名。彭告知府能亲来益昭慎重，即复出七学之题，一曰"来"，二曰"医来"，三曰"远者来"，四曰"送往迎来"，五曰"厚往而薄来"，六曰"不远千里而来"，七曰"而未尝有显者来"。合为一片"来，来，来"之声，为对于知府重言以申明之。

巧捷者，如乾隆时福建学政某出"一至一"、"二至二"题以代"一朝而获十禽，至终日不获一"及"二者，皆法尧舜至道二"是也。又传江苏学政某试常州八属题"武乱皆坐"（武进），"阳气发泄"（阳湖）"锡汝保极"（无锡）"金曰从革"（金匮）"江汉朝宗"（江阴）"宜其遐福"（宜兴）"荆歧既旅"（荆溪）"靖共尔位"（靖江），各合其县名，是为巧思绮合，偶一为之，亦可以见才调，若以此为能,则魔道矣。

若去岁高考之"地役"误"地域",四川会考之误"赈"为"账",则应属错误类。错误亦足以引起客方之笑乐,而非有自乐之策动。平心而论,较之诟詈或恣为笑谑者,尚为可恕。然轻刻者流,字句无疵,人转不得执词以相难,可岂事理之平乎?

昔者会试总裁、乡闱主考与学政,虽同为衡文校士之钦差,而前者职在一时之考试,后者三年一任,有教育行政之全责,司一方文化为多,士之楷模,故曰"宗师"。视各府、州、县之生童如子弟,故有时稍涉机趣,以通下情,循循善诱,未为不宜。惟翰苑少年每以逞才自喜,轺车所至,戢然受教,又多初离书塾或甫登庠序之幼稚天真,且小试之文卷,只凭学使自由去取,非如乡会试之有复试有磨勘,而会试前列且须进呈皇帝御览也。故"以题为戏",不复有所顾虑,岂不曰秀才童生之考试,不妨游戏三昧,然而教化之义非矣。

文人"坐书房" 伶人"坐科班"

昔日文人学者论功名以科举为正途,论读书以"坐书房"为基本工夫,恰似学戏的伶人,讲究"坐科"一样。书房有家塾,有义学,有公塾,有蒙馆。义学是慈善家捐资办的,公塾是几家合资请先生,蒙馆是先生自己开张的,"家塾"是家长自己请先生到家里教子弟。中流以上,绅宦家庭,大概都有个家塾。至于《宝莲灯》的"五子闹学",一个堂堂太师,一个现任州官,请不起先生,把子弟送到公共的学塾去,却不近情,由此可见编戏的是一乡下人,京朝名伶佳剧,出于民间盲词评话,这也是一个证例。"秦官保"、刘沉香等何至于像"机房训"的薛倚哥上野学呢?

"幼读""举业"两阶段 "十载寒窗"

书房生活,大致可以分做两个阶段,一是幼读时期,二是举业时期。幼读的功课:(一)块头字,(二)蒙学读本,(三)四书全部,五经的一部分。入学的年龄,普通是五六岁。到十二三岁而开笔做文,则入于举业之阶段。故幼读的年限约为七年,恰与学戏的伶人"七年一班"相仿佛。举业的功课:"读"的一方面是文学名著,五经系下的《左传》《檀弓》,在此时期细讲细念,以名家八股,高头讲章为主,古文、词章考据为辅。"做"的一方面,是八股文、试帖诗为主,论文、经义、词赋为辅。按期作文,谓之"窗课",自"开笔"以至"满篇",练得纯熟,可以应试,亦需要三年左右。合之幼学七年,是十个年头。常语所云"十年寒窗苦"内容层序,大致如此。至于下句"一朝姓字香",是所谓"高榜得中"了。究竟中不中,香不香,那是没有把握的事。有几个公共信条是"窗下休言命,场中莫论文",又道是"尔无文字休言命,我有儿孙要读书"。总而言之,读书未必准得科名,要得科名,却非苦读不可。科班出身,未必就是道地的名伶,而名伶若由坐科出身,比之他途较为有根。"埋头苦干"是当然的过程啊!

"家塾"家庭自办,家庭授受

我的家庭,旧名词说是"官宦人家",按新名词说是"绅士家庭",当然不会到三家村学究店,而是在家塾里读书。这"家塾"的"家"字,有更严格的解释。因为,不但是"家庭自办的书塾",而且是"家庭组织家庭授受的书塾"。"启蒙"是本家、亲戚为师,他们在家乡(宜兴)谋生不易,远路投奔而来,到了衙中,不是办书启、管帐房,就是教读。启蒙的先生,用不着很高的学问,可得有耐性。懂得旧式书房"念背打"的教法。"蒙学"期满,学生大了,另有改文章的先生。而原任的蒙学老师,则教授又小一班的弟兄们。

兄传弟受

改文章兼讲授文学诗赋的老师,亦很少延请外人,父兄伯叔都是子弟的老师。科第世家所谓"家学渊源",大概都是这样。我兄弟十人中,研甫是莹甫、宁甫、明甫、和甫的老师;艺甫、莹甫是明甫、和甫、云甫的老师;宁甫、明甫又是和甫、云甫、相甫、勉甫的老师;和甫又是云甫以下的兄弟们的老师。如此是哥哥都可以做弟弟的老师。

到了我，却没有做老师的机会了。赶上停科举办学堂的年头，我们小兄弟们，蒙学一毕业，就进学校，连我自己的举业也停止，大家都离开家塾，而走入"时代的公学"。

青灯之味

古诗有云"青灯有味似儿时"，那是由壮老年龄回想到幼小的"黄卷青灯"时代，觉得有味。其实"回忆"总归是有味的，不见得都是甜味，也许很辛辣。

幼年时代，天真烂漫，没有责任，没有心事，便是孩童的真味了。至于"幼读"生活，一言难尽，且大致分说如下：

开　　学

开学是大典于初上学或新先生到任或每个大年初一举行之。书房中摆设香案，下有拜毡，老师家长都是礼服，老师、家长、学生依次拜过圣人，一跪六叩首。学生拜老师一跪三叩，家长（父或兄）拜老师，老师在左方还礼，平磕。行此大礼，重其事也。听说讲究的人家，家长还要把戒尺捧在手中，送与先生，再作一个大揖，以示"授权"之至意。我的家塾却把这一节省略了。（《雌雄剑》一剧，卢生从其妻云鸾学镖，拜了先师之后，云鸾要他向自己磕头，说好比小孩上学，拜了圣人还得拜师父，这话固然不错。但塾师须先自拜过孔子，而后可受学生之拜，惜乎卢生不曾反诘云鸾耳。）

扑作教刑

圣经贤传上有"扑作教刑"的一句话，替后来许多塾师们留下公共的信条,对于学生,非"打"不可。"打"不是绝对不可行。但有些太无道理,有些太野蛮。烟袋锅子可以愣往后脑勺子上磕,一个巴掌可以打个头晕眼花(先伯父一生病聋即受塾师巴掌之赐)。甚至有所谓"例打",即每晨入学先掌责三下,毫无理由,只好算是特别示威。先生既有无限之权威,学生就只好碰运气。我的运气总算不错,启蒙的几岁,正该挨打的时期,就是一位年近古稀的任仪青老先生。他自壮年就馆,几个长兄都从他受业,比较其他塾师要算最规则的,及至教我的时候,上了岁数,更来得和平,即便念错背错,亦不过打几下手心,聊以示警。他告老辞馆还乡的时候,还把那块竹板送我,作为纪念,红竹,长瓦形,刻山水甚工致,我现在还敬谨保存之。

讲　僵

"念"、"背"、"讲",是上学的三要素。但幼学时的"讲",实为稀松,有些老师自己都不甚清楚,如《书经》、《易经》、《诗经》的深文奥义,本不是容易讲的,有些老师心里明白而对学生又不便出诸口,如《孟子》里的"搂其处子",《易经》里的"男女构精",《诗经》里的"有女怀春"之类,固然无法演讲,即"好色"、"养子"、"居室"等字句,亦只好含而胡之。因为老师平日道貌太岸然了,绝对提不到男女之事,而书里却到处碰见两性的问题,于是老师的为难,学生的纳闷,常常闹得大僵其军。大凡经过此风味的,都应当认可一出《春香闹学》不失为书塾里十足的写真帖。

"为什么?""不为什么"

春香因为"君子好逑"的"好逑"二字,陈最良只说"好好地去求她",未免太不高明。于是苦苦追问:"为什么要好好地求她?""为什么要好好地求她?!"陈老夫子"冬烘"也。而且即使深通恋爱哲学,亦不能对着小小女孩讲"I love you",于是拿出权威者声口,用"依注讲解,只管混揽!"八字严加申饬。此种情形,描写得十分深刻。春香是个女孩,一个顽皮的女孩,所以肆无忌惮地去运用思想律 law of thinking 再三追问着"为什么?"若男孩则为老师的天威所慑,根本就不敢这样问,不但"为什么?"连"什么是?"也只适用于"食"而不适用于"色",老师勉强说出"美貌女人"四字,可再不好意思问那些"天性"、"大欲"了。杜威的"三 W"主义,虽然在新文化讲坛上大放□□,□□□□□□□,□□□□□,□□□□□□□□□。

"念"、"背"是要紧的

"念"、"背"是十二分认真的,每天上下午两课书,每课多看两三页,少者一两页,总得念个几百遍,背个烂熟,念的不清楚,背的生疏错误,轻则是骂,重则是打、罚站,野蛮一点的罚跪,不许吃饭,或者散学的时候,特别拘留几刻钟,都足以示警的。这种教授法,看似无理,实于"打底子"有益,不但中国文、中国书,即外国文、外国书,也需要几年的"念"reading"默"dictation"背"repeating 的死工夫。常见许多很懂文法,能讲梭士比亚的人,到了自己临文,竟致下笔无措,说几句话,还不如洋行细崽来得流利,那就是熟练机会太少了。现在的中小学生汉文功课时间合计起来亦不算少,课本讲义,有些参用科学方法,分析点注清楚,更非昔之私塾所能有。然而国文的程度,却是每况愈下。每次大学或专门学校招考的卷子多数白字连篇! 字句艰涩,又岂止某君所举之"哈尔滨是

□□□□"□"□,□□□□,□□□□□□□"。□□□,□□□□
□□□□。

现在中小学课程及教法应改

所以有人主张把小学通改为国文课(不一定要照以前那样的专于四书五经,尽可另编)。念、背、讲、做,文从字顺,词达理明。平均六岁入学,十二岁毕高小,恰是昔日幼学期满的年龄。到初中再着手新普通课,又有六年工夫,作专门或大学预备绰绰有余。比现在的普通又普通,六年又六年费时贪多,一样也嚼不烂,实在胜强百倍。只看现在的贵家子弟,有好些是一面入学校,一面在家里单请国文先生,报上小广告里"前清举人,愿充家庭教师"的确不愁没有主顾。然而试问能有几家请得起先生。而且中小学校费去十二年工夫,连本国文字都弄不清楚,人家送子弟入学干什么?所以中小学课程及教法改正的问题,要切实请求当局及教育权威者之注意了。

读《四书新编》

　　《四书新编》者江君希张所著，宋公明轩精印而广布之，以彰圣道，以利宣扬，甚盛甚盛。拜读一过，爰缀数言，用志欣佩。

　　忆前辈学者有言，名山事业，非必自撰自为也。孔子大成，且云"述而不作"。故取先哲成功之书册，发挥之，光大之，依时而条理之，其有劳于文化，有益于声名，可以同垂不朽。故编纂、评校、镌印之效视诸撰作，有过之无不及焉。唯昔人多泥于积习，以为古色古香，一成则不可有变。只知宣纸殿版，仿元仿宋，而篇章如故，其或句读不明，相矜以高雅，而无益于实需，则读书何用。诚如著者述旨之言："四书非为少数人，而是为一切的人"，"为人解经，非为经解经"，"四书若非使人人能读，则其价值全失"，明例各条，将从来陈腐、琐碎、挟以自炫之私心陋态痛摘无遗，览之大快。善哉《新编》！标点既清明，注解亦充实，分门别类，秩序井井，而袖珍小册，美妙装潢，既便取携，复足赏心悦目，任何贤愚老幼，胥当反复展玩，兴味无穷。而内容要素不期而深入人心，普及印象，此之谓"善其事，利其器"，"明其道，见其功"，彼东西洋学术之光昌猛进，何莫不由于此，然非躁越少年所能知，亦非顽固老朽所能为也。如江君之精思显阐，宋公之鼎力推行，斯为有心有术，以从事于吾道之光明。

　　四书为昔时学子之常课，自宋迄清，家弦户诵者千余年矣。

《论语》尤居首位，上下两编罗举先师嘉言懿行，美不胜收。然当时圣门弟子随笔记录，而记非一人，传非一本，殊无系统可言。江君重加厘订。其编辑主旨，于篇章次序，则不固执"不可侵犯"之观念，而加以合理的整理，于言词性质，则不强就近代哲学书籍之范围，不削足就履，以存其固有，本于自然。可云要言不烦，针针见血，足使冬烘学究、欧式时流，一齐俯首。其论"论语篇名"谓系后人强取句首数字以为之，如"学而"、"述而"、"雍也"、"子罕"之类，不但不足以代表全篇内容，且毫无意义。于是按照篇旨另定标题，"忠恕"、"仁义"、"孝弟"、"忠信"以次各篇。宋序评为"以类相从，有条不紊"可云确当。尝疑四书篇名极似唐人诗格，以句首之字为题，实乃"无题"耳。然诗乃感情文学，经则事理典要。以诗格为经式，任人皆知其不可。复思四子书中，《学》、《庸》乃明道之书，《孟子》乃卫道之书，《论语》则不着迹象，得其寰中。句法轻灵，气度闲逸，颇含诗意。如卷首"子曰学而时习之，不亦悦乎？有朋自远方来，不亦乐乎？人不知而不愠，不亦君子乎？"音节风致，便与临川而歌，曳杖而歌，大略相同，此中自有模范宗师之风格，然用作"开宗明义"，鲜有不疑为便谈杂咏者，江君以此归入第二篇之末而以"忠恕"为首篇之首，"夫子之道忠恕而已矣"。□□大本在兹，挈领提纲，此为最适矣。忠恕篇第一节"子贡问曰：有一言而可以终身行之者乎？子曰：其恕乎，己所不欲，勿施于人"，以下江君证例甚多，语无泛设。吾忆少时英籍教授威迪克先生 F. G.Whittick，每为同学言服膺孔子之言，Do not do to others what you do not wish them to do to you. 即"己所不欲，勿施于人"之译文也。彼云与西方格言 Do as you would be done by. 同一意旨，而基督圣训亦有所谓"以己所欲者施于人"，与孔训并观，只消极与积极之说法略殊,其为"恕道"则无二致。"中心"为忠,尽其在我。"如心"为恕,推己及人,古人造字之妙,亦可窥一斑焉。

著者江君,未知是否三十年前以神童知名全国之历城江君,如其是也,则鄙人与其家世代雅故,幼时曾深识之。尊翁寿臣先生印钟秀,老茂才也。人极肫笃,学行俱优。生平恳恳服膺圣道,身体力行。为先君从学弟子,时在清光绪季年,常携其两郎,一名希孔,一名希张,来后宰门寓展谒。希张年甫五龄,当面默书《西铭》不遗一字。其后渐为鲁省当道所闻,召入署询所志,即答"为天地立心,为生民立命,为往圣继经学,为万世□太平",口气恢宏,应对敏捷,倾动一时。后值清幼帝典学诏下,有荐引入宫伴读者,以故未成事实,然尝来北京一谒学部堂官,以"皇上典学"属对,答以"天子读书",虽非甚工,然当大庭广众而不震不惊,从容出口,谈何易哉。诸家笔记恒言夙慧者未必晚成,《汉书》孔北海对客之言,最为读史者所乐道,顾视秉赋何如耳。《郎潜纪闻》曾纪潘世恩弱龄承老宿之命,以"韩昌黎为百世之师"对"范文正以天下自任",亦神童也。而承平公辅,福寿两全,则根器厚,亦无伤于早发。今江君已及壮年,以新法整国故,精密宏富,得未曾有,且征所学与年俱进,于固有文化,世界知识,博览兼收,镕铸万有,造诣未可量也。回首前尘,曷胜欣诵。又忆济垣西关严笠老府中亦有一神童,今计年龄,当逾四十,未卜成功何若耳。

(原载于 1936 年《实报》半月刊第二年第十三期)

翰林之称谓

前后辈之层序

日前诸位老翰林公祭朱师傅艾卿之文（见五月一日《实报》）列衔之自称，各有分别。称"馆愚弟"者系朱之前辈，称"年愚弟"者系朱之同年，称"馆侍生"者系朱之后辈，称"馆晚生"者，乃晚七科之后辈，称"受业"者乃门生也。其中"馆侍生"亦可称"馆侍"或"侍"，会试同年而殿试或散馆在后者亦须认前辈，蔡孑民先生与王燕泉又皆于庚寅捷春官，其寿燕丈诗称前辈，因系壬辰补殿迟一科之翰林也。诗序夹叙此层，具征风谊过人，谁谓老博士忘旧哉。唯若迟至七科，则后而又后，故不得称"侍"而称"晚"。故癸卯科郭则沄、林步随等对朱艾老称"侍"，因癸卯之前为庚寅，壬辰、甲午、乙未、戊戌，只五科也。甲辰科之刘春霖、张国溶等称"晚"，因又晚一科，共癸卯为六科，但癸卯系两科并一科，故可作七科算耳。

馆称与官称

不及七科只称"侍"，此就普通而言，若为前辈者官至"庶子"以上，则后辈虽只晚一科，亦须尊之为"大前辈"而自称"晚生"。张百熙系甲戌翰林，瞿鸿機系前科辛未翰林，但张为编修时，瞿已以大考升侍讲学士，故张自称"年晚生"，其"年"字乃庚午举人同年，"晚生"则对于学士也。若对于大学士，则尚书以下各京堂翰詹科道，及外官督抚将军都统均须自称晚生，虽老前辈对后辈之官至大学士者亦自称晚生。故如何道州绍基乃道光丙申翰林，早于曾文正（戊戌翰林），而其挽曾之联自称"晚生"，因曾乃大学士也。如此则非科分之晚，乃位分之晚。科分之晚，乃就"馆"的一方面言，即"翰林"之早晚。位分之晚，则重在"官"的方面，故凡对大学士而称"晚"者不限于翰林出身。较低之翰林，对于庶子以上之高级翰林，自称晚生，则兼馆之先后、位之高下而论之，是两重性质。

不论馆而论官

以上之所谓"官"，皆指"无统属之官"而言，如内则京堂翰詹科道，外则督抚是也。其"有统属之官"，内则部曹（郎中以下），及各衙门之属官（如典簿经历之类），外则司道府厅州县等，对于部院堂官，外省督抚有上司下属之分者，则并"晚生"亦不可称，不论是否翰林出身，亦不论前辈后辈，均只能自称官衔或称名，故李文忠七十寿，顺天府尹□□□，因改授山西布政使，即只属官衔矣。吴庆坻、徐世昌皆丙戌翰林，皆张百熙之后辈，然徐世昌挽张自称晚生，而吴庆坻□只写"署湖南提学使"，他如梁鼎芬□□□□□□翰林，因已为外官，故皆只署官衔，"侍生""晚生"概不能用矣。

此次癸□□□□老翰林，中有外任司道知府者，若在前清□只能称官衔，因□□□已官都察院堂官也。唯今已不在原任，则专按翰林前后辈称呼自属有意味而不违于理之事。唯旧时典例，有历史的关系，故借此机会缕述以备参考。

庶吉士

以翰林中之庶吉士，乃学习性质，□□□□□□□考试，分别去留。其在馆学习之日，照翰林待遇。考试后散改他官者，则不为翰林，此就制度而言。唯若感情上仍认馆谊，亦无不可。如咸丰己未翰林庶吉士严辰，于同治壬戌散馆改为主事，甚为牢骚，有"两冠蓬山了不奇，如何薄命尚难支"之咏。人有仍以翰林待之者，则欣诵不忘。故其咏陆凤石侍读云："卧病沧江户不开，当关忽报状元来。方今时事轻前辈，折节如公亦异哉。"注云："君为江苏元和人，同治甲戌状元，授职修撰，今升侍讲，于视学山左时，奉讳归里。上年服阕入都，道出申江，以后辈礼具柬投谒。词馆旧例，大拜前辈，但列留馆之人，与庶常之未散馆者，而散馆改官者不与焉，乃承折节枉顾，弥觉古谊堪钦矣。"此喜后辈仍认其为前辈也。又咏"谭文卿制府大前辈"一首，注云："向例部曹谒见督抚，亦循堂司之礼，唯公与□小□前辈嘱仍用馆中前后辈礼见，余乃改称晚生而尊为大前辈。盖翰林七科内，只称侍生，唯庶子以上则不论科分，皆称晚生。今以督抚比庶子，自无不可，两公以余言当礼，亦不过让也。"此喜前辈仍认其为后辈也。

平津两地老翰林屡有文酒之会，敦故旧而览沧桑，自是盛事。杨子勤先生有诗纪之云："儿辈仙乡不可呼，有人沧海感遗珠。到门题□仍高会，挟策亡羊愧小夫。皇霸久从三古降，功名能胜一炊无。试争剑履南宫昼，莫羡真灵位业图。"题注云："两次皆以编检为限，庶常诸君多觖望。"勤老此作属意弥觉周挚。按从前庶常改官者虽失翰林待遇，但今之编检亦多涉历外任之人，既以馆谊为尊,则以后有何典礼或雅会,似不妨宽此一格,盖庶常存者亦日见其少矣。

（原载于 1937 年 5 月 16 日《实报》半月刊第二年第十五期）

解释柯老博士之高吟——曾丞相
补充蔡老博士之演述——北大史

　　自顷数十年中,兵灾稠叠,内战循环,民生已竭,国脉重伤。旧京人士辄指"崇文"、"宣武"两门额而叹曰:"明崇祯亡于文,清宣统亡于武。"武人能亡前清,岂不能乱民国乎?故凡具史识者莫不太息痛恨于清季之新军、北洋之武阀,而尚论北洋派之创始,则近者辄指项城袁氏,远者或及于合肥李公,斯亦探本溯源,尽言极旨矣。乃读胶州柯凤孙博士感事之诗,则高语曾文正公。立说新颖,而骤然观之,辄不明其真意之所在。柯著《蓼园诗钞》有《忆昨》至《垂帘》凡六律,皆辛亥壬子间凭吊叹伤之作。中间《昔者》题下一首曰:"昔者曾丞相,戈船募习流。从来天作孽,不似鬻藏舟。鹅鹳能为阵,熊罴或作裘。逡巡俱倒戟,遗恨满江州。"按曾公初以守制归里募乡勇卫桑梓。继以洪氏率"天父天兄",摧崩中华文教,遂兴"卫道"之战,观其所为《罗忠节公神道碑铭》曰:"穷年汲汲与其徒讲论濂洛关闽之绪,瘏口焦思,大畅厥旨。未几兵事起,湘中书生多拯大难、立勋名,大率皆公子弟。"又观所为《湘乡昭忠祠记》曰:"或苦战而授命,或邂逅而戕生,残骸暴于荒原,凶问迟而不审,老母寡妇,望祭宵哭,可谓极人世之至悲。然而前者覆亡,后者继往,蹈百死而不辞,困厄无所遇而不悔者何哉?岂皆迫于生事,逐风尘而不返欤?亦由前此死义数君子为之倡,忠诚所感,气机鼓动而不能自已也。君子之道,莫大乎以忠诚为天下倡。世之乱也,上下纵于亡等之欲,奸伪相吞,变诈相角,自图其安,而予人以至危。畏难避害,曾不肯捐丝粟之力,以拯天下,得忠诚者起而矫之,克己而爱人,去伪而崇拙,躬履诸艰而不责人以同患,浩然捐生,如远游之还乡而无所顾悸。由是众人效其所为,亦皆以苟活为羞,以避事为耻。呜呼!吾乡数君子,所以鼓舞群伦,历九州而戡大乱,非拙而诚者之效欤!"是曾氏用兵,本于讲学,纲常性理为之帅,众志成城,卒养纵横全国,称号十余年之太平天国而荡涤以尽。此与李氏之水师只为壮观,固不相同。若袁之小站练兵,最初亦稍具规模,其后乃专为布爪牙,植私力之用,厚其养,宽其法,以威清廷,而骄兵悍将满天下,中原兵祸乃一发而不可收,及丙辰而身受"倒戟"之辱,岂非自作之自受之乎!

民国初袁政府之海军部呈述创兴海军之先贤,请建专祠以彰崇报,所举者为左(文襄)、沈(文肃)、李(文忠)三公而不及文正。柯诗则独称文正之舟师,亦自有据。文正所撰《湖口楚军水师昭忠祠记》,归美于杨厚庵、彭雪琴,其金陵一记亦云:"国藩奉命总制两江,乃议设淮扬水师,以黄君翼升统之。又二年议设太湖水师一军,以李君朝斌统之。"是水师之椎建殊勋,文正实为领袖。惟当时之水师属于旧式,未及后来福建船政、北洋舰队师法泰西之规模,甲午以前,论数量居世界第四位,一战而烬,其心靡也。然则清季之练兵召乱,又岂待"倒戟"而后见哉?

语云"盖棺论定"谓可综核一生,持平结断,不虞反复,自无须留以有待也。然伟大人物,涉历多方,支持万有,不能尽人而悦,生时名谤相俱,身后亦纷纷众口,势有必然,无足怪者。吾弟一士于《国闻周报》随笔累述曾氏治身治事坚苦卓绝之志行,与夫时代名流亦多称奉之故。新化巨子某君于所著论,则谓曾及一般旧时贤者,断不能及今之伟人,生今之世,只须求新,勿须推旧。此因新派领袖以"一心欧化"为"国策",更无回旋余地,彼自有其主张,非专于论人论事,可弗辩也。即在旧时岂无异论乎?同治间有知州杨延熙请废同文馆,劾恭王奕䜣、大学士宝鋆专擅把持,奉上谕严斥。会稽李慈铭之《越缦堂日记》,于此轩然发议曰:"同文馆以前太仆卿徐继畬为提调,而选翰林及部员之科甲出身,年三十以下者学习行走。以中华之儒臣,为丑夷之学子,又群焉趋之。老成凋谢,仅存倭公,以宰相帝师之尊,兼番署奔走之役。杨疏所云:'天文算学疆臣可行'之语,盖为湘乡督部地,瞻顾枝梧,辞不达意。识者谓湘乡之讲习泰西技算实为祸端。"可见越缦之意,尚以杨之词为懦,必正言严劾而后快也。富阳夏震武复荣成孙葆田书曰:"自曾文正首倡邪说,某公承其绪而张大之,以号召海内,甘为用夷变夏者之魁。江浙聪明才力之士,用西学著书立说者,殆不可胜数,鼓劫庸愚,诳惑聋瞽,率皆操某公之术以售于世者也。"斯以曾为"洋化"罪魁,与李越缦如出一口,惟夏为专奉程朱之理学家,并汉学而深恶痛绝之,李则词章考据高语汉唐,不屑于宋儒门户,而亦以"扶持正义"自任者,经纶满腹斤斤于夷夏之防,而所言乃若合符节,文正当日所遭之责难困厄,从可知矣。夏之所谓"某公",张之洞也。故其答孙之函又曰:"论某公假汉学之名,阴以西学为经济,震武乃拊掌称快,叹为知言。季和先生弹章累千言,不若阁下一语之当。""季和先生"指嘉定徐致祥,夏之癸酉乡举座师,曾专疏劾张、穷极诋毁者也。

曾文正之挽联,多见于荣哀录,薛福成《庸庵笔记》以为荣哀录所收太滥,别为选存,而王闿运联则两处皆不见,只可于《湘绮楼日记》中得之。其词兀傲似有微词曰:"平生以霍子孟张叔大自期,异地不同功,戡定仅传方面略;经术在纪河间阮仪征之上,致身何太早,龙蛇遗憾礼堂书。"或曰霍光张居正皆权威震主,生则峥嵘,死乃夺没,与曾之小心翼翼,克竟功名,历世不逾者,似未可并论;不然则是曾公别有怀抱,湘绮独窥其隐,而以轻貌寓叹伤也。吾细玩此中语意,颇觉与孙衣言所挽,见解略同,第词气有坚强婉约之分耳。孙联曰:"人间论勋业,但谓如周召虎唐郭子仪,岂知志在皋夔,别有独居深念事;天下诵文章,殆不愧韩退之欧阳永叔,却恨老来浞轼,更无便座雅谈时。"薛庸庵赏其雅静,似于上联"言之有物"未尝留意。夫孙之所谓"志在皋夔"即王之所谓"霍张自期",一言蔽之,则不以戡乱为足,不以疆吏自限,必秉政宣猷,整纲饬纪,新世运、巩国基,乃文正之所以为文正耳。皋夔张霍虽形迹有殊,而心乎社稷则一。故孙之祭文更申其义曰:"名为宰相而不能日与朝廷之谟议;功侔周吕而不能尽如萧曹之指挥。"又曰:"内视一己,实有未满之素志;外观斯世,尤有无穷之忧危。"而文正日记绝笔之词曰:"既不能振作精神,稍尽当为之职分,又不能溘先朝露,同归于尽。苟活人间,惭悚何极。"夫以文正之勋名,尚以为不能稍尽其当为,且自惭苟活,若祝宗之祈死,可知平发一役,殊不在意。譬之造屋,只是扫除荆蔓,尚未奠基,当时之泛滥推崇,固不足当其一盼,后日之贸然指摘,亦讵非无的之矢耶!

二月十六日,南京中央饭店有北大同学会设席庆祝蔡孑民博士古稀之寿,孑老演述北大经过,予以为有略须补充之处。如云:"北大在民元以前叫做京师大学,包有师范馆、仕学馆、译学馆等部分,我当时也曾任译学馆教员,是我服务北大之始。"按民元以前之大学堂,已是"分科大学",内设经、文、法、高、理(其时曰格致科)、工、农,凡七科。所谓师范馆,仕学馆,久已无存。译学馆则在东安门内北河沿,自有监督,不属于京大。京大当庚子后,张管学大臣奉命办大学时,以各省尚未立中小学,无应入大学之学生,乃暂设预备科及速成科以实之。"预备科"为升入大学之地,内分两科。经史、政治、法律、通商、理财等谓之"政科",有声、光、化、电、农、工、医、算等谓之"艺科"。其学生则由湖北自强学堂、上海南洋公学、京师同文馆、上海广方言馆、广东时敏学堂、浙江求是学堂、天津高等学堂之旧生考入。"速成科"为收急效、造人材之地,分二馆曰:"仕学馆",以京员五品以下八品以上,及外官候选暨因事留京者道员以下、教职以上考入;曰"师范馆",以举贡生监等考入。此因当时朝旨立促成立大学,而大学之内容,如何充实,则大问题也,于是张管学不得不设此通融之法。吾尝戏为此喻为组织新剧团而无受按级训练之团员,只可以旧伶之老包袱角、老票友充数,勉为出演。然其中固无译学馆也。译学馆之设,专为造就译材,当议办时办隶于管学大臣。管学大臣者,管京师大学兼管一切学务,其性质颇似民十七年之大学区。然各高等及专门虽属管学大臣,而不包含于京师大学,及丙午年学部成立,乃同隶于部。庚戌年分科大学开办,是为正式大学成立之纪元,则并"仕学"、"师范"而廓清矣。此皆民元以前之事也。

子老又曰:"自入北大以后,计议整顿办法,第一我拟办一研究所,为教授留校毕业生,与高年级学生的研究机关。"又曰:"北京学生的习惯,平日对于学问上没什么兴会,只求年限满后,可以得到一张毕业文凭。"又曰:"北大学生从京师大学堂,老爷式的学生,嬗继下来,他们的目的,不但在毕业,尤重毕业以后的出路。"

又曰："我到校第一次演说，就说明大学生当以研究学术为天职，不当以大学为升官发财之阶梯。"综厥大旨，一在申明学府之特性，一在力矫学子之职业心理。能见其大，自是可钦。以吾当日所亲历者参之，当求学时，实未暇计及职业，而毕业以后之出路，则不必预存目的，自然为多数共同之需要。出路非只一端，如钦定学堂章程之"通儒院"即为大学生毕业后最高最优之出路。不须他务，研究发明，即其职责，不须上课，著作讨论，即其进程。有俸给以官其身心，无形式以严师生之界。有此院则举察子老所虑之各节，皆不成问题。盖"研究所"不过如是；而学术阐发，专家养成，章条俱备，更无"职业化"之可言。职业者最能解决"生活欲"者也。毕业而求职业，未必皆为"升官发财"。质言之，则"吃饭"而已。故"研究学术"亦必兼顾吃饭问题。语云"不能枵腹从公"，自亦不能"枵腹研学"。今之研究院，及国立某某大学诸大博士诸大教授，历届议定之某金某款，所以奖励发明，提倡研究者无所不至。席丰履厚，体健思清，清而不寒，高而得禄，此中若有一枝可借，谁复屑屑于官商诸途之职业哉！

柯先生以丙戌翰林得日本博士，蔡先生以壬辰翰林得德国博士，二公格位相同，望隆中外，言为世法，行成士则，片语只词，系群伦之观听，予故不惮烦琐，贡其刍荛如下篇。

（原载于《逸经》）

五、杂文小品

由修道而及于造字

读四月十六日《时报》比国通信萝庵高隐录,得知陆征祥修士安身之近况,昨日(二十日)又为王士珍道士归榇于原籍正定之期,不禁发生一种联想。此二人者,虽然一个在外国出家,一个在本国羽化,而其壮年从政,晚岁修真,则大略相同,即其柄国之时一种不即不离、不亢不卑之仙风道骨,亦是无独有偶也。

陆以外交家数秉国钧,王以军事家累膺政局,于政局轮翻、党派纷岐之际,屡被邀约,出枋大政,然皆被动而非自动,皆消极的维持,而非积极的展布。讥之者谓其无风骨,无主张,誉之者谓其有度量,有苦心,实则无为而治,随遇而安,与世无争,于物无忤,当其身在青云之上,早已看破红尘矣。

陆之近事非记者所能详,唯就勇夫君通信中观之,虽入山已深,犹眷念宗国,所论皆有关国体,有裨大局,知其出家与厌世不同。王则隐居平市有年,不问政事,而曹段张冯吴莫不尊敬之,每大局有转变,则敦请出维治安,王颇见义勇为,与汪熊诸氏奔走于烽火交冲之地,斡旋补救,保全甚大,风范亦可钦焉。故灵舆将发,市民执绋,不期而集于西车站者殊众。

《白云》一篇中曾说过,道之势力,向逊于僧,故旧都之寺,其多不下于"南朝四百八十",而"观"之大者只一白云。又云"北京的和尚出外的官",言京和尚之阔也。而道士则无此佳话,道之绌于僧也如是。惟民国以后,悟善社、同善社、红卍字道院等,遍于各省,盛于旧京,有许多传道者来自峨嵋,盖峨嵋山以仙灵发源之地,为各方所迷信。前者本报载沪山小学生徒弃家登轮,要往峨嵋访道,固是小说所误,亦因"四川多异人"之历史的迷信印象,甚为普遍也。

各善社之外,另有道德学社者,专研老氏《道德五千言》之意义,而以孔佛耶墨各教参之,谓各教皆推本于道德之意,以此为宗教大同之基础焉。社长即王士珍,社师为段正元,社长如校长,社师则总教也。段即四川来的大法师,故述张献忠事甚详,社中称为段夫子。段每周讲道一次,王率诸生肃侍以听,又发行道德杂志,皆讲"道"之文,而常常说到佛学上去。时人称为僧道二段,僧谓段芝泉,道即段正元也。

道家设立教宗,原是无本经纪。《道德经》小小一册,视释氏诸乘之卷帙浩繁,只沧海一粟耳,且五千言胥为哲理,不适于神道设教,于是戒律经咒,则窃自和尚,符箓字体,则错综儒者所有,饰为异貌,以炫流俗,其去道德之本意远矣。

道士之造字甚怪,然识其文者云,亦有彼之所谓意义,前记白云观中万慈山之怪联一字不识。吾友王小隐老博士于辽宁文化社见报,即来一简为释其义。其函:

拜读大著《白云之游》(《时报》三月十二日第二版),何胜依依之想,斋堂对联怪得有趣,其实不过换个方法写写,犹之乎殷虚书契篆籀金文,有心蒙人,仍旧还是吕祖祠的那副联语:

黻赗霓煉念萬璽

靖□□羬□□旗

就是：

法航永渡迷津地

纯灵长游极乐天

道其所道，说穿不值一文。近来颇饶入山之兴，故与道士颇有往还，意在用作向导，却根本没有求仙修道之想也。匆颂撰安。

揭穿神秘，益我良多，老博之博于兹益见，惜仅示以大凡，未详所以。以私意揣之，法宝在身，故"宝身"为法，航属于舟，故"舟身"为航，炉火纯青，故"正青"为纯，至"九真"为天，殆取九天之义，而真之声韵又上通于天。"身家土"为地，则吾人之身家性命固不能离乎土，即乘飞机，航空三十六小时打破未有之纪录，而叶落归根，总须着落于地面也。孤陋曲解，未知是否有当，其它仍百索而不得也。

因思吾国文字形声义皆全，亦复代有创造，奇妙莫过于武则天，匪唯夺仓圣之席，即仿 queen of beauty[①] 之例，选为 queen of literature[②] 亦奚为不可。改"照"为"曌"，居然日月当空，照临大地，是何等气概！日为囵，则日球之文采显然，比以望远镜测验之天文博士，尤为先觉矣。月为团，是洋团团之所由来也。星为〇，则舞星影星，均只画一圈，已是透明之象，觉"明星"与 star 皆太罗琐矣。又嫌"君"字不正，改为⏃。"正"字不正改为击。臣为恶，言

---

① queen of beauty：英文"艳后"。

② queen of literature：英文"文学皇后"。

一片忠心也。人为亘，尤足为新文学家取法，常言人生，人生，人之所以为人，原贵有此一生耳。夫 life "生" 也，human life 乃为 "人生"。今之文豪于 life 一字，即用作 "人生"，然则 human life 不将译作 "人的人生" 乎。贾波林之 a dog's life 不将译 "狗的人生" 乎。且 life 一字，本无倚傍，不应为 "人" 所专擅，吾知文学家必曰，万物虽各有其生，而 "人" 在万物中实为最重之分子，最高之阶级，故以人生译 life，即以一个生字专属于人，所以明人生的意义为最可贵也。吾谓苟如是者，益不能不服其创作之早，暗示之真，彼以 "一生" 代 "人"，已显露其意义，新创作家对此 "则天大圣"，应有纪念，勿徒膜拜外国圣人可也。至如天改为兂，地改为坔，则载在字典，旧文家已沿用之。山水土三要素合为地，所谓三山六水一分田也。自胜 "土地" 之简率，亦优于 earth 之囫囵，道家之 "身家土"，或即以此为蓝本乎。

道德学社之讲 "言" 字也，曰篆文为𥄎，古文为𢾖，两个上半截𠃜及𢆶皆像 "云" 字，是上帝之口，篆字下之 "口" 及古文中间之 "曰"，则像人之发言，古文下又有草 "艹"，以人之言如合乎中，则与上帝相通，而言发如风，可以生草云云，更令人莫名其妙。所谓古文当非道家所创，而道家之怪字则多由此道展转而生。

又讲孔门四科（德行、言语、政事、文学），于是就一二两科而创出一徧字，语言语须范围于品行之中，若不经其解释，谁能知为由孔老夫子的科目转变而出乎。

（原载于 1931 年 3 月 26、28 日上海《时报》）

倒　车

此"倒车"之倒，系上声，不是"开倒车"之倒——那是去声——老汉亦不是"老虎"，愿新潮流先生们勿惊。

按倒字作上声读者，如倾倒、绝倒、潦倒皆是，双字若独立而作动词，有倒换、转接之义，如"此铺出倒"、"倒把生意"则为营业习惯之用语，而倒车即由此生焉。

自外货盛行，又更番内乱，民多失业，而"胶皮团"遂为穷乏争趋之一线。巷尾街头，三三五五，或奔驰于祁寒暑雨之中，或徘徊于冷月凄风之下，孰非胞与，同是生民，对兹牛马走之生涯，孰不本人类之良知而洒一掬同情之泪。

此就大体而言也。若详察团中状态，则万有不齐，或以异乡之乘客为傀儡，或以忠厚之同行为鱼肉，暴悍其貌，而诡谲其心，为都会洋场所恒有，故胶皮团又为魔窟之代名。其所行有予人以难堪者，固不能以其为穷人而概从曲恕也。年初吾于津沽所历一事，合以小说体细写，供众览焉。

这是我对于苦朋友们小小的一点同情心——在中原公司门口，要上河北，不乘电车而雇胶皮，以为少坐半截的电车——因为电车只能坐到官银号——即是多照顾"胶皮"一倍的生意。

"车吗？你(音泥)老(音拉)？"一位胶皮朋友迎面而来。

"河北公园，多少钱？"我同他开始谈判。

"三毛。"他开大口却是照例的。

"太多,哪用的了那些。"我也照例的迎他一句。

"多吗?河北公园哪!快到新车站啦。"他听我口音,不像本地人,于是乎张大其词了。

"一说公园,就提到新车站?你当我没有来过天津吧。"我不能不给他个有力的暗示。

"两毛好啦。"他立时让步了一毛。

"说实话,别罗唆。"

"干脆,一毛五好不好,你拉?"

明知一毛五也不是普通的代价,但他总算一让而再让了,还是念在穷朋友三字,同他计较些什么,只是到哪里也找不出五分的毛票来,于是叫他说铜子。他说,铜子就是六十枚。我岂不知天津的市价,一角钱只合三十六七枚。他又想做点钱铺生活。不过我的本意,只希望有个明确的数目,免得到了地头,又费争论——(是个对于一般洋车夫的麻烦之预防法)——此时亦不必再去同他算计银钱行市。于是毫不游疑的坐了上去,以为不会再有什么问题,一路平安的直达目的地了。

谁知刚刚出了日本租界,拉着我的胶兄望着中国地的路口上一群洋车,猛然地来了如此一句:

"河北公园!谁去?"

"我去,我去。"轰的一声来了五六辆。

"十六枚,"胶兄故作有意无意的给了个代价,一面说,一面向前拉去,低着头目不斜视,表示"满不在乎"。此时坐在车上的不是我,是他可居的奇货了。

"十六子儿吗?少点,河北哪!"包围上来的洋车夫还有两个

206

在据理而争,"河北哪"这一声,和刚才胶兄警告我的声口一样,只少了"快到新车站"。

"不去就散,干脆九个大……"他又一声"干脆",他的本意倒是想增加一点,九个"大子"即十八枚。谁知一句话没有完,一个年老的车夫先听到"不去就算"的哀的美敦,急急的抢着说"来,我来混八个大子儿"。

拉我的胶兄,于是把车把往地平上一落,从容不迫的对我说:"你老坐他的吧。"

"我为什么要坐他的? 你为什么不拉了?"我不能不问一问。

"那边中国地,我过不去(一),你并不多花钱(二),他的车子还干净(三)。"他宣布了三种理由,那老车夫又十分的欢迎着,于是我又马马胡胡被他们礼让为国的让渡了。

"你给我四十四枚,到了地头,那位先生给你六十枚。"胶兄一头要他的让渡费,一眼望着我,意思要我答应或默认。

老车夫把他自己国库——车厢——穷搜极刮,却只有二十一个大子儿——即四十二枚。那胶兄倒很慷慨的接受了,又说:"一个大子儿的事,哪在乎,都是干这个的。"咦! 他似乎比我还要大方了。

他跑了不到四分之一的路,怀揣超过三分之二的钱,拉着空车又另想门道去了。老车夫拾起车把,向前走着,后面那些没有成交的车夫纷纷地起了一片嘲笑说:"啊! 没脸的老梆子,人家已经给了九个啦,他还拉八个,真有这个事!? 你白拉不好吗……"还夹些下流不堪的辱骂。可怜那老车夫只好是"不痴不聋不作家翁"的主义,忍耐着,没命的奔了开去。

老车夫拉到公园。我下了车,本想把那位胶兄的把戏对他说一说，又一想胶皮团的是非多，亦不必多事了。就给了他六十枚铜子，他倒很满足的自去了。

进了公园，在山石边，静静想起刚才这一幕，一层层统计起来。

（一）我，物质上确无损失，只不过做了一次被居的"奇货"，被倒的"把"。

（二）老车夫卖了三倍有余的气力得了不到三分之一的代价，还被同行们骂了些没脸的。

（三）那位胶兄，事半功倍，寡劳多获，还许笑我这坐车的和那老车夫是个冤大头。

的确，假如我细细的计较车价，则胶兄觉得无倒把之利可图，亦许不至于拿那老车夫当傀儡吧。倒是我的同情心，和"满不在乎"的态度，诱惑了他了。

（原载于上海《时报》）

"蜜斯"与"姑娘"

最近因为女子学院院长刘复君告诫学生勿参加舞场跳舞,及蜜斯应改称姑娘女士小姐一事,引起纷纷议论,满纸"蜜斯""姑娘""小姐""女士"的文章,层出不穷,这或者也是点缀古城枯寂之一道乎,不然,这点枝节问题,何至于成为繁重的讨论。

怪难看的　怪难听的

刘君,就是十几年前《新青年》杂志里刘半农,本是新潮流里努力打倒国粹的一位先锋大将,记得他说中国戏台"无非穿脏衣服,盘着辫子,打花脸的裸着上体,跳虫们打个不止,总觉得眼花缭乱,头昏欲晕",而提起中国戏来,亦照例是"怪难看"的,"怪难看"的!那时谁也料不到他现在会反对蜜斯,禁止跳舞,而且戴上了"保存国粹"四个字荣衔!

先是,平津报纸上登了一段新闻说:刘复先生禁止女以"蜜斯"称呼为"怪难听",应改为"姑娘"较为雅致云云。

女士的大反响

他现在已是国立北平大学的一位院长,还做过好几回主席,又是女子学院的院长,蜜斯一字,又牵涉洋味,所以一言既发,连外国报都译登了,青年们尤其是女士们都注意起来。《大公报》的读者论坛里有位外埠的女士质问得最锋厉,其中要点(一)蜜斯与蜜赛斯原是分别嫁人未嫁人,不含其它成分。好听与难听,非本身问题。(二)若因为被称呼蜜斯的人,作出"怪难听"的事儿来,所以废止,那么通都大邑之姑娘恐怕还不如蜜斯,所以洁白女士正愿与姑娘有点分别。(三)若用中国称呼,则如德漠克拉西、摩托、德律风,很多,至于和尚、兰若,何不一视同仁的改革一下?如此质问以外,还赠了刘先生一个保存国粹的"爱国大家"。

保持纯洁　废弃奴性

刘先生旋即又发表谈话说:女子称谓之名词,国语中并不缺乏,为保持中国语言之纯洁,无须用此外来之译音,外国使女及饭店下女亦称蜜斯,未必有何光荣。口呼打倒帝国主义,而日常生活,尚须此等名词。是以主张废弃带有奴性的蜜斯称呼,而以"姑娘""小姐""女士"等国语固有之称呼代之,并非主张非用姑娘不可,即跳舞亦止告戒院中女生勿入舞场,非反对跳舞云云。如此说来,他是在职言职,在官言官,假如不是现任女学院长,也许不会有此一番高论。

刘先生固然是爱国深心,某女士亦未尝不言之成理,因为中国音的外国词,到了现在实在是多不可数。古城中所谓"当洋者贵",其细类及其所以然之故,正非一朝一夕之故矣,岂一支一节为然乎。现在他们的是非且置不论,就蜜斯而说蜜斯,就姑娘而说姑娘。

	未嫁	已嫁
舶来品之译音	蜜斯	蜜赛斯
纯 粹 国 产	小姐　姑娘	太太　少奶奶
国产品之新造	女	士

这个表，可以表示现在各式女称之概要。先就蜜斯说，女学生自然盛行。但每一个学校里小姐、姑娘之声，依然占着半数，却不是女学院长提倡之力，只因学校里的校役，教室里的堂役，女宿舍里的女仆，及一切工友们从来不晓得什么叫做蜜斯，工友称小姐，男学生和教职员都可以懂。男学生若到女宿舍里找蜜斯，女仆则莫名其妙，近来男学生对于蜜斯之称，有些腻烦，再加以多数工友们的帮衬，所以改称女生为小姐的亦颇不少，实地比较起来，确不在蜜斯以下！依最近的旧都空气观察，竟许小姐勃兴而蜜斯衰落，但刘复不得居功，而刘复首举的姑娘亦未时行，姑娘所以不胜小姐的原因，是因为北方的"小姐"属于宦家，而"姑娘"则为北里之通称，正如某女士所言，还不如蜜斯。——南方亦以小姐为雅。

从前教员上堂点名，于女生名字之前，照例加以蜜斯之称号，当然蜜斯之中亦有蜜赛斯在内。但不能一一调查，且就普通而论，终是蜜斯居大多数。若蜜赛斯误称蜜斯，不致有何问题。若呼蜜斯为蜜赛斯，则颇有不便，一如误少奶奶为小姐殊不要紧，若误小姐为少奶奶一经对方更正，即难为情，此种心理，不知何自而然，竟无间于新旧焉。

称女士亦会起风波

比较稳妥者，自然是女士，因为未嫁者可，已嫁者亦可，新者可，即旧者亦庶几乎可。但见于笔下者多，称于口头者少。虽然如此，仍有为称女士而惹起不欢之事！

华北平津近年盛行女招待，其实即影院、茶坊、饭馆之伺役，不过属于女性耳。而特立 "招待"之名称，本极新颖，而座客之呼唤，乃感觉困难。若喊"招待！"殊为不辞，——虽然饭馆门口大贴

"特备女招待，应酬周到"——若喊"伙计！"则对于男役虽久已用惯，对于女子亦嫌碍口，盖北方男女间之"伙计"有临时结合之意味，若南方之所谓"姘头"也。呼以茶坊，则女招待多在小馆，即男役亦无此高名。去年冬间，旧都煤市街"馅饼周"去一座客，似颇拘滞，欲呼点菜，不知如何开口，筹思半晌，乃称以"女士"，自以为有礼而无错矣。岂知被呼者面孔一板，正色曰"不要这个称呼，我有号头！"盖其意以为"非常之端君子惧焉"，认为有意戏彼也。所谓号头——乃其衣襟上之号码——故几号！几号！乃女招待之特称，一切所称，至此皆不适用。刘复先生谓外国饭店下女亦称蜜斯，不算光荣，岂知中国饭店之招待，转以"女士"之称为非礼乎。

蜜斯脱与蜜斯

洋词之东渐，由来已久，而"蜜斯"之盛，则在新文化运动社交公开、男女同学之后。因为以前男女异校各东各西的时代，女子同女子交际，有"姊妹"可作通称，一如男子之"仁兄愚弟"（若是熟了亦可以直呼其号或玩笑的称呼），固然用不着"蜜斯"，亦且无须乎"姑娘"。即使女校里有几个男教师，在那师严道尊的时代，对于女生亦可以老实不客气的直呼其名，此外男女见面，大概是至亲至友，自然有些亲族或近似亲族的称呼了。再则姑娘小姐亦可参用，所以不但无须此一"蜜"，而且根本上称谓就不成问题。

近十余年来，却不然了。学生的地位先已一律增高，先生对于男生，也常常须在名字上面加个称号。虽然 mister 被人译作先生，先生对未便对于学生而称先生，好在 mister 比先生的分量轻的多（因为还有个 sir，那又重了。先生实在是介乎两者之间），所以麻麻胡胡称起蜜斯脱来。

"蜜斯脱"何以不如"蜜斯"来得惹人特别注意呢？这自然是同女姓一样的关系。男子的事常常不足为奇的，在女子却仿拂特别了。而且"蜜斯脱"要占三个中国音，太罗琐！所以称呼男友以"蜜斯脱"的时候，常常把末尾的"脱"字脱去咽落无声，好像脱了靴子一样，听去也是一个"蜜斯"。再则 miss 之音，有人用中国字合出好几样来，于是有密司焉，神秘之司也；有蜜丝焉，甜蜜之丝也。偏偏 miss 之声，既不似 mister 之罗琐，又不似姑娘之板重，发音轻倩，出口自然，积此各方优越之妙因，遂成诸法众缘之善果。

无遮大会　轸域悉泯

现在平津之舞场最为发达，一般神女生涯，受市面萧索及社交公开之影响，早已门前冷落，两□大森里早已改为丘兄之莲花宝帐，八大埠亦关闭过半，于是北里中人急学跳舞，参加舞场，化为舞星。此外有女伶，有时髦小姐、少奶奶、姨太太、女学生，每晚各大饭店中扑朔迷离，全是无遮大会。从前官家小姐，见一胡同姑娘避之若浼。"姑娘"亦断不敢与小姐并肩，但此时此际，则轸域尽除，阶级悉泯，统一于舞星之下，而蜜斯之称亦最通行，然则刘先生以禁称"蜜斯"与禁入"舞场"连类并举，其为饭店中印象不佳之故欤？

八日游西沽桃花林后写。

（原载于上海《时报》）

高山流水

　　"高山流水"是事实,是寓言,年远难稽,亦复不须深问,而其涵义之宏远,暗示力之丰伟,则可师也。

　　最纯洁之友谊,乃以一个"知"字,为最单纯之原素,亦即此一故事之中心思想。不徒富贵贫贱一切阶级之障碍,皆如无物,即如何互助,如何报施,亦属节外生枝。故知者、知己、知心,久为论友谊者之标准名词。如"生我父母,知我鲍叔",如"能知我者能罪我",胥为古今不易、脍炙人口之名言。彼西方人之观念则不然,其"友"谊之要素为一"助"字,是以 a friend in need is a friend in deed① 一语,为欧美人士所津津乐道。实即"雪中送炭"之意,所谓缓急可恃,患难相同,自是友谊必要之征验,无可非难。然就立义而论,则"知"为最纯。伯牙子期以"知音"而订交,旋即生离死别,此种故事勿论其为实有抑虚构,而以文学的眼光评判之,可谓最高之境界。不如是则凡与友谊关系之事实,必相因而至。勿论其如何圆满,而一涉行为,便非上乘说法矣。

　　吾侪生当现代,固无庸上拟古人,以免反古者疑为倒车,崇古者笑为妄语。实则知音之感,原在人情常例之中。吾人身历之甘

----

　　① 　a friend in need is a friend in deed:英文,意为"有实际行动的朋友才是真正需要的朋友"。

214

苦，内心之蕴蓄，不能明言，不愿自发，甚或不能自知而又为寻常知识所不能深知，或知而不言，或言之而范围广漠。忽有一口道破，且又时时称道，足以证明其为特别之注意者，虽片言只字，中乎窾要，亦能印入脑际，经久而不能忘。所谓"高山流水"即在是矣。

卑人服务报界念余年，文场雅故，大多谬相推信，以获虚誉，因当一一致其感谢。其以细故误解而致不欢，或竟腾造流言以快胸臆者，亦偶有之。吾未尝一为解答，而一律感其注意，因无往而非有益于我也。唯寒云主人书札往还，诗文酬唱，常有"入尘不染"四字，屡屡见称，字里行间，自然流露。又时向友人道及，知非交际泛用之例词，而为一种"认识"之征象。吾前言之，近数年中，平津咫尺之间，未尝一面，乃至罕通音问，而吾独信为终始无间者，以"鼛鼓纷纭"一首（见《洹上归云记》铜版）亦其久客海上，音书寥阔之余，忽地飞来也。费县博士亦吾挚友，彼居沽上时，吾蜷伏于旧都，吾莅津门，彼又去辽左矣，亦尝数年不通只字，偶见尺书自天而降，辄施匡益，绝少肤词，使我欣慰欲狂，珍如拱璧，故知"毋相忘"三字，不必其与"苟富贵"相联属也。书至此，急忆洹上与费县于相识之前，曾演一短幕之谐剧，虽累吾烦虑作居间人，而两公之水乳亦自此始。先是，洹上于戊午客宣南时，组温白社，导扬昆剧，约剧曲知名者如孙菊仙、李寿峰、侗厚斋、朱杏卿、赵逸叟、韩世昌共其役。《钗钏记》大审，为孙李袁韩合演之名剧，倾动九城，极一时之盛，韩以后进，声誉日长，洹上固未尝无力。唯视顾泰州、王费县之左提右掣，伟烈元功，略有间耳。厥后洹上游沪，主《晶报》笔政，忽露咏韩佳什，内有句曰："逢人到处说村氓。"良以世昌本高阳班子弟，来自田间，观光京国，与京朝贵雅周旋竞胜，在最初时期，音吐偶违，容仪见绌，固所不免。洹上偶忆，以此相戏，虽文人纵笔,无所容心,而词气亦或失之于谑焉。费县见而愠且笑,谓出之他人犹可恕,君青于彼之曲社固尝有功草创屡共甑甀者,是不可无以答之。亦自口占一绝,宣之《春明》副刊,其词曰:

　　舞袖歌衫欲断魂,登场曾伍旧王孙。剧怜礼失求诸野,洹上何尝不是村?!

　　寥寥数语,有历史,有证据,如老吏断狱,以矛刺盾,语语破的,咄咄逼人。洹上见之,亦未有答,盖已欣然默契,而吾之迂拘,犹以两贤相厄为虑。

　　及癸亥间,洹上北来,吾置酒厚德福豫菜馆为两公介晤,果一见欢若生平,前者词锋,转资下酒,吾乃爽然,觉其散朗之怀,胥不可及。及岁两公同容津桥,陶醉笙歌,评量花月,过从既密,相知益深,胜地良朋,使淹滞荒城之旧友,空悲落伍,徒唤奈何。今则费县远游东塞,洹上长去人间,又不胜人事靡常之感矣。

　　　　　　　　　　　　　　　（原载于上海《时报》）

女子剪发的现象

又是以第三的变态为归结之一个表征

当女子剪发初提倡的时候,社会人士纷纷议论。综其语调,可以分为三类:

(一)什么样子！世道人心益不可问矣,现在的女人们还了得？以后吃喝玩乐更爽快了,不用梳头就喊开车。家里的事,谁还管,尽伺候她们出门吧。

此种见解与当初反对女子放足,男子剪辫,如出一辙。实在不是什么有意义之反对,无非沉滞的脑筋,忽然受了一种反映,便刺激得坐立不宁,大呼小叫,乃至环境改变,身入局中与之俱化,自己亦就安之若素了。后来头上光光之男士,固不乏当日反对剪辫之正人也。

(二)好极了,便利多了。可怜的女同胞,可敬的女志士,从今以后,再不学那云鬟雾鬓的美人,闺秀名门的淑女,从妆台跳到工厂里,从黑暗走向日光中。四万万里的二万万,都化无用为有用了,这才是健全的民族,人生的真义！

此种见解与二十年前之戒缠足歌,立天足会,以及民元志士手持大剪一把,沿街拦人,见了一辫子,就是一剪子,是一样的热心勇气。当时人粉黛成群,复从而审新式之美者,亦复不少。然其提倡之时,因不失为一腔热血也。习俗移人,入后则忘其所以矣。

(三)啊！女人们又提倡剪发了,好极了,本来一切的云鬟雾鬓，丰容盛鬋，太烦腻了。剪了发或者可以换换样，见见新，也是"美"的一条新出路。

此种见解，与以前的研究美人髻，发明坠马妆，以及盘龙纂、元宝头、黄天霸的一朵花儿鬓等等，同一心理，无非换样趋时。本来长发时代，花样变得无可再变了，不如索兴去长截短，另出心裁。此类呼声最小，而成绩反而比较多些。

然而提倡的，反对的，好像都没有直达的结果。反对剪发，自然就是主张保留长发，而现已留无可留，保无可保，其见解本太主观，大势又不能顽抗，不足论矣。提倡剪发的，自然是要使女子与男子完全彻底平等同样，尽成社会有用之身，不作一方玩赏之物，则烦恼丝尽去之后，当然女头即同于男头，然而试向全国女性中有几个是平头、推光者?! 但见波纹云彩之美式，愈研愈细，东洋烫发之长剪，愈销愈多而已。

由此可见天下事正反两方面，总要归结到一种第三的变态，不独剪发一事为然，见征者洞烛于机先，即识钝者亦可推详于事后，最可怜的是那些主张或反对的人，总是两败俱伤，一场梦幻。

女子之爱美，似乎出于天性之自然，男女间之关系，如不能彻底脱离美的羁绊，则女身之服饰容态等等，即不知不觉趋向美化之一途。世之时而菲薄波纹发，时而攻击高跟鞋，本已枝枝节节，不成其为整个的意见，故今日反对女子之奇妆异饰者，明日或又大谈其女性之美而不知此中无一不相关连，即不知其言之后先矛盾也。

或问，美的潜势既如此伟大，美的变化又如此之多，则将来"烫发美"的时期一过，亦许再恢复长发美，未可知也，此则须稍迟再看矣。

（原载于上海《时报》）

真将军与真诗人

前谈《贾家楼》一剧，写誓同生死之盟兄弟，一经挑拨，立刻反目，寓意至深，为之感喟。又观《战金鳌》剧，丑投军人考验武艺一场，命试火枪时，彼托枪向元帅宝帐作"预备放"式。中军官急喝止之曰："枪口要向外！若是冲里，不把自己人都打死了吗！"丑脚故作怀疑曰："怎么！枪口要冲外？！这可新鲜，没听说过呀。"台下人观至此无不笑者，而吾独深有味乎其言。

年来几度勾留津沽，闻沽上友人话及庚子之难，力抗八国联军、战死八里台之聂士成，不禁叹曰：是其"枪口冲外"之好男儿也。

聂为皖之合肥人，李鸿章淮军子弟之一。甲午战役，御日于辽，以勇闻。后官直隶提督，兼统武卫前军，拳乱作，聂初奉清廷谕剿，遂结怨，已而外兵至，聂以一军当大敌于前，拳又抉仇扰之于后，愤而陷阵以死。其时清廷就降严旨谓："多年讲求洋操，原期杀敌致果，乃竟不堪一试，言之殊堪痛恨，姑念亲临前敌为国捐躯，照阵亡例赐恤"云云。次年乃由袁世凯奏请优恤，得赠宫衔予谥，建祠于河北"三条石"，立碑于津南之"八里台"。八里台为聂裹尸处，尸为炮火炸裂飞腾，或传有一节落于河北"三条石"（地名）云。袁撰一联志悼曰：

想当年马革裹尸，一片丹心，化作怒涛飞海上；

看今日虫沙历劫，三军白骨，悲歌乐府战城南。

而运生花之笔，作写实之文，沉着悲凉，深刻周挚者，则莫如黄公度之《聂将军歌》。读之觉阵云黯淡匹马纵横之一员虎将如在目前，不愧诗史名篇，亦是写生妙手，观其全篇，乃以诗的韵偶，而成为小说之组织，信奇才也。兹分段评释如下：

聂将军，名高天下闻。虬髯虎眉面色赭，河朔将帅无人不爱君。

一起标出聂之人格风标，领起全篇，极似新体小说之单行领题。

燕南忽报妖民起，白昼横刀走都市，欲杀一龙二虎三百羊，是何鼠子乃敢□?! 将军令解大小围，公然张拳出相抵。空拳冒刃口喃喃，炮声一到骈头死。

忽来总督文，戒"汝贪功勋!"复传亲王令，责"汝何暴横?!"夕得相公书，问讯"事何如?"皆言"此团忠义民，志灭番鬼扶清人"。复言"神拳斫不死，自天下降天之神"。国人争道天魔舞，将军墨墨泪如雨，呼天欲诉天不闻。此身未知死谁手，又复死何所！

"总督文"、"亲王令"、"相公书"，层层逼紧，面面压迫，如见朱仙镇上十二金牌，风驰电掣而来，段末"死谁手""死何所"写出当时局天蹐地之英雄末路。

大沽昨报炮台失，诏令前军做前敌。不闻他军来，但见聂字军旗入复出。雷声轻□起，起处无处觅。一炮空中来，敌人对案不能食。一炮足底轰，敌人□床不得息。朝飞弹雨红，暮卷枪云黑。白马横冲刀雪色，周旋进退来夹击。黄龙旗下有此军，西人东人□失色。敌军方诧"督战谁?"中旨反疑战

220

不力。

此段写聂军独抗联军之勇,是从《三国》赵云长坂坡脱化而加以镕铸,加以"白马黄龙"、"弹雨红"、"枪云黑"、"刀雪色"等煊染烘托,有声有色,圣叹所谓异样笔墨。"敌军方诧"、"中旨反疑"两句,尤有千钧陡转之慨。

此时众团民,方与将军仇。阿师黄马褂,车前鸣八口。大兄翠雀翎,衣冠如沐猴。亦有红灯照,巾帼口兜口。昨日拜赐金,满车高口口。京中大官来,神前同叩头。"口我兴甲兵,勉我修戈矛。将军口口我,将军知此否?"

写拳匪活画,末代拳作语,口气滑稽,文笔生动极矣。

军中流言各口口,做官不如作贼好。诸将窃语心口寒,从贼容易从军难。人人口叩将军口,"不愿操兵愿打拳"。将军气涌遍传口,"从此杀敌先杀贼!"将军日午口战口,红尘一骑乘风驰。跪称"将军出战时,闯门众多偻罗儿。排墙口案拖旌旗,嘈嘈杂杂纷指挥。将军之母将军妻,茫笼绳缚兼鞭笞,驱迫泥行如犬鸡,此时生死未可知,恐遭毒手不可迟。将军将军宜急追。"

此段写部下之恐慌,家庭之急难,四面楚歌,紧张极矣。

将军追贼正驰电,道逢一军路横贯。齐声大呼"聂军反!"火光已射将军面。将军左足方中箭,将军右臂几化弹。是兵是贼纷莫辨,黄尘滚滚酣野战。将军麾军方寸乱,将军部曲已云散。

此段中"齐声大呼聂军反!"一句,如观《下河东》呼延寿亭进退无路之悲剧。

将军仰天泣数行,"众狂仇我谓我狂。十年训练求自强,连珠之炮后门枪。秃襟小袖韂鲁装，番身汉心庸何伤。执此诬我谗口张，通天之罪死难偿。我何面目对我皇，外有虎豹内豺狼。警警犬吠牙强梁，一身众敌何可当。今日除死无可望，非战之罪乃天亡！"

此段用聂将军口吻，代其叙出满腔忠愤，仍虎虎有生气，悲凉之韵，忠厚之旨。

天苍苍，野茫茫，八里台，作战场。赤日行空飞沙黄，今日披发归太荒。左右搀扶出裹疮，一弹掠肩血滂滂，一弹洞胸胸流肠。将军危坐死不僵，白衣素冠黑裲裆。几人泣送将军丧，从此津城无人防。

写战死正文，一片苍凉凄恻，顿觉青林黑塞鬼气森森。

将军母，年八十，白发萧骚何处泣。将军妻，是封君，其存其殁家莫闻。麻衣草履色憔悴，路人道是将军子。欲将马革裹父尸，万骨如山堆战垒。

结句"万骨如山堆战垒"，亦有壁立千仞之气象，而收煞有力，亦复岳峙云停，真纪事韵文之大观也。

写勇将写战死不足奇，好处是将种种环境之险恶，层层忧愤之压迫，写出个"不得不死"，然后文字不单调，情理无缺陷，此之谓"写实"。

……

黄氏复有《降将军歌》，为丁汝昌作。汝昌与聂名相伯仲。甲午战日本，因守刘公岛，力竭无计，以书写全队将士乞命而自仰药死，议者纷纷，或以降敌为罪，或以死事为勇，诗乃代述委曲，婉而能达：

（前略）船头立者持降旗，□□□我来致词："我军力竭势不支，零丁孤岛危乎危，□□小□何能为，岛中□卒皆□□，其余鬼妻兵家儿，锅底无饭枷无衣，□干冻□寒复饥，六千人命悬如丝，我今战死彼安归，此岛如城海如池，□□各□□累累，有炮百尊枪千支，亦有弹药如山齐。全军旗□我所司，本愿两军争雄雌，化为沙虫为肉□，与船存亡死不□。今日悉索供指麾，乃为生命求恩慈，指天为证天鉴之。"（下略）

能使当事者之心理、口气，一一活现。所谓温柔敦厚，诗人之所以成为诗人在是矣。

黄氏恒自署人境庐主人（取"结庐在人境"之意）。其写亡国之恨者，如《越南篇》、《琉球歌》、《朝鲜叹》。写侨民痛苦者，如《逐客篇》。鼓励青年者如《军歌二十四章》，小学校学生相和歌，并作家史家风人之特点而有之。梁卓如推为诗界三杰之一，吾意其他二杰未足与之并论。读近日无病呻吟之西江诗，堆砌支离之欧化诗，尤不能不怀想当年之人境一人也。

（原载于上海《时报》）

火里青莲同命鸟　一缄红泪剩汍澜

北平有一旧充交通部茶房之李某,因国都南移,衙门解散而失业,久之典卖将罄,无以为生。乃商于其妻贾氏,二人同意,贾氏暂受一时之苦,去操神女生涯,一俟妓院收入积有成数,即经营一种小本生意,做内外老板,以乐余年。不但贾氏不致沉沦于贱业,即李某亦再不做那"吃不饱饿不死"的茶房之类的工役了。夫妻情意本笃,在共同谅解之下,贾氏毅然自堕于平康者三年,得五百元,悉交其夫,且曰再混年余(北平谓操妓业曰混事)即退捐(妓之有捐照者为正式之营业)矣。李故不习商,乃谋之于友王某,王谓市面萧条,经商无把握,不如放债,"印子钱"利大而效速,胡舍易而就难也。李为所动,遂以钱交王,始尚能支取利息,后则愆期缺数,终则抗不一文,且以其索之急也,号之为李闯王,益赖债不还,而王某以暴疾亡,于是本利完全无着。贾氏痛急,深责其夫,至欲自尽。李愧悔无以答,乃服鸦片火柴以死,遗书于枕畔搜得之,其词曰:

贤妻! 妹子!! "我"对不起"你"呀! "你的"皮肉换来的洋钱,被"我"放了秃尾巴鹰,如同千刀万剐。(一)以后"我"养活不了"你","你"还卖笑养活"我"吗?! (二)就是"你"养活"我",也无脸承受哇。(三)死了好! "你"

正是年青,可以挑好客改嫁,"我"不能再害你了。贤妻!妹妹!!"你"好自为之吧(李文安绝笔)

此只一条社会新闻耳,而当时吾即感觉特深之印象,时历数月,犹憧憬于脑海不能自已者,即:

(一)热情之平民的文学,此一封绝命书,乃奇哀绝惨,至情至性,字字有分量,层层有意义,读之但觉郁郁勃勃苍苍凉凉扑面而来,不知其是烟是墨,是血是泪,只看通篇句句以"你""我"二字对举,便自然有一种鸳鸯同命,患难相依之热烈的情绪,坚切的音节,沉挚的气韵,从纸上腾踔而出。第一层,洋钱上加"皮肉换来的"五字,放的鹰加"秃尾巴"三字——言其无可捉摸,不能收回也。——在文学上均属极有力的 emphasis forcible ①句话,愈滑稽愈沉痛,再加"千刀万剐",将"对不起"之意写得力透纸背。第二层申明"我不能养活你",既失丈夫对于妻子之责任,而"你还养活我"句加"卖笑"于"养活我"之上,又加反问的口气,口吻意义何等深刻。第三层转到无颜承受,而归落"死了好",如千钧之石盘折而下,坠地有声。嘱妻改嫁而叮咛"挑好客",一个"挑"字,一个"好"字,居然"遇人不淑"语重心长,"不能再害你"之一个"再"字,直是回肠荡气,仁智俱穷,何等笔力。起结以"贤妻!妹子!!"之重叠呼吁,如闻垂死哀鸣,可为凄绝,"好自为之"句,含蓄万千,卓然大雅,此等笔墨,直当于腐史求之,乃竟得于下役伧夫,从知情真则语至,所谓"文章本天成",可使多少古文家、欧化文家一齐搁笔,视时髦

---

① emphasis forcible:英文"加强语言令人信服"意。

225

男女白话情书之词费而腔多徒资肉颤者，尤不可以道里计矣。

（二）"不得已"之人生哲学。吾国之夫妻关系家庭状况，旧时所谓高级之诗礼门庭，向以男子负仰事俯蓄之责任，妇女以贤妻良母为准则，内外分明，一半是礼教的关系，一半亦看经济情形，试观一般下级妇女虽亦以"嫁汉嫁汉，穿衣吃饭"为口头之信条，而以男子生产力之有限，或出而佣工于人，或助耕馌食于野，以及负贩缝穷抛头露面手足勤勤者，其分工生利之事，初不后于男子，亦非礼教信教所能束缚。唯受宋儒名教之影响，妇人之身既为男子之所有，故妇女生计之所入，亦为男子所有。所谓"你的就是我的，我的还是我的"者，正可为男子之自私、专横心理写照。其懒怠无行者，或迫妻子操贱业，仍时时榨取其辛苦钱，供自己之消耗而视若当然焉。《凤阳花鼓》一剧，即是此种夫妻关系之写真帖也。在普通道谊之判断中，以一个男子致其妻堕入乐户，其人之品行志气已不齿于平民，莫逃于社会之裁判矣。但如李某夫妇则又当别论，以其伉俪本笃，家庭相安，徒为环境所迫，生计所驱，乃以双方之同情谅解而出此下计，且有计划、有步骤，是一种不得已之手段，妇非甘心堕落，而夫亦非忍以妻为牺牲者。呜呼，花虽堕溷，本是无心，絮已沾泥，却因寡力。"填平恨海翻波少，捣作香尘灭迹难"，天下事果可以一言尽哉！"人人有个不得已"，"家家有本难念的经"，如李某夫妇者，略迹原心，不得谓非最有意义之人生，最圆美之夫妻，以其同心从患难中求出路大不易也。

（原载于上海《时报》）

"公仆"生活——阎王债

李某之生活及其因应环境而寻求出路改变目的所经由之途径,加以分析:

(一)已过之茶房时代(最优适之工役生活)。

(二)企想中之商铺老板(较更妥适正当之小资生活)。

彼因机关解散,生计压迫,而感觉以前工役生活之不足恃,于是有创立小资生活之计划,而所以达此目的,则借径于其妻之非人生活——妓业!其用心不得谓之不苦,所取之手段虽不高,而彼之处境亦非无可原焉。惜乎小资入手便已张皇失措,轻信人言,舍其最初之正当的经商目的,而改向不正当之盘剥生涯,以至一败涂地,愧对己妻,唯以一死卸责,亦可哀矣。吾愿于此一述北平之茶房生活与放债生活。

茶房者实即仆役之一种,以执役之衙署中者为正称,以其渊源于前代之衙门也。饭店、轮船及火车中亦因之而有茶房,实乃西人口中之 boy 也。(boy 一字实以戏中"帐下儿郎"之儿郎,及小说中之"孩儿们"之孩儿,为正译。)茶房之职务,不外伺应、奔走、献茶诸事,但工作有定时,且所服侍者乃衙门之公人众人,而非家庭之私人个人,故伊等有以"公仆"自诩者,则滑稽矣。其月入亦较常人和仆为优,普通总在十元以上。年节赏犒,尤为大宗。如前财、交两部不论薪水高低,职位大小,每员每节须赏三元或四元,每冬

227

初十月间，又有所谓皮袄钱者，其率与年节赏等。故实际每年有四次例赏，每科平均以职员三十人，每员四元计算，则一次为一百二十元，四次即得四百八十元，益以职员家中喜事承应之随时讨赏，年入五百番（在正式佣资以外）乃属常事。安福及交通系长部时代，冗员倍多，一茶房一年中可有千元之赏金，录事书记，虽地位薪资优于茶房，而进款反远不逮焉。此犹指平常司科厅处而言，其总次长室之茶房又数倍之，而最肥者为庶务处，以其接洽公用器具纸张杂货等，各行商户之跑衙门者例有献纳，一如昔日繁缺官厅上下其手之豪奴焉。充此役者，恒为庶务当局之私仆，为呼应联络之便利云。

故衙门茶房工作少，时间有限（以职员之入值时间为范围，一散衙门，伊等便逍遥自在矣），而佣金外款均优厚，非常人仆役所能及。但进项优裕，生活即不免因而增高。其久于职而又善为居积者，亦可以成一小康之富人，但百中不能得一，以在衙门之空气中，此辈亦有其相当之奢侈欲，重以家室之累，或不正当之嗜好，则优渥之进款，非徒无益，而又害之，此则在乎各人之识见定力如何矣。以吾所见闻，旧都之各衙门茶房沦落街头作报贩或其他劳力者触目皆是，其不肯丧其衙门式之体面，不惯劳力生活而闭户索居坐以待毙者亦复不少。若李某者殆不甘坐毙而又不能劳力，故出于"苦肉计"之下策欤。

李某之放债法，北平名为"印子钱"其贷出与收回并无何等繁细手续，只凭一棵印子（即图章，银行名曰印鉴。北京之大小店铺皆有一棵，名曰"水印"，木刻粗劣，从前并印泥而无之，只凭墨涂，即可作银钱出入或担保之用）。有以抵押品者，有铺保者，有专凭中人（介绍人）者。借入方面（债务人）多系穷极无路，不惜饮鸩止渴;借出方面(债权人)亦很少阔大之资家,又无经济常识,既不知运用周转,亦无所谓细水长流,其心中所盘算,口中所争竞者,唯"如何有对本对利之收获"、"何时连本带利收清"而已。资愈小者其急利愈甚。利息无法定标准,于是五分六分七分多多益善。贷期无经济原则,于是一月、半月、十日、八日,愈快愈佳。债务人不堪压迫追索之苦,相率而名之曰阎王债,言其有催命之权威也。

但伊等受压过甚,无可旋身时,亦有其不得已之最后办法,即《秦淮河》剧中安道金之口吻,"要钱无有,要命拿去!"阎王至此亦将无知之何。又有一种"吃阎王"者,不论阎王条件如何苛刻,当时满口应承,及钱到手,以初期偿息为施报(给你几个利钱,就对的起你),以根本不还为原则,又何惧乎利息重至一钱,期间短至一秒乎。阎王遇此"吃阎王"者,遂至本利无着,妙手空空,忧急无路,一变而为枉死城中之冤魂者往往有之。

社会现象是复杂的,苦中有苦,恶中有恶,恶人吃善人,恶人又吃恶人。如李某之死,岂非世间至苦至惨之悲剧哉。然在未死之前数分钟,犹有阎王之目,观其表面,并非子虚,以其所放者,实是一种不理众口之印子钱,当其追索缠扰时,实是一副阎王面孔也。彼若不死,谁又能知其钱之所自来,谁又有工夫去问其苦肉计牺牲之凄惨的背景乎,亦直认为阎王而已。世言之一言难尽如此,非用十足透视镜不能悉其底蕴,可不慎欤。

(原载于上海《时报》)

说几个"忘其所以"以供一粲
张之洞说:"笔墨不可妄动!"

吾前言雅俗新旧均是相对而非绝对,故当雅人斥俗,新人笑旧,旧人詈新时,切须先自留意,不要一面非笑旁人,一面把自己的笑柄披露出来。

我今试举几个"忘其所以"的大矛盾。

(一)旧人厌新之"忘其所以"

清末名人号称学阀文宗的张之洞先生,当以大学士管理学部的任内,有司员路某,拟一办学的奏稿,说到布置讲堂宿舍等事用了"健康"二字。稿子拟好呈到堂上。张老先生一见大为不悦,即时手批十三个大字:

健康乃日本名词,用之殊觉可厌。

他一动气,稿子不看了,旁人见中堂发怒,只得把稿子发回原司,叫他另拟,或修改。路某心怀不愤,只得随便换了两个地道国货字样,而另外写了一个小纸条是:

名词亦日本名词,用之尤觉可厌。

写完给同事看了,大家哈哈一笑。后来同别的稿子二次呈堂,忘其所以地把这小纸条亦夹在其中,被张老先生看见了,手颤色变,良久无语。倒是"宰相肚内撑开船",明知自己的错,并不怪罪于路,只自言自语:"笔墨不可妄动! 不可妄动。"

(二)新人厌旧的"忘其所以"

卑人近为大报主编附张,所选稿有古迹、遗闻,及文言小品,不过取清明真切写实纪实,以资参考,并无所谓提倡或反对。乃有几个摩登青年者流,投函反对说:"这些古董是万不应出现于现代的报纸了,现代的学者必须本着革命的情绪,介绍世界最新学识。"他的态度、口吻,的确崭新气象,令人肃然起敬,然而也未免有点"忘其所以"。古的旧的,都不许见面,则人类可以无历史,世界上最新的民族,最革命的国家,亦不该再生活于古老的地球以上了。提到"革命情绪的时髦文章"自然新的可敬,可惜不自己想想,这"革命"二字还是出于线装古书上的"汤武革命,顺乎天而应乎人"呢,难道摩登青年不怕点污了新的笔墨乎。

(三)雅人斥俗的"忘其所以"

前记北人惯呼爷,以去姓之"三爷、五爷、几爷几爷"为亲而敬。或于姓下直接"爷"字,如市人口语称吴佩孚为"吴爷"、冯玉祥为"冯爷"之类,亦是以其位尊而称之。偶与一友人观剧毕,其人本古文家,素以吐属典雅为贵,聆剧中黄天霸、金大力互称"黄爷"、"金爷",恶其鄙俗,大笑不置,谓戏剧诚不足以登大雅之堂也。我说且慢发笑,就这样不登大雅之称,古文中还有的是。伊云决不至有"黄爷、金爷"之类。我曰将还你一个切实的证据,伊尚不信也。翌日伊来访。乃取大古文家张皋文文一篇《书左仲甫事》给他看:

　　……君呼之曰:父老良苦,曷为何哉? 顿首曰:边界之乡,

□扰益偷,自"耶"之至,吾民无事,得耕种吾田,吾田幸熟,有此新谷,皆"耶"之赐,以为"耶"尝……则又顿首曰:往"耶"未来,吾民之猪鸡鸭鹅率用供吏,余者盗又取之,今视吾圈橱,数吾所育,终岁不一失,是"耶"为吾民蓄也,是"耶"物非民物也……日本以奉"耶"反为"耶"费,士民相与谋曰吾"耶"无所取于民……

此一片"耶""耶"之声,非红楼群婢呼宝二爷之"爷"耶? 其下又有:

……霍邱左"耶"不容盗以褐毫,愿左"耶"兼治之……民曰非霍邱左"耶"来,谁与办之……非霍邱左"耶",吾属不安乐矣。

此一片"左耶""左耶"之"耶",非即《蚍蜉庙》"金爷"、"黄爷"之"爷"耶? 恶"爷"之俗,而并不能另寻一字,只可换个写法,以图遮盖遮盖,究之还不是那么回事么? 友人不能答,但云究竟雅些而已。然而如此雅俗之辨亦仅矣。

又记得有一最新文豪,大概是浙江人,未知为了一桩什么事——大约是对于旧人发火——在文章里骂了一句"娘东则撒",旁人虽知其申申而詈,而不识其语之何解。后经某小报为之注解曰,此浙之土语□□□□,视关外之"妈拉巴之"尤秽恶十倍,该文豪既欲痛詈他人,又欲自全绅士态度,故用别字,掩其粗俗,是何为者?! 其实此君亦是忘其所以耳。

王君小航——即戊戌政变时期之王照,现在旧都与吾弟一士时相过谈——近以新著示吾弟,《廉孝子传》一文有云:

每日对父遗像,依时进盘帨茶饭如生时曰:

"爸爸吃饭啊! 爸爸洗脸啊!"

小航自注云："余曾思索代此白话之文句，展转改易，无能逼肖声情者，故宁当俚俗之诮，不忍变子原来语气。"又云："戊戌奏章有杀鬼子字样，以非则情状不能合盘托出也。大声疾呼，尚恐不及，遑曰文哉！"此其明畅透达，决非"忘其所以"，乃"深知其所以"之通人矣。薛福成《庸庵笔记》述肃顺对恭王语："老六！汝与两宫叔嫂耳。"上两字为口语，下七字为文言。非"老六"不能传肃顺对恭王之真实的称呼，非"汝"字不能传其傲慢之口吻。一文一俗，不可偏废。"老六"固无别字可代，但若将下七字改为"你和两位皇太后是叔嫂哇"，则为平常说话，而神气之傲慢，不能□于句中，"神"与"句"离而为二，非当时亲聆其语，并观其神之恭王，不能知其说话时是何意态矣。"汝"字在习惯上已成为以尊对卑之代称，只此一字，而肃顺自大之神已活现于纸上，是故文字之得力，在乎运用之得法。为帅者，固当善将"将"也。

（原载于上海《时报》）

妙峰之妙　与普陀山南北并称

荒落的古都,二三年来已百不如前,唯当春光明媚,首夏清和之际,西山道上,宝马香车,朱颜绿鬓,熙来攘往,尚足为凤城旧景点染风华,良以玉泉、翠微、颐和、碧云诸胜,既为华北所无,五百年来,印像已甚深而普也。

三位娘娘,各有所长

有妙峰山,在诸山中为最远(距城七十里)亦最高(自下而上有四十里之遥),废历四月之前半月中,摩肩接踵,不远千里而来者亦最多,故其名特盛,骤聆之不知此一妙峰,有如何高妙,实则并非风景之区,只为神道设教之地,故来者以乡村民众最勇,大官贵族之敬神行善者亦乐布施,至青年学子则不甚踊跃,往者亦不过好奇心,作习劳之尝试而已,以其山既高,而崎岖荦确颇如蜀道之难行也。

旧四月一日为开庙期,在三月下旬已有所谓各会徒众者在城乡各街各巷,沿门沿户遍撒传单,黄纸墨刻大字,长约五尺,宽二尺余,受者须出一元之代价,张贴于大门,如昔日科场高中之报单然。上端横为:

金顶妙峰山

五大字为最显豁之 head line①。其下有"三道浑河"、"永佑

---

① head line:英文"标题"。

平安"、"糗络粥茶老会"之 subheading① 三行。又有大字直行,大书特书之:

　　眼光

天仙　圣母娘娘懿前呈献云马钱粮……香烛等仪

　　子孙

字样,并告群众须于三月二十九,在城内寺庵"发信",三十日"守晚"。四月一日"起程",当晚至三道浑河开棚,当日开棚呈献粥茶。初九日朝顶进香交纳当年钱粮(案山上人一年之计在于此矣)。末有两行小字曰"酬恩谢山"、"各了心愿",盖附近数十县乡村老少,其心目中以为素常生活,皆是此山上的老娘娘之恩赐也。一年一度拜山朝顶,献麦、献茶、文会、武会,各式贡献,皆为酬恩而来,老娘娘者伊等口中之共称,实则娘娘有三:"子孙娘娘"有宜男广嗣之权威,适应于"多子多孙"之民众心理;"天仙娘娘",则美容之秘术,"雪光膏"、"荷露粉"等科学制品所不及,正是爱美的少妇幼女所乐从;"眼光娘娘"能疗一切目疾,乡下老娘儿们纺绩缝补全仗目力,此等穷户,连精益公司的影子都无从望见,所谓托力克、配光镜,只是镀金博士之装饰品,则乡民欲保目力,不求眼光娘娘又求谁乎。

封神榜者近是

　　三位娘娘所居曰灵感宫,为山之最高处,亦唯此处较为平坦,故名娘娘顶——可与泰山之玉皇顶遥遥相对。宫门为四大天王把守,即封神榜之魔家四将,本是佛门护法,或以其善于司阍,故三位

---

① subheading:英文"副标题"。

娘娘亦借重欤。左右燃灯会，又有慈航庙，皆封神人物，故有疑三娘娘即云霄、碧霄、琼霄者。山侧及山腰又有城隍庙、速报司、现报司、药王庙、喜神庙，以为娘娘之辅弼。又有张大帅夫人所立之丰碑，张大帅者张勋也。

不修山道，不玩风景，才是真正的登山，诚意的谒圣

香客行抵山麓，先在北庵河茶棚休息。饮茶亦必先向棚中之神位磕头。由此上山，并无修整之山路如泰山之盘道，唯爬行于乱石丛莽人迹践踏成痕之自然路线以上升。升至八里许，至"响墙子"，始又有茶棚可以坐憩。又四里至朝阳院，再上至金山庵，泉水甚旺。由此再上，历"刮挞石"，言其石势崚嶒，迎风欲坠，状极险殆，行者须爬伏攀倚，步步艰难，望而生畏，故又名"三瞪眼"。钱粮如此之盛，香客如此之多，明清两代显官贵妇都结善缘，不吝布施，何至一条山道都修不起乎。原来其中有个道理，老娘娘之灵不灵，香客之诚不诚，其征验全在这条寸步难行的山路，愈难行，愈见其诚，虽白发苍苍之老太婆，只要一心诚敬，亦能完成"朝顶"之工作，有娘娘暗中保佑，不须如探险家屡创纪录之麻烦。故此山情形与他处之普通烧香还愿者，大不相同，人人专心壹志，神凝气合。（闻浙省之普陀山，五百里内居民皆相习吃素，成于自然，亦是诚灵互感之所致，故曰北有沙峰、南有普陀。）山路既难若登天，山中又无奇果可玩，皆以验诚也。友人有惜其缺少景物布置，竟被香客教训说：这个地方不是教你们逛着玩儿的！

入此山中，一言一动，皆为对于娘娘

所以山中有一种特别口号，到处可用，人人可用者，即"虔诚"

二字。譬如请人让道,托人取物,常例不曰"劳驾",即曰"费心",山中不然,只是"虔诚!"其涵义则一切皆有娘娘明镜高悬,鉴照无遗,故彼此间之一言一动,皆为对于娘娘,而非以个人对个人。

杨老板又是此处之台柱子

北京伶工之盛甲于全国,伶人敬神乐道之诚,亦名闻天下。喜神庙即梨园诸位老板所修筑,而武生泰斗杨老板小楼者,最为虔诚之模范。白云观中既为候补真人之一,妙峰山中捐助施舍,见善勇为,一般虔诚者咸称颂之。"小猴子"(戏界予杨之诨名,以其父月楼号为杨猴子也)勉乎哉。孙悟空出身"水帘洞",终作"斗战胜佛"获成正果。杨小猴子又何不可修炼成仙耶!

(原载于上海《时报》)

君子协定

一九三六,恐怖之年也。火药恶氛,充盈寰宇,公法浸皆失效,而"礼让为国"又何论焉。

近读维也纳七月十一日哈瓦斯电讯,知德奥之间恢复常态,非订政治条约,乃系一种"君子协定",此绝妙好词也。吾于德奥语文皆非素习,第以"君子"之译文察之当不离乎英之 gentlemen 者近是。昔梁任公著《新民说》,盛赞 gentlemen 含义之美而善,谓求之中国唯"君子"一名,其庶几焉。"君子"者,道德之至也。视"圣贤豪杰"则平易近人。"圣贤豪杰"常若超凡出众,使人感觉可望不可即,而"君子"不然。又无"好人,长者"之流敝,"好人,长者"或不免于"好好先生"或为"无用之别名",而"君子"又不然。

"君子"有时高于一切,圣人曰:"汝为君子儒,毋为小人儒。"儒道至尊,仍须以君子为标准而分其真伪。然"君子"在社会上又有普遍之训育性,如曰"君子自重","君子不夺人之所爱","君子动口,小人动手",不啻为自然之标语,人以君子相励则社会自宁,国以"君子"自期,则孤危无虑。

夫德奥在欧洲列邦中,本不啻同气之亲。昔世界大战时期,三同盟国,意大利脱辐以去,惟德奥始终患难相同。有如此历史,则相怜相助,共存共荣,应为必然之理。然自国社党勃兴而两国间多事矣!奥则祸乱相寻,德则耽耽虎视,志在吞并,同根相煎,而从而维系全奥之生存者,反为昔者弃友背盟之意大利。世上风云莫测,国际之道谊,尚可问乎。今观所谓"君子协定"者德之于奥,殆举"合并主义"、"党化政策"、"经济竞争"一鼓而尽弃之。虽为环境所迫,别有纵横捭阖之作用存乎其间,而奥得免于危亡,德亦有以全其唇齿。两利为利礼让从容,固不愧于君子之风也。

"政治条约",萦于利害;"君子协定",基于道谊。前者争而后者让,让人美德,惟强国优为之,弱者无能也。"君子"之名,为东方文化之旧有,君子之义,为东方诸侯所习知。际此时机,其有瞻瞩泰西,盱衡全局,奋然而作,当仁不让者乎,德意志曰"耻独为君子矣"。

特殊统计

"统计"是文明策进之要素。政治、社会、经济、实业等等有统计而后有比较,有预算,有实验,有改良。一时有一时的统计,一地有一地的统计,一个机关有一个机关的统计,一种事业有一种事业的统计。观统计之详略,推算之精粗,而国之盛衰,民之智愚,思过半矣。

中国自推行新政以来,"统计"工作不能说不努力,政府有专局,部院有专科,公司行业有专职,专家灿然大备。然而工商凋敝,万象萧条,农村破产,一切国利民福之事皆落伍不堪,则何以故?吾得而断之曰破坏多也!政变与内争,胥足以损国家之安宁,乱社会之秩序,譬之基础未定,日在飘摇风雨之中,救死不遑,岂有建设之可论。

然从事政变与内争者,且不肯如张宗昌之昌言"捣乱"、自认"胡诌",而常须假借一种名义,此名又必为应时应景,可广招徕者。在阅历较多之人,看到某种名义,即可知是何背景,一次上当,二回即不轻易盲从矣。然人事有代谢,后起者滚滚而来,多数是无辨别力的。所以最好是把以往之种种把戏,列为表式,名曰特殊统计,使人一望而明。例如半月刊第十九期拙著"X国军"一稿,即将民国以来之"安国"者、"定国"者、"救国"者、"护国"者分期注明,并预拟几字样,以备将来再有"此类大旗"时,人人可知是"旧戏重排,改头换面",并无何等出奇动众之处。不必率尔摇旗呐喊,以致多些扰乱,徒苦生民。

此等特殊统计愈多,则乱机可望减少,国家社会安定,而后一般之统计方有实益。

不只军事为然,凡"桃色案件"、"变相入股",以"换汤不换药"之腔调为虚浮之刺激,足以耸动盲从,陷害青年者,都可分门别类,照公式演之,如铸鼎,如燃犀,资鉴戒,救生灵,为大功德事也。

报报喜

大有年

报名甚多，未有以"喜"名者。今闻某佛学会发行一种半月刊名曰"喜报"，内容如何虽不得其详，但就所宣之宗旨而言"喜报喜事，喜气充盈"，洵可谓别开生面矣。此"火内青莲"也。

政治社会一切健康之国家，其新闻有如"面包"。乱七八糟病象繁杂之国家，其新闻辄似"白面"，社会产之，群众嗜之，业新闻者虽欲努力于美善，屏除辛辣，其势有所不能。一则明明有些事实，未便阙而不载；二则为销场计，不能与多数的"恶嗜"相抵触。然专门报喜，虽非长策，而有喜报不报，亦于情理有违。

现在有大喜之事，足可一报者，即长江一带及中原各地之丰收是也。陕南产谷之丰，为二十年所未有。芜湖之米，可供数省之需。只愁谷贱伤农，断无饥荒可虑，如此好消息，使旧史家处于今日早已大书特书矣。然而各报纸之记载，殊不火炽，群众对之远不若水旱刀兵、桃色云云之兴奋！常语云"好事不出门，恶事传千里"，其此之谓欤。

老朽敬郑重载笔曰：中华民国二十有五年秋"大有年"，民足食，得安居，略偿其往日"啃树皮嚼土块"之苦。

一点"丘九"的味儿

近年之流行语,于"丘八太爷"之外,又有所谓"丘九太爷"焉。"丘九太爷"之美称,不知始于何日,大概是由"游行示威"、"武装"、"打倒"等运动而起。老朽在校时,虽尚未及戴此"王冠",却也略微感到一些"丘九"的风味了。

还是上期半月刊所说的庆祝国会的大队游行那回事。

当我们几千人在"大清门"大喊三声之后,整队各回本营,行至御河桥,忽有红帷轿车一辆,车前有些红缨帽子的校尉之流,吆吆喝喝,要想横贯马路而过,被我们前队的朋友大喝一声"站住!"那些校尉还要瞪眼,看见后面队伍一齐喊着"叫那坐车的下来!"他见人多势众,怕吃眼前亏,立刻低头屏息,不敢多言。某校学友走到车前一看,车中端端正正坐着一位两把头,周身华丽的旗下贵妇。看那妆扮,那排场,不是东府里的福晋,就是西府里的格格,唬的脸色全呆了。大家见是一妇人,才免其下车,只令校尉们道歉了事。假使那些武士再不知进退,恐怕难免一出"打銮驾"!

那时北京地方,贵族与平民之不平等,阶级之森严,是人人所知道的。只行路一端而言,凡贵胄的府门前都有所谓"行马"!用红的短木交叉作栏杆式,横在路的中间,不许人家车马通过,这大概就是"三尺禁地"了。至于"路遇之礼",自王公百官以至护军校以下军民人等,分为好些阶级。平等官爵"分道而行",稍次之官

"让道而行"，再次者"勒马候过"，再次者"下马候过"。无有品级的军民人等，那怕遇见一位司官亦得让避一旁，这是见于《会典》的。

至于习惯上，凡贵胄最喜凭仗势力，以"不守法律"为可夸可傲。所以巡警初设的时候，非常为难。欲说路线是分左右的，他偏横冲直撞，你说此处不停车，他偏随处搁下。高蔚然《金銮琐记》云："初设巡警，振贝子护卫，以警兵碍骖从，鞭击之仆于沟中。公爵溥倬之车停于街心，警兵移于路旁，溥倬缚警兵鞭之并拘系。"可以想见，"公子哥们儿"的气焰。巡警对于他们是怕极了。然而袁世凯的"兵"，又非常厉害！

高先生有诗曰："如云骑从剑光寒，内监惊疑伫足看。装饰狰狞谁不畏，满身都画虎皮斑。"注云："项城荷枪卫士以黄色裹头至足，画虎皮斑文，王公大臣骣马见之，皆辟易，宫监亦却立呆看。"可见"丘八太爷"的威风，能使贵人退避三舍。除了"丘八"以外，官僚人民巡警，都无此魔力，只有那回各校提灯游行的"老爷们"！（蔡先生所谓老爷式的学生）给贵族一点教训，可与袁家兵媲美。

因之我辈老早的就感到一点"丘九"的味儿。

同时我们又感觉到一种反映的恐怖。（一）看那位旗妇后来有些很可怜的样子，觉得她未必便是真有势力的贵家，因为有点排场的未必都有实力。（二）学友们所以敢加以压迫，无疑地是仗着势众。假如我们的人，不及他的手下人多，只怕倒要受他们一欺，而且根本不敢朝他们发横。

在群众里浮泛出来的勇气，怕不是真勇气吧？我一直怀疑到如今。

英译《红楼梦》中之匾额对联

中西文化沟通之说既盛,翻译中国文学作品之工作,可算时髦已极。诗文经史小说戏曲等等,无所不译,无往而非专家大作,其勇气洵属可惊。日前读报看到《西厢记》的英译文,处处令人捧腹,我也有点意见,随笔写了几段,登在"畅观"上。现在再说说英译《红楼梦》的妙文,以见译事繁难之一斑。

中国文字,方体单音,欧洲文字,联体拼音。偶文韵语是中国文字之要素,那是长短不齐之西文所万不能有的,故一经翻译,便觉格格乎不相入。《红楼梦》虽是话体小说,与《西厢记》、《牡丹亭》之以词曲为骨干者不同,而"偶"、"韵"仍相当重要,西文遇到诗词对联骈文,大有"此路不通"之苦。

《红楼梦》*The Dream of the Red Chamber* 的译者卓来 H. Bencraft Joly 曾充驻华英国领事馆的职员,亦是个"中国通",对于此书,煞费苦心。但因中西文体不同,依然左支右绌,最显然的就是"大观园试才题对额"一回,匾额及对联的译法,例如《红楼梦》原文:

> 宝玉道:用"冯玉"二字,不若"沁芳"二字,岂不新雅。贾政拈须,点头不语。众人都忙迎合,称赞宝玉才情不凡。贾政道,匾上二字容易,再作一副"七言对"来。宝玉回顾一望,机上心来。乃念道:"绕堤柳借三篙翠,隔岸花分一瓣香。"

这里"冯玉"二字译的是 dripping jadelike，"沁芳"译的是 penetrating fragrance。不管他意义如何，倒都是两个字，而"七言对"则既不"七言"且不"对"了。

"绕堤柳借三篙翠"译的是 The willows which enclose the shore, the green borrow from three bamboos.

"隔岸花分一瓣香"译的是 On banks apart, the flowers as under grow, yet one perfume they give.

每句都是十二字，上下句字数虽同，而不成对偶。于是"七言对"变为"十二言不对"，此一妙也。

贾政因为匾上的两个字太易，所以要宝玉撰"七言对"一副。"对联"是中国文学的一种体裁，"七言对"是贾政命令宝玉的本意，无法通融。译者于"再作一副七言对"，译作 But now go on and compose a pair of antithetical, phrases with seven words in each. 再译中文乃是"再做，做一双对待式的词，每词须有七个字"。虽然罗嗦一点，可倒是极力顾全原意。对于原文的"七言"决不敢麻胡。然而下边的译文，依然是"十二言"。好像宝玉有心同他父亲闹别扭。贾政要他的"七言对"，他偏来个"十二言不对"，此二妙也。

另一处的匾额，一个清客题的四个字"淇水遗风"，译作 The bequeathed aspect of the river Ch'i，又一个题的是"睢园雅迹"译的是 The remaining vestige of the Chu Garden。宝玉题的是"有凤来仪"译作 A phoenix comes with dignified air。这三个题词，都是四个字一题，而译文则都变成"七言"、"六言"了。西文动不动就要挂些零碎，拿来译整齐严肃的中国文词，焉得而不"南辕而北辙"乎？

"杏花村"译作 Apricot Blossom Village，"稻香村"译作 Corn Fragrance Village，是按字面凑成的，虽然神理相去甚远，却喜字数不差。好在都是实字。"武陵源"译作 Wu Ling Spring，前两字老老实实译音，这倒干脆！

由以上诸例看来，二三字者若译英文还可以实收实发。四字者即不免"少吃多泄"，再多则全不能相顾，而对偶之句则总不能成对，不能对则"压根儿不是那么回事"矣。对联尚且无办法，何况诗词骈俪一切"以偶文韵语为构成的要素"之文章。然而诗词戏曲之译品，中西兼通之译家乃层出不穷，岂不怪哉！

X 国军

前数日拙稿有段祺瑞组安国军大战曹吴之语。今忽想起"安国军"是张作霖丁卯戊辰年对南大战时之军号。而老段庚申之"本上将军"的军，像是叫做"定国军"。误"定"为"安"，吾过矣，吾过矣。然而这些"治国安邦将"（《捉放曹》陈宫说曹操"只道他是个治国安邦将"）实在太多，而其"军"所冠之字，总是那一套，容易混淆。今且分为"过去"、"现在"、"未来"三式，以求一结断。

（一）"过去"唐继尧丙辰年云南起义组"护国军"；段祺瑞庚申年组"定国军"，张作霖丁卯年组"安国军"。

（二）"现在"两广以对外为名，所组之总名是什么"救国军"。

（三）"未来"可以预拟几个字，以后总还有些"讨什么""对什么"。X 的格位，不愁无字可填。如"保国军"、"佑国军"、"兴国军"、"强国军"……多多益善。早晚用得着的！

国之"安、定、救、护"有军。"保、佑、兴、强"又有军。所以中国军数，为全世之第一，照最近统计，已有二百二十五万人，无名之散、溃、游、变者尚不在内。循此以往，则三十年前讴歌梦想之"全国皆兵"欧式军国民或不远矣。

这就是《恶虎村》濮、武二位，所谓"糟糕"！而又"切糕"！

国　葬

　　胡、章二君先后议定"国葬",报功崇德,理亦宜然。太炎先生虽未输诚"青白",确为光复前驱。略迹原心,礼从其厚。治尚宽大,旨在激扬。既彰作始之劳,尤惬为公之义,如斯举措,安有异言。兹所论者则为"国葬"一词之存废也。

　　夫国葬之典至重,而其名实甚不祥。在昔黄(兴)蔡(锷)之逝,有挟此两字登高以呼者,闾巷之间,已窃窃私议,谓"国"也而可以"葬"乎?!时方多故,代有贤劳,地久天长,循行不已。一葬再葬!国何以堪?

　　前代轸恤勋旧,有谕祭、立碑、颁帑、护行诸例,尤贵近者,则"一切丧葬官为料理",特遣内务府及部院官主其事,报施之隆,至此极矣。唯帝王弃天下,号为"国丧",虽不中于理,而彼时"朕即国家",于体制尚非矛盾。民国之国,则国民所共有也。元首且不能专,何论群雄。即云造福邦家,亦须慎兹名义。若曰 national,曰 concernment,仿诸先进,自有本源。不知中西文体有殊,取舍权衡,未可执一而论。吾谓校可"国立",商可"国营",而人则不宜"国葬"!必不得已,亦可略缓其词,或曰"国帑治丧",或曰"葬以国礼"。名正言顺,足为泉壤之光,何须以"葬"缀"国",致来"以国殉人"之诮哉。尤有进者,异数频烦,后难为继,名器之贵,浸乃寻常。此尤典制之司,所当熟筹轻重者也。

关于"线装"

第二十期《实报》半月刊的封面是"线装式",雅净无论。题签者赵剑老,今之名耆,尤能生色。惟鄙意者与第四期之"吴敬恒题",易地而处,则更妙。在剑老固无所谓,在吴老则为"痛恶线装书"之人,若把他的大名放在"特别的线装"之上,亦可以发生一点反映的美趣。

今之吴稚晖,"皓首苍颜",早已被看作"加料的落伍者"了,且享有"刘姥姥"之美号久矣。然其少年奋斗之时,什么"无政府主义"、"洋化政策",不是喊得应天响么? 至今"无政府"虽不坚持,"非线装"仍未放弃。他与章太炎对口相声,连哭带嚷,一直斗了多少年,直到最近太炎一棺戢身,万事都已,他还余怒未平,有些"的的咕咕"的话,登在南京的报纸上。有个朋友说:假使太炎天上有灵,亦必然余音袅袅,有往有来。他二位的官司,怕是要像《西游记》的"二心之斗",下至十八层地狱,上至三十三天,都不能了局,算来亦只为"线装"的问题。

吴稚晖亦非当真搜罗"线装"一本一本往茅坑里扔。他的"非线装"只是"反国粹"的表征词。而章之立场则"国学"也,利害切身,原非以事理为对象。故所争者在此,而动机在彼。局外人各从其表面发议论,评是非,而不知一池春水乃大愚耳。

谈　丁

报人逢年逢节写应景的文章，与伶人逢年逢节唱应景的戏，意义相同，而工作则较为困难。

甲园年初一贴《英雄会》、《满床笏》，乙园年初一再贴《英雄会》、《满床笏》，绝对没有人骂他"袭旧"。报稿则不许有刻板文章。因之报人接到老板的命令，比伶人接到管事的通知，要紧张些。

"国家大事"不易而且不敢瞎聊。下笔的材料，先就"江山去了一大半"。报人近来一般的苦闷，真不及铁镜公主，她倒把"国家大事"挂在嘴里，仿佛不算点事儿！

望文生义，子年谈谈老鼠，丑年谈谈老牛，自然是一个办法。但各报如此，材料无多，常有"雷同"之患，依然枯窘之题。所以去年，我在《实报·畅观》上谈"丙子"就把大众注意的下一字"子"撇开，单找上一字"丙"。子是"老鼠"，丙虽不是动物，却是鱼的尾巴。《尔雅》上注的明白，"鱼枕谓之丁，鱼肠谓之乙，鱼尾谓之丙"，都是象形。既然还有个"亅"字，牵连到"丁丑"，则不得谓之绝无发挥，然而再说"鱼"，也不必了。

"丁"字的形象很有趣，真像一个"钉子"站在那里，但此字却很少被人好好的用过，"丁忧"、"丁艰"，是亲丧大故，"运丁阳九"是命里倒霉。"目不识丁"，何殊于盲者，讨鱼税的小丑，偏叫做

"丁郎儿"。

中国的国难,严重至此,国人应当和孝子一样,"节哀应变,勉襄大事,继志开来"。中国的教育未普及,知书识字的太少,苛捐杂税,民生憔悴,应当少些丁郎儿那样的人。拉拉杂杂写了几句,就此缴卷可也。

（原载于 1937 年 1 月 1 日《实报》半月刊第二年第六期）

做官与做人

读报载季尚局长新年团拜诰勉僚友：（一）主管人员以身作则；（二）做事认真守时刻；（三）对外接洽，态度要谦和。可云要言不烦。循吏之所以异于俗吏，不外乎此。即现代青年所以异于落伍者，亦在乎此。

我有些朋友，为戏曲的事情，常到社会局接洽，见到几位职员，都很谦和，指示周详，不失"公务员"之风格。而且近来一般的官吏，都比较从前有相当进步。故知季尚之言，乃勉之又勉，精益求精，且不止为一时一地说法也。

民十二年，北京官场盛行"做官要做人"之说，事由某部长在衙中表白自己志愿，不以"做官"为念，却要"做人"，众人聆其新颖，颇相称道，实则官职为人事之一种，民国之官，为民服务，本与前代不同，更无划若鸿沟之必要。不能"做人"焉能"做官"，能"做人"又何妨"做官"。盖社会间一切人事，甚多于官规之原则相同。季尚系在团拜中抒发意见，"在官言官"耳。而凡商工军界各界，于以上几项原则，亦未可忽略也。即以对外接洽谦和而论，吾闻海上有些大商店，当往年繁盛之时，对待顾客，皆如"冰面"，于衣冠老式者，甚或呵斥讥诮，使人难堪。近年市况衰落，则一变而为笑靥迎人，且高贴"来客皆是亲家公！"之标语，以取悦焉。是则傲慢之里面，即是谄媚，虽非"做官"，又何尝能

"做人"耶？

　　季尚之言，涵义甚广，吾故引申之，以览观焉。

　　（原载于 1937 年 2 月 1 日《实报》半月刊第二年第八期）

六、小说戏剧

小说丛话

前新文学运动时代，盛行欧体短篇小说，近则章回体之小说又复大兴，即新式之日报杂志，亦以章回体之社会、家庭、男女等类小说相号召。盖章回体确有组织之优点，整齐之美性也。就旧小说中分别评判，则《红楼梦》、《三国演义》之章法最为大而能密，首尾整饬，秩序井然。次则《儿女英雄传》、《绿野仙踪》、《醒世姻缘》、《金瓶梅》，亦能一气贯注。此只就章法言也。

《水浒》自是煞费匠心之一部大书。其笔意精灵处，绝非《三国》所能及，即全文之组织，梁山诸人人各一传，包容穿插，递相吸引，脉络分明，又极融洽，无愧与《史记》并列才子。但后半部大逊于前，攻城略地，打家劫舍，烟雾腾天，臃肿不灵矣。虽笔力遒健，特色具在，而以章法论，则不及《三国》之始终不慌不忙，班部如一也。

圣叹谓《西游记》如放烟火，一阵又一阵，此论甚确，然《西游记》以西行取经始，以得经东归终，开首以孙行者（喻心）明为全书主人，章法自系预定，唯中间要将八十一难具体实写，故一阵一阵之烟火，遂不能免。要非散漫无统，信笔写下者所得共论也。《儒林外史》则一回一回，各人各事，虽联贯而下，而前后段落，各无呼应。试将其各人各事截分之，则可以成为各个独立之小回目。朕尝比之顶牛式的文字。如"西北有高楼，楼高面面见青山，山中一夜雨，雨后有人耕绿野，野旷天低树，树杪百重泉，泉声咽危石，石不能言自可人，人迹板桥霜，霜叶红于二月花，花落知多少……"如此，联贯而下，自亦不能预知其止境，不能与律诗歌行之有组织、有脉络、呼应一气者共论。故《儒林外史》虽章回体，而章法则不及《三国》，并不及《水浒》《西游》。唯其笔致清俊，语气明净，足与《水浒》颉颃，更非其他之太文太土者所能及。此亦以笔胜而不以文胜者。

《官场现形记》，脱胎于《儒林外史》，体裁亦是顶牛式，以甲人甲事，递入乙人乙事，更递入丙、丁、戊、己，前叙之人物，如过眼云烟，永不再见，后来者层续不断，可以一续再续至于无穷。唯笔墨逊于《儒林外史》之雅洁清灵，其酣畅淋漓亦有优点，倒底不是文学艺术的结构之小说耳。

《水浒》之好汉，到处皆是五七斤牛羊，几大碗烧酒，多少斤饼面，而《封神演义》则无论是仙是人，鲜有吃饭饮水者，故曰涨死《水浒》，饿死《封神》。（封神马元之吃人，羽翼仙之化斋，皆以写其凶恶及道术之胜负，当别论。）

《水浒》一百八人，历数百战而无一死伤，有议其不近情理者，诚不得谓非疵点。《荡寇志》笔墨章法均不及《水浒》，云陈部下王天霸、李成、胡琼，及□槐、任森之智勇，皆不免于阵亡，则颇能力矫《水浒》之弊也。

《红楼梦》只是写大家贵族之家庭黑幕，其谓影射明珠，或顺治者，皆似是而非，皆为主观的揣测，不足为据。

《红楼梦》脱胎于《金瓶梅》而青胜于蓝，可谓善用前人者，此人所共见。唯世人读《红楼》而误以宝玉为多情种子，甚有颂为情圣者，此则为作者之隐约的笔法所误。作者之写宝玉，盖萃淫乱、残忍、卑鄙、狡猾之罪恶于一身，此拆白之鼻祖、兽行之实践家也。

《金瓶》之西门庆秽恶不堪矣。然所淫者妓、婢、仆、媪及他人妇女，不似宝玉之姐妹亲戚、长嫂侄媳，除其祖母、母姨外，几于无论不乱也。昔闻清初某名士有言："我生者不淫，生我者不淫，此外皆在可淫之列。"《红楼》之"只有石狮子是干净的"，亦是此意。

宝玉之粗俗虽不明写，然时时露出一二以见一斑，如骂晴雯踢袭人之口吻举动，自是西门庆混混行径之嫡派，但《红楼》之笔墨用云遮月法，固不能如《金瓶》十分露骨，又宝玉与西门庆之身份须有分别耳。然谓宝玉如何温雅，则亦大可不必矣。其"专在女人身上用功夫"，非抽象的"十挨光"乎。其以《西厢》淫词戏黛玉，非轻薄乎。金钏、尤三姐之死，皆以宝玉故，而宝玉之以女子为牺牲也如故。黛玉算是他唯一之爱人，而借"候芳魂"又与柳五儿勾搭矣。此与西门之"守孤灵"一段尤酷肖。若闹书房之秽乱，及以秦钟为男色，而又献身为北静王之男色，直兼北京之韩谭人物，与上海之拆白党人之能事，就事实略加观察，即可洞见其真形，而无如脑简目短者多，并此亦看不出。此可怪之事一也。

《三国演义》有人颜曰第一才子，亦有圣叹外书，圣叹夹批如《水浒》之方式，然不是"遥遥相对"，就是"预为张本"，呆呆板板，一望而知为伪造，且圣叹于《水浒》"读法"中已明言"《三国》人物事体说话太多了，笔下拖不动，趱不转，分明如官府传话奴才，只是把小人声口替得这句出来，其实何曾自敢增减一字"。圣叹之非薄《三国》如是，且圣叹之评定六部才子书《史记》、《庄子》、《离骚》、《杜诗》、《水浒》、《西厢》，何曾有《三国》在内。乃冒牌者既大胆仿造，盲目者即信而不疑，甚有因而誉圣叹笔法之善变者，何不取《水浒》之圣叹弁语一寓目乎。此可怪之事二也。

《三国演义》之笔致神韵活泼精悍处确不如《水浒》，更非圣叹之天才家性之所近，然《三国》之章法始终不懈，亦自有为《水浒》所不及处，又不能专以圣叹为凭。

《聊斋》之文，工力数倍于《阅微草堂》，然喜《阅微草堂》者多于《聊斋》，此无他，《聊斋》做的费力，看的人也费力耳。犹之工笔画之吸力不及写意画也。

《封神演义》之好处，全在想入非非，热闹非常，即其法宝法术之名目，作一统计表，已为大观。此书亦有其特性，别有天地，正不得以人生习见习闻之事实道理作根据，以斥其荒唐。本是神怪小说之大观，不为人生事实而设也。其以封神为主，自有结构，笔法之狂肆，则体裁自是如此，最奇者李耳周人，孔子同时，而周室开国时，已以八景宫大老爷之资格兴周灭纣，此所谓明版《康熙字典》之一类欤。

《老残游记》为近代小说中之佳著。鼎革以后，声誉益隆，固有黄龙子论北拳南革一段，应合辛亥之事，世人遂以未卜先知相惊叹。新文化家有斥为诞妄偶合者，此姑不必置论。但论笔墨，则写景纪事，不失为清超俊拔一流也。

全书系章回体，累累万言，然只是笔记式的小说，以其信笔写去，初无结构脉络与全部章法之呼应，各个部分之分写与总结，如《红楼》、《水浒》、《儿女英雄》之规模。即《二十世纪怪现状》、《苏州新年》、《文明小史》等等，亦复如是。无论其篇幅长短若何，既是随笔抒写，不从系统的组织入手，即应归入笔记小说之一类。

书中写官场情形，社会疾苦，都能传写真实，有一部分的历史价值。惟两写酷吏（一毓贤，一刚弼）备极深刻，固足使一般治人阶级秉权执法者知所鉴戒，而在事实则有过分处，如毓贤之为曹州府，治盗严厉，人所共患。然曹为盗薮，数百年来文武官吏罔不以

"治乱国用重典"为金科玉律，不止毓贤一人。杀戮多，则冤诬在所难免，陆建章为曹州镇有屠户名，所诛倍于毓，二人皆不善终，世俗相传曹州者鲜有良果，未必有心为恶，煞气重也，然欤否欤？若《老残》所记毓氏诬杀于家礼，放走真盗犯，则不但酷吏，且以诬良纵盗为事，则纠恶殆不若是之甚也。毓在曹府任，重悬赏捕某盗魁，一日忽于大堂上发现一纸，大书曰，获毓贤者赏银万两，获毛敬者赏五千两（毛为曹府附郭首邑菏泽县令），获总兵某者赏五百两（此以讥武职大员无能，有心揶揄也），毓以是坐卧不安，一夕数易其寝处。鲁人至今就乐道其事，以为谈助焉。

写毓贤之不已，又写一刚弼，似亦实有其人（所云齐河县王子谨即王敬勖，任齐河令甚久），贾家命案写来历历如绘，亦似非无因，然结局乃有所谓"千日醉"、"返魂香"十三个死人多日复活一事，则怪诞离奇，出乎情理以外，并此案情事亦近乎杜撰矣。

书中白子寿对刚弼云："清廉人原是最令人佩服的，只有脾气不好，他总觉得天下人都是小人，只他一个人是君子，这个念头最害事的。天下事不知害了多少。"语甚警切，可为偏重主观、感情用事者当头之棒喝。所惜者书中于清廉人之写状，几无完人，毓、刚之外，并李鉴堂（秉衡）亦连带挖苦几句（即所谓吕谏堂），岂清廉人皆必为害耶。书中老残之自状，可谓清高已极，而据沃邱仲子所为《近代名人传》云，"胡聘之为山西巡抚，与英人福公司定晋矿合同者，即聘之主政，仕刘铁云所为，铁云即著《老残游记》者也。至今晋人言之有余痛。"信如所说，则写《游记》中摇串铃卖医药，却聘辞官，浮云富贵，解厄救生之老残，判若两人，斯可异已。

（原载于 1931 年 3 月 25—27 日上海《时报》）

中国戏剧与小说之关系

日来秣陵生与王培义诸君来稿，对于戏剧与小说之关系都有所讨论。关于剧本独立（脱离小说之羁绊）之主张，卑人极表赞同。一是地位上戏剧本无连带于小说之必要，二是时期上既步小说之后尘，必较小说又晚一步，极无谓也。

中国戏剧与小说之连带的关系，可谓非常之密切。但有须注意之两要点：

（一）大多数非直接小说，乃是由小说传衍之小小说、唱本、鼓词、野语、神话（其说已详见前《小京报》）。戏剧中之《乌龙院》不是《水浒》里的宋江怒杀阎婆惜。戏剧中的《红鸾喜》亦不是《今古奇观》的《金玉奴棒打无情郎》（仔细对看便知）。就是三国戏而论（算是比较近于历史小说的），也不尽与吾人所常看的演义相符。《黄鹤楼》一出，《演义》里没有，是尽人所知的了。《月下斩貂蝉》及《桃园三结义》，此剧事实如刘穷阗席（刘穷是刘备的混名）、三人爬树定尊卑等等，都不是《演义》所有的。

（二）大多数"借题发挥"，一个小事实演出许多大事实。论其开端，的确是以历史或小说上一个人一件事起来的。例如《卖马》里的秦叔宝，在历史上的确有这么一个人。秦叔宝卖马，在小说上的确有这么一回事。然而戏剧里的卖马是写盗贼之恣横，写捕役与盗贼之勾串一气，写政治之黑暗，公事积压之害人，及生活压迫之苦痛。这些情形,都不是唐代一个时期的情形。完全是编戏的人就他所处的环境所见所感的借着一点小事实而发挥实在的现状。戏剧已成之后,便与它所根据的历史或小说没有什么多大的关系了。所以看戏的人都发生一点现在的事实的联想,决不至把眼光专拘束于"彼时的古人的一段小事实"之范围以内。而《卖马》、《乌龙院》等戏所以比较三国戏为有价值的原故,就是三国戏的涵量甚微,没有多大意义,可以使人发生现实的联想。

所以我说中国戏剧的毛病不在离不了小说,而在"离不了古人",以前编戏的之演古观念太重,几乎闹成戏台为古人而设,把戏本一套套的看下来,大半部都是二十四史上的事实。但事实却不见得都是二十四史上的事实。因为编戏的人虽然本心是要演古人古事,但并没有方法调查充足的历史资料,他只以为现在的事实情景,就是当时的事实情景,所以所演者人是古人,事是今事。

不过就这种演古观念而论,已经可以引起两种误会:

(一)看戏的人亦竟认为实演古事,而发生许多专讲古理(实在是不明剧理)的大议论愈讲情理愈不是情理。假如编剧人,连古人的名字都不假借,自己随便造个名字,自然就不致发生误会了。

例如《讨鱼税》里的萧恩,不但历史上没有此人,就是小说(《水浒》)里又何尝有此人(萧恩或者是小小说里以阮小二转变出来,但这层可以不必管他,而且最好是用这一类另起炉灶的名字,阮小二本来亦不是历史上的人)。看这一类的戏只看他描写,生计压迫,纳税黑暗。不必管他哪一朝哪一代,什么典什么书。因为这一类的情形,连现在号称平民政治最进步的大美国,都不能免,所以我可以说此剧并不是专演中国的古人古事。

(二)反对演古,注意现代人生观的人,看了所谓"旧戏",容易发生"为什么专演古人古事?"之怀疑。这一类的怀疑,固然有一部分是由于未能澈底了解而致于错觉,而戏剧上无谓的"古"彩,亦不能辞咎。

戏剧同小说原来不一定是要连带的,我们主张戏剧脱离小说的羁绊,却并不是说必须与小说完全脱离关系。小说事实有可以编戏的,仍然可以尽量采用。好在只要了解编剧的艺术,决不至僵死在小说的范围以内。我又可以说旧剧(旧有的乐剧)十有九出是仅仅采用小说,而非受拘于小说的。无论戏剧或小说之构成,总不外(一)事实的事实,(二)理想的事实。小说既可以采取事实做小说,戏剧又何尝不可直接采取事实而编戏剧。

直接采取事实编剧的,在现演的乐剧亦并不是没有。例如《马思远》《双烈女》《孽海波澜》,都是事实,有戏剧,而没有小说的。而且近来除了受了名伶毒的一般人(如谭迷、杨狂等,以为除了谭戏杨戏以外,都不是戏不屑演)以外,愈是不著名的戏班,编戏的本领愈大。天桥的戏园,和以前女班奎德社都常常编时事戏,其中亦很有编得好的。可惜知识差些,除却描写一部分下等社会外,没有多大的永久的价值。至于那般新人物,不论是文明新戏派,是文化新戏派,尽有很好的理性,偏偏又不缺少艺术,看他们所演的戏,简直还不如单看他们编的剧本(只当看小说),还爽快而且经济些。所以本刊第一号开宗明义,就是:要以精美的方法,表演适合现代需要有价值的戏剧。

(原载于 1925 年 1 月 19 日《戏剧周刊》)

关于《古城返照记》

一、凌霄汉阁启白

本阁现在要做小说了，名目就是《古城返照记》。在未曾落笔之先，我的志愿很大，要想把五百年来政治社会风土人情种种现象，前因后果，一步一步，一班一班地描写出来，成就一种科学与文化的结晶物。然而这样作法，没有三五年工夫是办不来的，现在我老霄一只秃笔，今日写新，明日写旧，东家要戏评，西家要诗话，好比戏场上的一个包袱角儿，一天赶四五个戏园，到晚来一算挣下几文钱，刚够一家喝窝窝头之用，哪里有个整工夫去排整本大戏呢。再说这次做小说，是本报主编发起要登在报上的。报上的文章和专门的著作，本就有点分别，上海与北平的情形又两样些。这就不能不变通办理了。现在打算分作两层，一是把这座古城的大概情形，叙述一番，诸君看了，可以得到相当的概念，好比戏台上的大引子。二是把社会现象，政海变迁，三百六十行的内幕，军、财、洋、官诸阀的真形，一桩一件和盘托出，这样做法，虽然够不上传之名山，亦庶几乎不至于"看过后就抹桌子"。现在所考虑的，就是引子念完之后，先唱什么？论作书的系统，自然要以政治方面说起，但是洪宪、复辟、直皖、直奉那些陈年古董，已不尽合乎事宜，就是社会上的情形，例如劳工团的"老东"，各庙会的"老赶"，在北方人看来,或者有些兴味,到了上海,又未免不合地宜。想来想去,还是把花界放在头里吧,这是南北通行彼此容易了解的。老霄谈花,好比李逵打鱼。凌霄汉阁的阁中汉,要改做南天门以外的门外汉,那是一定的了。不但诸位看了奇怪,就是我自己亦觉得是个破天荒的尝试。至于怎样个说法,我不明言,诸位亦可以猜个八九。究竟是否可看,"且待下回分解"可也。

二、《古城返照记》叙例

关于文学,即传写的艺术

《古城返照》问世以来,阅时两月而强,盖已七八万言矣。每思举其体要,以质高明,无如笔耕生活,文债如山,虽沪上只为一家老友《时报》撰此小说,而平津两地之有历史与契约关系者,日有追呼,谊无委卸。苦无暇晷,撰作说明。兹先将关于文学(即传写的艺术)之一部分,述其大概,以告辱爱诸公,幸垂察焉。

朕所以为适宜于传写事物之文学不一端,而不可不明其主要与宾辅。犹之医家定剂,必有君臣佐使;庖人制馔,必五味调和;将帅行军,必点遣适宜。今兹所定之计划,简括言之,则:

以"剧体文"为主,以新语体文、欧体白话、各处方言、国语官话、古文、骈俪、诗词、英法文、图案文为辅。

以"剧体文"为主者,即行军之先定元帅也。其它各式文则"站立两厢,听候令下",相机制宜而后用之。朕于各式文学,向抱一"拿来我用"之宗旨,所谓大块假我以文章,凡落纸之云烟,皆可陶铸而采撷之,不问其为今为古,为中为西、为古为骈、为文言为白话也。惟运用亦有两要义,一曰用得"活",二曰用得"合"。

文字之死活，全在用之得法，得法则古文亦可有盎然之气，不得法，则欧式之白话文，亦非以英文法对照而读不可，甚有支离牵强尚不如径读西文为痛快者。人类所借以宜达主观的意识，与夫传写客观的事物者，不外乎语言与文学。二者各有所长，各不能相兼，然行文者不可不以"兼并语言之长"为职志。古语所云，如闻其声、如见其人、如身临其境者，又所谓绘影绘声者是也。而此等功能则以"剧体文"为最大。盖戏剧为兼声与形之艺术。其文学本系合视听两官之美而构成者。换言之则人物与形状皆因戏词之联带的印象，使读者览此戏词，立时可以发生语言动作情境相同之联想，而感觉特殊之兴味与了解。即未看过此戏，未记得此词者，其兴味虽稍后于人，而亦决不至感何扞格，以碍其原有之兴味，何也，以所引用之戏词，皆极普通之京调皮黄戏，其戏词皆极通俗之词句。若稍近高深之词曲，则一概屏而不用（如应用古文诗词之时，亦决不用戏中之高雅词曲），前者二友人读我《古城》至第三章第五节，马戛尔尼争跪拜事，至中国方面尽管说"要跪要跪偏要跪"，他那里还是唱"不能不能万不能！"甲友为不熟剧文者，但因此词本不艰深，不难以常解而明其意义，因谓用此叠字句足以传双方争持之状，甚表满意。但乙友为熟于剧文者，则笑语之曰："子知其一，不知其二，此两语乃用《三击掌》父女争退婚之"要退要退偏要退，不能不能万不能"。及女《斩子》之"要斩要斩偏要斩，不能不能万不能"，此两戏之此种快板对口词句，乃经过几番争执之后，达于紧张之程度，故看过此两戏者，益觉用此词于此处，最能传写中英两方争礼之紧张，因先有戏台上之印象也。于是甲友乃骤形失望曰："此是你们懂戏的所享有之兴味，与我们不懂戏的何干！"由此观之，不熟戏词者只得十成兴味，而熟于剧者兴味可至十二分,略有区别耳,于不熟剧者并无所损也。

三、答　　问

这座《古城》问世以来,已经两个多月了,当然有许多的批评,无论是赞美是怀疑,在我老汉都觉得非常荣幸,非常感激,现在先把必要的说明编作问答体,条举于下,作诸位的参考。

问:《古城返照记》是什么?

答:《古城返照记》就是《古城返照记》,仿佛一面镜子把这座古城里政治、社会、风土、人情形形色色照了出来。使读者脑海中留些历史的印像,发生些同情的联想。这就是《古城返照记》的"正名定分"。

问:《古城返照记》是历史是小说,是写景是叙事是说理?

答:不是历史,因为历史太正经了。也不是小说,小说二字,在我国文学史上,太没有地位了。事也是叙,景也要写,理也要说,这些是达到一种目的的工具、方法。

问:目的是什么?

答:作者未落笔之先,先要自问一句:"我为什么要做《古城返照记》?"读者亦如是,未读之先,亦要问一句:"我为什么要看《古城返照记》?"这个问题在第一问里已说过了,是面镜子,是整个的政治、社会、风土、人情的镜子,不是一人一事一家的镜子。做书的要回问一句:"诸位看《古城返照记》,是否可以得到知识的收获?是否感觉一点趣味上的贡献?"如其认为有益于知识,有得于趣味,则作者不虚此一作,诸位亦不枉此一看,即此便是目的。

问:知识是不是专取古董? 趣味是不是专写黑幕?

答:古董也要贩,黑幕也要写。虽是说古董也要有点兴味,加点庖制工夫。虽是写黑幕，可不敢造黑幕。你看从前做淫书的、现在写性学的，哪个不先说上一套奖善惩淫求真求善求美，可是无论是何作品，是何本心，面子上决没有自己说"我是造孽的，我是惟利是图的"。然而结果总是造大孽赚大钱，而且他们本心里未必不是认准了"造孽赚钱"四个大字，不过不能不说几句面子话罢了。不是我老汉说句狂话，像《金瓶梅》、《性史》那样的书，不是做不出来，也许更深刻些，做了出来敢保准有人看，一面看一面骂，口里愈骂心里愈要看，现在的报纸不是讲销数吗，销的愈多，报自然就算愈好喽，这一来，《时报》准可风行全球压倒一切。然而我们《时报》老板，以文学历史价值期望这座《古城》断不肯任我老汉胡说胡闹，就是我老汉也还要"手摩胸膛自思量"，生不幸为文人，不幸做了"小说"，真个就该滥污到这步田地吗？呜呼！朕固有所不为也。

四、替《古城》说几句话

凡是一种作品，必有其自擅之作风，所谓作风，意义、组织、风格、艺术莫不该焉。《古城返照》固不敢自诩作者之林，而亦有一番甘苦，兹特陈其大要，以备览观。著者固愿尽力所能，贡献于读者，读者亦宜洞察此作之特性，于相互之了解以下，收两益之效果，所甚望也。

一、此作之动机，在首都南迁。念兹北平虽一隅之地，而历代政枢、全国文化，关系非轻，不可无述，以佐清谈。名曰返照，则记事限于民国十七年六月以前，此时间上之范围也。若其事例，则第一章将"古城"状况写一大概作大引子后，即从著者身入大学之日叙起，由是而学界、官场、花界、戏界以及其他之风土人情，互为经纬，以作者之真知灼见参以文学的写状，务使生气飞扬，不涉平泛，至辛亥革命止，此为上编。

民国元年至十七年六月，为官军两阀之天下，名为共和，实乃另有一种过渡的历史性质，此种局面，完全为北洋派所造成，而北洋派非帝非民，又自有其历史。故拟将北洋派之来历（人物照片景物），略叙作为第二次之大引子，其次即接叙民元以后之政治社会各种现象。盖此十七年中，北平一地另是一番现象，如女伶之入京，名士之捧角，交际之花，社会明星，星相家之盛行，和尚说法，道士立社，形形色色，视前热闹百倍，要当撮要类书，明其窍奥，至十七年六月止，此为下编。

在上编之末，即辛亥革命之关目，乃应将清代大事提要编叙，故第三四章所叙之乾隆诸事，本应到上编之末再述。但适值东陵案件发生，故提前插入，为读报诸公助助兴味，此临时的特别办法。然由陆、贾入大学、进内阁得档案，叙乾隆而孔子（孔子事亦为与双十双庆相应），而太学，而大学，由著者之大学生活，而递入谈花，虽然兜一大圈，其间又各有连贯，依然回至正轨。譬如由上海至南京，中间在苏州、无锡下车浏览一番，依然上火车奔首都而去也。

二、此作之传写的艺术，实兼戏剧、电影、小说、历史四者之方法，以期写状生动，增益兴味，著者以中国之丑角、外国之滑稽影员自期，宇宙间往古来今各行各色，罔不为诙谐之资料，虽间有嬉笑怒骂之处，亦非漫无拣择，如"矮鼠田鸡"则真嬉笑怒骂也。其他则不过如演剧之插诨逗笑而已。丑角及滑稽影员之惯例，无往而不拣取笑料，乃至最崇拜者最亲爱者，亦不惜与之开玩笑焉。陆克、贾波林之所以能成其趣者，以其毫无沾滞，观者亦能加以谅解也。昔名丑刘赶三演剧，潘祖荫以当朝权贵在座，刘直以剧中潘金莲拟之，潘并不嗔怪，以明知是逗笑取乐，故若非笨伯，决不认真也。夫至尊莫如天，至亲莫如己。《古城》著者于God（上帝）且屡开玩笑，于自身（陆、贾）亦屡开玩笑，则凡有入书中玩笑之数者，如系解人，吾意其必不至如曹锟禁演捉曹放曹之涂劣也。

三、昔之小说名作如《红楼》、《水浒》，所以至今而尊重者，以其能写出一种情况，《红楼》写大家庭，《水浒》写官治、盗薮，均有镜鉴之价值也。然前人无眼光，视《红楼》不过才子佳人宝玉黛玉，视《水浒》不过英雄好汉宋江李逵耳。故红楼遂致误了许多小姐公子，想学宝玉黛玉，而伧夫不知《红楼》写大家庭衰落之真意，而有圆梦、复梦、再梦，务求宝黛之团圆，看似定成章法，实则愈离愈远。而《水浒》亦适以造成许多盗贼。两书为有宗旨有艺术者，尚且获此恶果，况其他之名为劝惩而实则淫盗之教科书者乎。按著者之最高境地，本宜只写事实，俾读者自得其意旨于言外，《红楼》、《水浒》之所以高也。然善读者不多，则流弊甚大。是以鄙人于以上两书之外，极承认《儿女英雄传》为自树一帜之佳作。此传为夹叙夹议之体，有一段叙述，则有一段说明或推论，于本事之明透，同一的现象之联想甚为有益。文笔酣畅淋漓，尤能显其特擅之作风。（至其知识论调，有于现代不合宜处，则时代所限，与传写之艺术为另一问题。兹所赞者，乃真艺术也。）鄙人凤所心折，此《古城》即有参用其前例之处，而于"返照"之记述体裁，旨在写明各种之情况者，尤相欣合焉。近日著书读书均应从综合的景象上入手，即读历史，如从前争伐禅让之编年纪录，帝王将士之言行功过，亦只为洞明历史的迹象之资料，而非可以从前之起居、簿录之法读之。故《古城》虽谈花，却决非海上出版之嫖客传志、妓女行状之做法,此亦须首先声明者。

四、中国文学体类本繁,至于今日新旧中西纷然并作,尤为巨观。鄙人以为文字者述意状物之工具,如做菜之味料,随所宜而用之。世间万事万物无不可利用者。故如西文,亦利用品之一。如中国菜馆之有鸭肝面包、西法对虾、外国酱油,只问其是否适口之味,是否烹调得法,未可执一而论也。拙文中所用外国文之处,有可以参照而明者,如十月十二日所登第三十八段 kiss the ground,此乃指明西人原文决不可以中文代之。至其义解则前数行中之"地皮亲嘴",即可参照而明矣。又如大总统之原文只有 president,并无 great、grand、big,此亦极言原文中无类于"大"之字样,而决不可以强译作伟、巨等字,以其与原文毫不相干,非显出西文不可也。若曰西文只有总统,并无"大"字,似亦可通,而不知精神全失,且西文根本并所谓总统而无之,president 固非大总统,亦何尝有总统之意义(实则主席耳)。故只可举西文之 president,而不可云总统,因本无此义也。其他之英字,有因文字的精神趣味上需要而用之者,如五十三段之孔子圣之时者也;上海《时报》,报之时老也;伦敦 Times 者,报之 timely 者也。此西文固是时字之义,而确无"时"字之原文,若强易以"时"字则为不辞,亦减少不少之兴趣,且有上两句顺流而下,亦决不至于解人难索矣。试循此以观,全文之利用西文处,皆为机趣自然之要求,并非强为卖弄,且所用之字,亦皆简单易明,只要认识字母,亦可查字典而得之。

五、有鉴于近时文豪作家之多　不敢轻言出版问世

《古城返照》在登载期间,曾辱海内外诸读者之谬赏,自去年腊尾结束后,时有以出版时日见询并相督促者,盛意弥足感激。鄙

人平素有一种淤滞的见解,常觉一种专书出版与报章逐日刊载之文字不同。报章文字,只求大体无碍,又所涵之材料,与描写的技术,于读者之见闻及兴趣上不为无益,即可云无忝于己,无负于人。若专著刊行,则虽不敢云藏之名山,传诸百世,而既具有较多量之保留性,在时间上空间上各方面看去,均与流动式之日刊不同,此可以报纸政闻,与历史统计之比例而得相类之概念。(此云相类之概念者,以《古城》之文字,又与新闻不同也。)故此书若果出版,必须经过整个审查,逐段修整之层序,而目次之编订,卷帙之装潢,尚其次焉。在此期内,所最企于爱好诸君者,即补正事实之舛漏,如发觉某处观念失之倾歧,亦不妨加以匡持。只蕲有益于我,勿论其言出于何种态度,皆所乐受。一面征询知友,及学者名流之意见,如认为多少有流传之价值,再付剞劂亦不为迟。如其竟不能成一"大整个",或将其中可采之段落,酌量抽选若干,与现在之谈荟游记合同甄择,以成一"短篇集",如胡适文存、周家园地之方式,亦足以便观览,此卑人对于古城之一种计算,堪为垂询诸君告者。

《古城》之写法,大半属于诙谐。且信笔挥洒,篇幅既长,所罗万端,淳于、东方之故态,触绪而发,初非意有专注,一切无所容心。比承吕碧城女士自海外贻书本馆,见教各端,皆关于佛法之辩证,属于出版时酌改。卑人于此当首谢其远道惠教之盛意,至称为说部中之左、马,尤愧不敢任。唯原文累累六七十万言,历时三载,中述各节,既非专论体裁,并某事某段亦茫然不得记忆,果出版有期,自当特加审虑,非唯尊重女士之意见,即卑人于大雄氏书虽无深切之研究,亦夙推为世界最高深之哲学。前于津报见太虚和尚博征欧西诸家之学说,以释氏众缘唯识为结断,觉各校哲学教授博士,徒知斤斤于唯心唯物者徒为词费,已知近时之努力阐明梵典者绝非托诸空言。而东方哲教之罩敷欧美，化及顽强，尤为可庆可欣之事，断无故为拂逆之理也。

卑人自服务报界，举平津沪三处而并记，念年来之所抒写，其量数体类，当已百倍于《古城》。而并无一编之刊行，每劳知友督责，迄无以应，此即所谓迂滞之见，而卑人之郑重万端，亦可于此而得一反证，固不止《古城》一文，佛法一事也。于此又忆及月前访晤适之博士时，适之于大庭广众中称我为"史家"，吾平生驰骛文场，谬蒙虚誉，有以文学、戏剧、小说、新闻见称者，谨当一一致其谢意。而印像之收获，则以博士此语为最。夫吾诚何敢当"史家"二字，唯自幼好读司马迁书，既钦其伟大公明，为之心醉神往，及涉猎《汉书》表志，又深喜其搜罗宏富，条理清晰，与专记帝室起居朝代兴废征诛禅让之纲目派迥乎不同。他如唐代丛书、宋之稗史、《太平广记》、《阅微草堂》，及《红楼》、《水浒》、各公案小说，深感社会史之兴味。及入学校，读西方历史名家小说，于批评家之清严，统计家之绵密，尤深慕焉。窃意劳劳文字海中，既与楮墨为缘，只须有一部比较可以传信之作行世，则此生为不虚。是以素日见闻经历观察所得，无不随时随地，摘要登录，日有记而月无忘，积累已久，遂有数十巨册。而年来只专于戏剧一事，在平津两地专刊所发表，已百万言，遂僭戏剧家之号，实则戏剧不过记录之一支耳。

近自新文化运动以后，人才辈出，出版物之多，如万窍争鸣，允极奋发琢磨之胜概，亦不乏新颖之创作，卓越之名家，上继韩氏文起八代之衰，远步欧洲文艺复兴之盛，嘉惠后学，大放光明，诚不失为时代之曙光，文坛之骄子。然此特就整个的运动而言耳。若单指个人而——衡量当代作者之各个的作品，则即胡适文存、周家园地，亦仅断缣零纨，集腋成裘，未见有如《史》、《汉》、《红》、《浒》之

"大整个"的著作。夫胡、周诸氏之根柢心力，在时辈已不失为翘然特出，仅有绝无，而其收获，尚止如此，著作二字岂易言哉。吾观近时少年成名之易，海上书肆出版之多，恒为舌挢而不能下。噫嘻！吾岂止落伍而已；虽落"什"落"佰"亦且无辞。

尝见关于满清事迹之小说，记咸丰戊午科场案云，正考官柏葰既正法，曾国藩闻而长叹，谓若系旗人，必不至膺此重典云云。无论曾氏有无此语，而柏葰则的确是旗人而非汉族，不过"柏"字好像汉姓耳。又清季考试留学生赏授翰林，一时文人咸腾非笑，谓唐某书致旧翰林循例称前辈，竟误"辈"为"辇"。又误"研究"之"究"为"宄"。于是造为一联以嘲之曰：

辇辇同车，夫夫意作非非想；

宄宄共穴，九九还须八八除。

一时传诵，认为事实，吾适在一会馆，馆中人方津津乐道。吾曰且慢，此联诚巧利，而此事尚待考。留学生即不通文理，既非生长外国之华侨，何至并此常用之字而不识，此可疑者一。凡不识之字必系较生者，今以辈字与辇字较，如长辈晚辈，大辈小辈，即家庭中口头上亦常用之，并非翰林前辈所专有，比辇字尤为普遍。即使错误，亦只能误辇为辈，不能误辈为辇。此事明明是京朝文人故意编撰嘲弄洋翰林者，殊不难以常识判断之。吾笔记中从不许此等杜撰之故事搀入也。又如《新民丛报》之笔记，述曾国藩与左宗棠（季高）相谑。曾出对云"季子敢言高，与余意见大相左"，左应声曰"藩臣徒误国，问伊经济有何曾"。亦是巧联，亦似佳话矣。唯思曾、左二人是何关系，具何历史，先为僚佐，无对面辱骂之理，后成嫌隙，亦无同堂嬉笑可能。且曾氏之出联，似预为左氏对句反唇而特备者，按之事理，宁非怪谈。此又显然为好事者故将二人名字颠倒撮弄以成一笑，若信为事实，则为所愚矣。又传曾氏嘲李元度"代如夫人洗脚"，李以"赐同进士出身"反嘲曾氏，致成隙末一事，亦属添枝附叶。闻故老言，曾氏以军中多纳妾，偶以"如夫人"三字询幕客，可对何物，借寓箴讽。李匆遽以"同进士"致答，中其隐憾，颇为不欢，则较近事实耳。

又九年前新文化运动发轫时，新人刊物一意搜罗旧时之故事，痛施攻击，借以唤起国人涤除旧染之观念，亦自有其用心。唯述及李鸿章于庚子议和后赴各国谢罪，至巴黎犹坐大轿拜客，奇形怪状，贻笑于人云云。不知李氏议和甫经定约，即病逝于北京，一棺附身，何能乘轿。吾尝著一短文，题曰"李鸿章魂游大法国"不知巴黎花市有无引魂幡耳。

又黄远生君以长于通信知名，于民国初元，其友人辑印之《远生遗著》中，有"外务部之余厨子"一篇，谓余厨子声势广大，与宫中亦通声气。庚子乱定回銮后，大宴外宾，李鸿章已雇定某菜馆承办筵席。临时忽奉西后命用余厨子，致将已定之席撤换云云。讵知李氏先死，其赐恤之上谕，系自行在发至京师。西后与李生死异途，且外务部亦系李死后改设（原系总理衙门），则此事之非实亦显然可见。远生或一时误记，奈何为之刊行者曾不一加之意耶？

吾前作《洹上归云记》，述寒云于洪宪时所作诗句"须知高处多奇险，莫到琼楼最上层"，附言因当时口语，记忆未全。兹查日记获见原句为"绝怜高处多风雨，莫到琼楼最上层"，特更正之。

（原载于1928年8月—1931年4月上海《时报》）

整理者说明：

以上五篇文章是作者于1928年8月至1931年4月两年多

的时间里撰写长篇小说《古城返照记》的过程中先后发表的，当时拟把这部小说做为唯一计划出版问世之作。但是这一愿望终于没有实现，实为一大憾事。究竟是什么缘故，我不知道，那时年纪小，也没有问过，不能断言。如今只能做两种估计：一是实在没有时间和精力整理，他在报刊上写小说，虽心里有一个大的轮廓，但是写起来未免信马游缰，尽情发挥，既无章节，也无题目，并未琢磨出版的需要，八十余万言的大部著作，整理起来颇费时间，正如他第一篇文章所叙，哪里有个整工夫呢！二是随着时间的推移，他的思想也可能有变化，他早年受革命家庭的影响，拥护维新与民主革命，从事新闻工作后，写过大量的政论文章，十分关心革命和政治，随着政局的变化，眼见革命前途的渺茫，军阀混战，政治腐败，对政治的关心逐渐减退，以主要精力从事戏剧工作。在百忙之中写这部小说，也消耗了他的精力，虽有心而乏力，他的同事和好友邵飘萍、黄远生、林白水都被文字狱迫害而丧命，七七事变后，日本占领了北京，胞弟徐一士横遭牢狱之苦，更不可能考虑出书问题了。直到七十年后，北京同心出版社2002年才出版发行了《古城返照记》。

京剧变迁述略

演员生活

　　戏剧演员的生活,大致可以分为三个时期。(1)清朝末年的封建统治之下,是黑暗时期。(2)辛亥革命以后,名为共和的三四十年中,官僚军阀买办土豪对于演员,表面上像是特别捧场,实际仍然歧视,社会各界亦还是吃喝玩乐的心理,并不真正尊重,故为暧昧时期。(3)解放以来,戏剧界有了领导,民族优秀文化遗产得到重视,演员与各界人士一律平等,消灭了"戏子"、"优伶"的蔑称,真正确定了应有的身份,是光明时期。现分述如下:

　　中国的封建社会,等级严格。统治者硬把人民分为两大类,即"平民"和"堕民"。平民又分为四等:"士农工商。"堕民亦分四等:"娼优隶卒。"平民里,士最高,所谓读书人。商最低,所谓"逐末者",但并不限定专业。商人读书就可以改士,士亦可以经商。四等平民都有一定的社会权利,人格也基本有保障。堕民则不然,妓女、戏子、奴隶、差役都算是堕落了的人。不准应试,不准出仕,不但本身没有公权,连子孙亦没有出头之日。各逢科场考试或者保举功名,常常受到攻击,叫做"身家不清",亦就是所谓"奴籍"。奴而有籍,世世代代不得翻身。庚子事变后,清政府标榜维新立宪,修改法律,开放党禁等等,但对于奴籍,仍不放松,而所谓士大

278

夫们的"清议"更坚持着"流品"观念。例如选补河南汜水县知县、安徽人程尊尧被姓吴的御史参劾一本,说他是程长庚的后人,家世不清。他会外国语,可以留在外务部当差,断不可外任地方官。清政府将此事交给吏部查复。吏部回奏曰:"翻译官职司专对,与州县官之临民,同为国家任用,如果出身卑贱,均不容迁就。查程尊尧与程长庚系远族旁支,名份本不相涉,且京官印结均无异言,其为身家清白,确有可凭,应无庸置议。"这样虽然保全了程知县,但肯定了"奴籍"。因为照吏部的说法,如果真是程长庚的子孙,就任何官职都做不成了。程长庚是京剧界一向崇敬的"大老板",教育人才,整理班规,人品艺术都堪称模范。一般外界人士在随便谈话的时候,亦相当尊重。但是一提到出仕或应试,连他的后人亦算"出身卑贱",除唱戏外,任何公职都不准参加。

北京这个地方,还有一种极坏的风气。正如《品花宝鉴》、《都阿纪事》、《明僮小录》等书中所记载的,都是实在情况,对于"戏子"、"优伶"的人格极端侮辱,完全是非人的待遇,故为黑暗的时期。

辛亥年八月(1911 年 10 月),武昌炮台声一响,引发革命怒潮,数千年的帝制随着清王朝的灭亡而消逝了。然而,封建的余毒则深扎在人们的脑海,时时作怪。按照民国法律,人人平等,等级制度应当废除。但事实却不然,对于剧曲演员仍视为"优伶戏子"。下举几个事例证之。

(1)田际云,艺名"响九霄",是旦行前辈,具有一定的近代知识,提倡改革旧唱,组织公会,在清末已经有过革新的活动。民国元年,特为庆祝共和演剧三日。那时正逢进行国会议员选举,有些人提议要投田际云的票,并进行宣传。但是主持选举的都是官僚绅士,那时的所谓舆论亦还是清朝的"清议"之流,群起而攻。田氏的议员便流产了。按民国法律,他是完全享有公民权的。至于为什么唱戏就没有选举权和被选举权呢? 谁也说不出理由,就是咬定"唱戏的不配入议席"。这算什么民国? 什么舆论?

(2)潘月樵,久在上海演唱,文武全才,亦是有新的头脑。辛亥年,曾参加过革命队伍,癸丑年(1913年)参加讨袁之役,在岑春煊部下充任武官。袁世凯在通缉岑春煊的命令中,特别提出岑潘合作的事,说岑受优伶潘月樵指挥作乱。袁世凯的意思是说老岑开大玩笑,袁云岑的举动不过"戏子"之流。这已是十足反映了袁的陈腐脑筋。尤其可笑的是一般士大夫积习的人们,还认为优伶的名字不应当见于命令,损坏了大总统的尊严。他们仍视总统如皇帝,戏子是堕民。有个河南的王绅士在他所写的《北京纪游》里,议论更是怪谬。他说"优伶之品,本在九渊,民国以来,乃升九天。伶人田际云事虽不成,而伶格大进。失意文人,报馆笔政,借人类平等之说,为之洗刷鼓吹。久之达官大将有与为友者,庆吊往来,都无忌讳。以致富贵家之召伶,宛如前清之接钦差,迎以汽车,款以盛筵,准备馆舍,名士贵人以一见为荣,逢人夸耀,侈为体面。呜呼! 每况愈下,人心世道,尚可问耶?"照此君之意,伶人不但不配作议员,而且不配作达官大将的朋友,不配与贵人往来,不配坐汽车住馆舍,因为那都是达官大将富贵人家享用的东西。他亦知道民国有"人类平等"之说,用于伶人,就算是假借。这种支离怪诞的言论,却代表了很多"士大夫"式的封建思想。

至于官军财阀之所以优持"伶人",各有他们私人作用,有的是家庭喜庆堂会,敦请"名伶"大会演,显示豪门的阔排场。有的为了演剧可以筹款,特别款待是要他们尽义务卖力气。还有些外埠的戏场老板们约角标榜,亦只是为了票房价值,特别夸张。这些逢迎架弄,实际只是豪华的大捧角,戏曲还是娱乐品。

演员本身处在那样浮滑混乱的环境中,自己亦是莫名其妙。虽然有个平等交际的形式,但只限于私人的庆吊往来,遇有正式的国家典礼,仍不能参加。即便"达官贵人"们的名片、汽车、馆舍可以通融,政治的地位以及出仕仍然不能放松限制,被摒弃于局外。人类平等虽没有限制戏界的明文,可事实上还是"优伶例外"。政治文化界的思想混沌,影响到剧曲演员。演员身份不明也反映着政治社会情况的紊乱,所以称暧昧时期。

解放以后,戏曲界万象更新,有了根本的转变。首先是凡"优伶"、"戏子"、"伶人"之类的名词一概消灭无踪。演员们一律有了选举权、被选举权以及一切公民权。梅兰芳、程砚秋、常香玉、袁雪芬等受到人民的尊重,被推为人大代表。梅、程二人做了京剧院的正、副院长,王瑶卿、萧长华做了戏曲学校的正、副校长,都是国家的干部,在政治、文化和组织上享有很高的地位。但这并不是什么"九渊"到"九天"的说法,乃是人类平等的彻底实现,民主政治的正常情况。梅兰芳、程砚秋二人曾屡次出国,或者参观或者演出,致力于中外文化的交流,为国家为民族增光,本人亦获得崇高的荣誉。抗美援朝时,梅、程二人又躬赴前线,慰问战士。这些都是史无前例的。对比以前的什么"阔人堂会"、"车水马龙"那些私人娱乐的排场,才是天渊之别,是真正的光明时期。

内行的情况

戏曲演员旧有内、外行之分。所谓"内行",是自幼学习并以演戏为专业,如科班、堂号,以及个人收徒皆是。"外行"如不"下海",只是自发的爱好或娱乐性质,不过是"清客"或"票友"而已。但若"下海"(即转为职业),那就和内行一样,被呼为"伶人"、"戏子"或"老板"了。只有提到出身的时候,才说某人是"内行"某人是"外行"。所谓"内行"实在应称为"本行"而"外行"只可作为"行外"。

本行出身的都是自幼专学,一切都很艰苦。从前有句老话,"十年寒窗苦",乃指学塾而言。至于学戏的"七年从师",那又比寒窗苦着十倍。入科班或其他定期立约的师徒,要先写字为据,这情形有些像店铺学徒,此后家庭完全不能过问,有如出卖一般。而学塾断无此理。这是第一苦。

入科以后,班中管吃管住,生活总算有了着落,但待遇还不及学徒。这是第二苦。

学习期间,体罚之事极多。学塾固然亦有所谓"扑作教刑",又叫做读书三字"念、背、打",但坐科的打要比"寒窗"严重得多。这是第三苦。

学塾的念背还有书本当前,先识字而后念背。戏班的教学只是口传硬记,教而不讲。固为人家子弟求学第一是读书,其次是工商业的学徒。实在贫苦的人家,念不起书,没有办法才学戏,所以老师徒弟没有文化的居大多数。代代相传,只是口中有字,眼前无字。这是第四苦。

至于练习文武各工,不论怎样的冷天,必须要在清晨一早到空旷的地方去喊嗓子,这又与"寒窗"的寒冷大不一样了。练身段武工,腰腿肩膀手脚,节节俱全。"舒顶"、"劈叉"、"闪膀"、"云手"等全身状如机械一样。这是第五苦。

及至备历辛苦之后,并非人人都有良好的成就。才质优越,尤其需要好嗓子，好唱工，能叫座，才可受到较优的待遇，亦比较有前途。但嗓音出于天赋，可遇而不可求。满科（毕业）的生徒，千百人中成名成艺不过极少的几个人，大多数是普通二三等，甚至归入"宫女、丫环、门子、龙套"，生活还是苦的。当年程长庚做班主，特别注重团体制，教育生徒每门每色都是"因材施教"，各尽其能，没有绝对的等级限制。他以为每个人都有所长，亦有所短，一个好角也不能样样都好，每个平常的角色，也许有见长之处。龙套亦有专门技术，门子、丫环亦不限定专项，好角亦可以轮扮。他演戏的时候，亦不一定要扮主角或压轴。既便是他的后辈或徒弟，只要某一出戏特别好，他就让他大轴子。因此，何桂山在他的戏码之后，演《醉打山门》，吴连奎演《三字经》亦在末一。他和何桂山演开场戏《百寿图》。他的戏班里，无所谓谁头牌，谁二牌。戏码的前后，角色的正配，一戏与一戏不同。同是一个人在《洪洋洞》里演正角杨六郎，在《取成都》里就扮刘备。因此各个演员都能各尽所能。戏曲界人人佩服，尊之为"大老板"。

这样的规模，到了清末，尤其庚子以后，由于环境和观众心理的变化，就行不通了。

票友的情况

票友学戏演戏是本于自己的爱好和兴趣，表演精熟不精熟，技术完全不完全，不像内行那样认真，因为不是专业而是娱乐，不是为人而是为己。亦有专心用工，精益求精，比内行还好者，那是各人的爱好，总而言之，不是职业而是兴趣，所以谓之"玩票"。有时参加剧班演唱，亦不要报酬，一切开销费用，例由自备，谓之"花钱买脸"。既不为钱，又要花钱，当然是有钱，而且是有闲的人们才有可能。前清的王公以及富贵子弟多数是戏迷。例如,肃王善耆、贝子溥伦和他的弟弟宗室将军溥侗都请老内行钱金福、姚增禄等教戏,成绩很好。此外,一般官绅商家的子弟们,玩票的各城皆有。他们没有身份的拘束,亦无年龄等一切限制,不算"伶人",受不到"戏子"所受的侮辱待遇。但是在所谓上流人的"清议"里,亦免不了"没出息"、"甘心下流"之类的闲言。清咸丰八年(1858年)的科场大狱,就是因为平龄中举而起的。

平龄是旗下人,年纪很轻,平日不苦读,爱学戏玩票,文理不太好,赶上顺天乡试之年,怕不能中,托了人情,买通关节,于是"名登金榜"。比事后发,被御史查明,参劾一本。咸丰皇帝大怒,把主考及有关京官杀了不少,平龄亦死在狱中。参劾的本章里,只说他行贿舞弊,犯了科场的大法,却不能专指"唱戏"的事,因为他不是"伶人",有应试的公权。但那时的科场里托人情,通关节,亦是常有的事,何以此回御史参得厉害,政府亦办得厉害呢?无疑,还是"流品"的封建心理在那里作怪。"戏子"是下流,票友虽不是"堕民",但登过台,走过票,就是"与下流为伍"的人。虽不能禁止他应试,但是试场里出了弊端,那时断乎不能放松。

所以清朝时代的贵族戏迷,只能在自己的宅第或者亲友家喜庆堂会上演,决不能在戏园或其它公共场所里走票,一则怕失身份,二是怕惹是非,除非是存心"下海",像德处①,他这"戏迷",不但迷唱戏、迷听戏,而且宁肯牺牲一切,非做"戏子"不可。他由玩票转为职业的演员,搭各班演唱,先唱青衣,后改小生,享大名。而且他与谭鑫培结了儿女亲家。在当时,一个相国家的贵族子弟,完

---

① 德处,名珺如,清道光间军机大臣、大学士穆彰阿的后人。

全转到"优伶",毫无顾虑地放弃了显贵身份,这样的勇气,是值得佩服的。

清亡以后,北京在北洋官僚军阀统治之下,封建余毒虽然不少,但既然挂着民国的招牌,毕竟比较前清放松了尺度。溥侗以名票的名义,出演剧场(义务戏),金仲仁亦是清宗室世袭将军,亦毅然"下海",与王瑶卿是好朋友,经常合作演出。他演小生的成绩很好,嘴里功夫超过内行。解放后病逝,他过世两年,瑶卿也故去了。

袁寒云,名克文,是袁世凯的次子,擅长昆剧小生,唱做皆精。当老袁做总统时,他只能在新华宫里"玩票",他很想把艺术公开给大众,但是所处地位环境皆不允许。直到民国八年(1919年),他才约集内外行的许多朋友,组织延云社在江西会馆公演。虽不是营业性质,但须凭入场券入座。戏码有昆有黄,演员有老内行名宿陈德霖、孙菊仙、钱金福,名票有溥红豆、赵逸叟、朱杏卿,人材济济,常常满座。九城倾动,都说袁二公子成了戏子了。那时的大总统徐世昌是老袁的老把兄,他的左右也都是老袁手下的旧官僚,有几个顽固分子请求老徐劝诫袁克文不要公开演唱。老徐却不把此事放在心上,即使加以干涉,袁二公子亦决不理会,何况其并未"下海"。

溥、袁二位不下海,似乎仍然有些身份的顾虑,此外还有个别的原因。袁虽精于昆曲,京剧却是格格不入,他唱的《群英会》中的蒋干几句散板都不是味儿。溥侗虽然文武昆乱不挡,生旦净丑皆行,能演《击鼓骂操》的祢衡,《风筝误》的丑小姐,《战宛城》的曹操,《群英会》的周瑜。可惜嗓音太差,面孔太胖,表演没有表情。所以这二位都不宜演出职业戏,因之亦未生"下海"的念头。

(原载于北京市文史研究馆文选《翊运集》)

畹华谈话记

中国剧艺,要挣外国人的钱

认识旧剧,打通"死胡同",要先立章程

梅畹华博士来平一月,盛况空前。戏场光景既热闹非凡,宴会更无虚夕。若在三四年前,老朽这里至少可以接到十分之七的束贴,陪客或加入主人,而此次却一张通知也没有。因为各家好友深知老朽疏懒成癖,不以此相烦,体谅下情,十分可感。但以博士此来,既是古城非常盛景,而老朽昔年亦曾屡次与他商榷戏剧问题,未始不想谈谈。他若惠然光降,当然是欢迎之至。

就是《实报》八周年纪念的那一天,在社中吃罢午饭之后,汤颢公约我和一士到家里,谈了回王闿运的轶事。颢公告别出门不久,就听得汽车鸣鸣,老苍头报告梅老板来到! 我说"来得很巧,再迟一刻,我就要睡晌觉了,请进来吧"。于是偕同一士及舍侄泽春款待,让坐。

怪突的发问

坐下了,开口第一句,我就问他:"又到苏俄去了,为国剧增光,真有勇气有魄力,但是我要请教你,历次对欧美人演剧,是用原来的中国词句唱啊? 还是翻作西文唱呢?"他说:"自然是中国词中国话,若翻作西文那算什么!"他对于我这"怪问"似乎有点诧异。连一士亦不明白我问的意思。我过细一想，自己亦觉得好笑。其实，畹华决不会做那样笨事，然而的确有些妄人把古人做的乐府传奇词曲，如《汉宫秋》、《西厢记》之类，硬改欧文，以致绝整丽的偶文韵语，变作文不文，俗不俗，韵不韵，偶不偶，章节意义一塌糊涂，非驴非马的东西。为了辟谬，我还同天津一家大报生些误会，然而我的"文词无译"（中国人无"削足就履"迎合外人之必要），这是"定见"，永久不移。因为胸中有此一段小小公案，以致突然对于畹华发此怪问，惹他无端惊诧，实在可笑极了。

宣传国艺　挽回利权

其次我就请教他在苏俄表演及观察的收获。畹华对此问题，似甚高兴，就"口讲指画"地述说起来。一直说了大半个钟头，说得非常具体。唯此等特别新兴的外国戏，非亲历其地者难以了解，所以我不能赞一辞。但可把他的话归纳为三点：（一）苏俄的戏剧艺术已完全脱离写实派，而十分努力于表现法；（二）他们的表现法，远不及中国乐剧的程式、技术之周密纯全；（三）苏俄有一极傲岸的戏剧家（畹华曾举其名，予不识俄文故未记忆），对世界各式戏剧均持严格批评，目空一切，但观览中剧经详为解说后，他忽而爽然自失，衷心佩服中剧艺术之玲珑巧妙。此是畹华对外胜利最得意之事。随后又问他以后出国演剧否，他说："有两三国早经预约，看来总得去的。不过要妥实筹画一下。就是前者赴美赴俄亦都经过长时间的准备。上两次都是消耗的。我们去的确费了许多钱，他们为招待及看戏，亦所费甚巨。虽然消费不只一方面，但我们的技术到外国，总得挣几个钱才是正理。所以将来出洋演戏，总得先计划怎样可以赚钱！"他说到这里，我把大拇指一伸说："畹华先生,你真是个好的! 宣传国艺,还注意利权,这正是我历年提倡此道的本旨。你既说到这里,我把以前对你的条陈,如团体制度、科班事业等一笔勾消。如何对外发展,你自有权衡,我说我的,你干你的好了。"

组织小剧社

不过,我从前所以刺刺不休者,实在感到各行脚色,日见缺乏,而戏出又断非生旦及名伶的几种所能演成。只看近几年来,无论哪个剧团里配角的名字,不是"喜"什么,就是"富"什么,"连"什么,"盛"什么。设想假使没有这些富连成的角色,则名伶剧团岂不成了光杆牡丹。在这说话中间,畹华时时插言"戏曲学校不错,戏曲学校人才很有成绩",但这与我所说,不是一事。戏曲学校的人才,诚然不错,尚未毕业。我说的是近十余年的大班,大半年要靠富连成出科的学生来做"绿叶",不是富连成本身优劣问题,自然戏曲学校的优劣亦与此无干了。但现在梅畹华既以全力注重向外发挥,自不必分心于此,若有余力,组一经济小剧社,至多二十人,选取聪俊童子,因材设教,生旦净丑正配文武,各行角色已可包括,演精致的戏出,绰绰有余,可以独立,亦可以辅助本人演戏。此乃一举两得,以梅之经济力量,举此一事,谅不甚难。畹华深以为然,说:"一定留意。"

剧情研究

他问到我的戏剧工作。我说这两年专于休养,因为身体很坏,若养息一两年后,能增进健康,或者亦还能够为国剧效力。他说:果然你比从前胖得多了。但是有些小问题,希望你解答。就从

《奇双会》而论，有人说："李桂枝的名字，何以她丈夫一向不知道，直到写状时才问？桂枝在那样哀情之下怎么还与丈夫互相玩笑？"你以为如何？我说：这样戏剧情理，如此论法，是挂一漏万，胶柱鼓瑟。须将各剧中类此之剧情综核研究，再下论断，即如《武家坡》、《汾河湾》等，虽说夫妻相离年久，既然是夫妻，问答、说笑了半天，还认不清对方的声音笑貌，定要等到窑外背一大套履历，合理乎不合理乎？《四郎探母》盗令出关，只限一晚来回，是何等紧急秘密，而公主令箭到手，还有闲情打诨语说"只顾我们娘儿们说话，把你这件事忘啦！"合理乎不合理乎？以此类推，任何戏剧，都落到"体无完肤"，出出都要不得了。《打面缸》的"大老爷"看状子，不认识头一个字，王书吏说：把头一个字撕了去往下念。谁知第二个字又不认识，书吏又撕去一字。及看到第三个字，大老爷说：你都撕了吧，我一个也不认识。这正是一些谈论剧情的好榜样。夫戏剧是艺术，艺术之原则是超乎实迹而加美巧之烘托，或深刻之描写。亦非独戏剧为然，小说、图案、诗歌、文学莫不如是，即如《三国演义》，关云长义释曹操，回见孔明，孔明执杯相迎，贺立盖世之功，除天下之害，不曾远迎，又怪左右何不先报。下面批着"孔明未必如此之诈，而作者不可无如此之文"。假如缺乏此种常识，而轻发议论，则古今中外一切文学皆须废止。而发言者顾东失西，亦永在死胡同里转转，不得明白的了。

打通死胡同　必须定章程

一士接着我这几句话发言，说："研究戏剧的人们，应首先共同注意旧剧，单指名议论，容易发生错误的原因，在乎旧剧的本身，没有准章程！在某剧某人觉得是这样一回事，在另一剧另一人又会觉得是那样一回事了。即如脸谱,有人说红脸代表贰臣,是以关羽曾经降曹,姜维由魏降汉为根据,但何以不用他色而用红? 此乃有例而无理。即以例言,关羽以忠义著闻,定要把短时的依附曹氏,做'贰臣'论,且为之脸谱,表其败行,已属太苛,不合情理。况如曹洪红脸,姜叙红脸,孟良、颍考叔亦红脸,何尝皆是贰臣乎? 又如说旧剧不用写实,外江派稍为摹仿肖真,便被斥海派,然则如京朝派《探母》之太后、公主,用旗装打扮,非为摹仿满洲宫庭极力求其肖真乎。如此则谁合规矩,谁是胡来,难言之矣。"畹华听了亦不免"四顾茫然"之感。我说:"此正是鄙人所认为主要工作之一项,即是定个章程出来,何者应守,何者应变,何者为正,何者为反,都要条分缕析,解决疑难。"畹华道:"好极了! 希望您赶紧定个章程出来,大家才有标准。"我说:"章程有厘定之可能,而不敢轻易定稿者,最大的原因,旧剧的大部分是演进的,头绪多而矛盾复杂之处不一而足。不过,我总设法努力就是了。"于是一番关于旧剧的谈话,以"定章程"为结束。

(1936 年 12 月 16 日)

中西戏剧表演方法之异同

戏剧之不能与人生事实共论者，以戏剧之地位有时间空间上种种之不同，故其言语动作皆不能准以人生之常例，只须座客有共同之了解，特别之兴味，能事已尽。故如电影欲写两情人电话中谈心之情态，则须使二人之面貌与电机同现于一幕之上，谓之情理安有此情理，谓之事实又安有此事实，然而无伤于戏剧也，其功能在充足之告述，则方法无妨于假借。

《御果园》之尉迟敬德，《打鼓骂曹》之祢衡，皆赤身裸体。然京班则仅以黑紧身代之，外省则以赤膊代之。外省所演于事实为近矣，而亦未尽也。何也？敬德沐浴不能著裤，然则必赤条条一丝不挂而后可，而又不能也。

西剧中亦常有事实上纯裸体之人物出现，而戏剧上又绝对不许，如《赤身游历记》，固是一丝不挂之人也，必以尺幅障其"私"，则与著裤者、著紧身者亦五十与百步之别耳。

男女之一事，圣人之言谓之媾精，新化之言谓之性交。即译自西语之 sexual intercourse 谓之 copulation，虽在人生不能公之于广众大庭。戏剧者以写实一切之人生实事为特能，有所避则有缺矣。而台上人不能实演，台下人又不可以共见也。然而如之何？

中剧有三方法焉：

（一）拉帐子。是为表示于台上者。梆子班中如《卖胭脂》、

《日月图》、《珍珠衫》，演者辄故摇其帐，以示西厢之所谓"动"。

（二）进后场。是为借助后台者。黄剧中如《乌龙院》、如《关王庙》，皆是也。

（三）以场上之回翔拂绕白描之。如《惊梦》、如《凤阳花鼓》皆是。不著迹象，而其意已尽。是脱胎于宋玉一赋，表演最超之境，不过是矣。

其在西剧则何如？曰：以 kiss 代表之。影剧中写恋爱成婚，以嗅手为许，以接吻为定，此正写也。若写性欲，如女子遇强暴，其戏剧所争者，似只一 kiss，然事实上则为 copulation，故罗兰女为黑人所逼，但举手扼吭为上部之争，而不及其他。以事实论之，黑人之程度□，即只注于吻，而忽视生殖器也。然则事实上诚有甚于画眉，而戏剧上则不能不以此为限度。又女子因社交而为夫所疑者，至辨白之际陈述所经过，必曰某某者诚强要而未之许也。其时影片即补叙强要之状，亦争一 kiss，男唇距女唇每毫厘千里以为完贞之验。昔者吾只知 kiss 为婚约之定，后乃审其为 copulation 之代，所不可解者胡为以彼之程度而犹若是之惺惺作态耳。

（原载于 1925 年 3 月 2 日《戏剧周刊》）

旧剧里的下层男女

　　旧剧幸亏是"小道"，是"不登大雅之堂"的东西，大人先生不研究，不干涉。任凭村妪乡老，失意文人，自由唱念，随意编排，把群众心理，社会背景，一切男女情形呈现到戏台上来。我们可以省却许多调查的手续，而得到很好的参考资料。

　　《凤阳花鼓》，一名《打花鼓》是小戏，小道中之小道也。然而愈是小戏，愈有社会价值。男子汉无正业，游手好闲，仗着女人卖唱卖色糊口，可耻。女人的行动，他监视，他干涉，女人换来的钱，他盘查，他勒索。如不满足欲望，他还能振作乾纲，打！骂！他以为女人是他的，则女人的一切都是他的权利，而且女人为挣钱所受的耻辱，还是他的损失（脸面的损失）。从头至尾看来，做女人的，真是笑啼皆罪，可怜到一万分。

　　您说这是戏？则请放眼一观八大胡同、莲花河、天桥、大森里，那些卖技、卖肉的妇女，一方面有多少男子花钱取乐，拿她们开心！另一方面有多少男子假借所谓"天经地义"，压迫、榨取她们的"羞钱"！甚而至于闹出人命来，自尽，凶杀……

　　佣妇，是中人以上的家庭所必有，在她们身上亦可以得到相当的证例。随便留点神，在开发下人工资的时候，就可以看到有些"老妈子"的"当家的"在门口等着要钱花，男的觉得是应该的，女的也觉得是应该的。虽然，"嫁汉嫁汉，穿衣吃饭"，像也有此一说，然而究竟敌不过"女人是货物"的观念，奸骗掠卖，都由此而生。各家报纸社会新闻版、警区、法院的纪录上，这些事情，不一而足。这问题不小，比摩登桃色惨案还应当注意，固而可怜虫太多了。

看"打花鼓"一剧，深刻极了，同时，亦"写实"极了。为同情于弱者，觉得那花鼓女人，很可以提出离婚，否则自动走去，即使演出"谋害亲夫"，亦属那男子的"咎由自取"。

"谋害亲夫"的戏亦很多，那正是"摧杀女人"的反面，"谋害亲夫"的著名人物，自然是《义侠记》的潘金莲喽！潘金莲一向不理于人口，简直是"人类所不齿，狗彘之不如"，而近几年间却大走其红运。新学者名流们不但原谅她，而且有几位居然把她作为一种标准，认为这样女人，如不谋害亲夫，就没有"出路"，现在的潘金莲很多，应当同情于他们的"自谋出路"！

但是从《义侠记》的戏叔，挑帘，裁衣，以至杀嫂，从《水浒传》看到《金瓶梅》。觉得忠厚柔顺如武大者，实不知其应该被害的罪案何在？更不知淫凶无极如潘金莲者，其"出路"以何为止境！

武大，怕是古今中外第一个柔顺忠实的男人了。他不过"身量矮小"，"卖炊饼"为生，而西门庆则是"大官人"，武健魁梧，财多势大。总起来说，是"肉"和"钱"的问题，以此为"出路"的标准，认为有"谋害亲夫"之可能，则土豪恶霸如"狗肉将军"之类，必首先赞成，而贫穷柔懦的男子苦矣。

真受苦的女人，无人理会。

十恶不赦的女人，却有人同情。

从这里，可以看出社会上，男女间，不平之气，惨杀之案，所以层出不穷之故，就是摩登，桃色也还是一线相连！！

由"别姬"说到"紧张"

畹华博士所谈,已见上期半月刊,兹记尚有可资记载者,即其自己常演之戏剧而抒发意见。案此番梅在第一舞台以《霸王别姬》最富于号召力,嗣于搭桌戏、义务戏中亦有人特烦,后到天津,到济南,无不以《别姬》打炮,辄卖满堂,鄙人于《实报》畅观及《晨报》画报及艺圃亦曾有所揄扬。然梅乐于此剧则颇持批评之态度。据云:只有《别姬》一场,较为紧凑,此外场子多,而无甚精彩,似有再加改善之必要。此言足见洞明编制技术。鄙人于各报一则曰"杨之霸王梅之虞美人珠联璧合",再则曰"杨、梅二人合演不但是佳作,且是传作"。始终只指两大名伶所表演之两个剧中人而言,并无一语及于剧之编制,即是对剧不批评之意。然而此剧叫座之故,乃在《别姬》一场。吾敢断言其他之旧剧,只能叫旧人,而此剧此场则新旧两方面皆能被其吸动。旧顾曲家以梅、杨两大名角之表演技术(扮相、做派、唱腔、舞剑等)为目标,新戏剧家以《别姬》之编剧技术为目标。新戏剧家特别赏识此剧之理由,吾曾于《大公报》及《京报》剧刊述其大致。乃因此场以霸王及虞姬为中心,而敌人方面之楚歌声,帐下士卒之纷纷议论,同时毕现于一地一时,合于独幕独场之"紧张"二字,为其他旧剧之所无也。此种批评,系以西式之"独幕独场"为标准。夫西式之剧,系用"遮幕制",每幕有布景,重写实,故若幕数太多,则布一景,演一段,休息几分钟,时断时续,自然不及缩为独幕独场之经济得法。而中式戏剧,则系"转场制",并无布景之麻烦,亦无休息之必要,即出入数场,亦不见其累赘。故西式剧必须趋向于"独幕独场",而中式剧则无须趋向于"一场"。

例如《三击掌》是一场戏,而《武家坡》《进窑》是两场戏,若在西式话剧,则坡前问答须布一野景,而寒窑问答又须布一窑景,中间必须休息几分钟,以作布景之时间,自然不及布一景而包罗多方面者之较为技术。然在中式乐剧,则前场进,后场出,便已由"坡"而"窑",既不费时,又不费事,一场两场,殊无关系。又如《玉堂春》之调医官,医官之家门,与察院衙门当然两地。然王金龙不须进后场,而医官亦只须绕一后场,即尽够表现。若用西式布景,则至少须用两次闭幕启幕矣。夫中剧之一场可以包容数次之换幕,则即此一场中已经打破"同一地点"之限制,其必须用多场者,亦无闭幕启幕、布景换景之麻烦。故西剧有独幕独场,即感觉多幕多场之不便,而中剧决不因有"一场戏",遂感觉"多场戏"之不便。

至于独幕独场之戏,同时同地,为写环境之压迫而有多方面之声音,或动作,自是紧张之表现,但亦须以戏情为根据。例如熊佛西先生所编《醉了》,是独幕独场。王三灰心于"刽子手"职业,奈生计困人,门外有讨债声,屋内有老母患病之呻吟声,传写环境的压迫,正如"四面楚歌",能使观众百脉偾兴。然亦不能使话剧皆仿《醉了》。又如中式乐剧中之《战蒲关》,场上有一王霸,正在焦念围城光景时,上场门内穷民叫苦,下场门内俄卒呼天。而《碰碑》之老军们之啼饥号寒,则在明场,亦不能勉强改为暗场。则如《别姬》一幕,纵然"紧张"之极,冠于其他一切旧剧,无如他剧未必都是"四面楚歌",又安能以此为一切旧剧之标准乎?

梅氏批评《别姬》全剧之要点，除"别姬"一场外，各场皆缺乏技术的结构，不能相称，有修整之必要。然使话剧家论之，则无所谓修整，干脆只留一场，不要那些啰嗦。究竟是修整的好？抑删汰的好？鄙人因多年未看（此次系在无线电中听过两回，并未身临剧场），暂不参加意见。唯兹所研究者，乃在一般的剧本之结构，可不必以话剧为标准：（一）因"幕制"与"场制"根本不同，（二）因"紧张"之表现，不一定与场子或幕数之多寡，成立必要之关系。固然，我们承认"愈经济，愈艺术"是很重要的原则，并且绝对否认现在流行之"准演十八刻，出入几十场"这些新编的大本戏有何价值？但如《连环套》《打渔杀家》《探母回令》等剧，虽场子较多，仍然不失为精致的结构。因为这些戏没有冗场，没有费话，前后首尾及剧中筋节关目，呼应埋伏，都成密切的联络，这就不失为紧凑，只需要观众耐心静气去观赏、领会，有整个的观察，澈底之了解，则其所感之兴味或竟比之短剧更加浓重。《红楼梦》一部大书，并不觉得比《今古奇观》的小段艰涩；《史记》的长篇记事，似乎比唐宋以后的小品古文，更有生气；《江山万里图》，较之小册页山水，亦是各有章法；酱汁中段，与一品菊花锅，各有烹调，未可强归一致。即如《打渔杀家》，实无法缩为一场，其艺术的结构，则并无松懈之可言。

因为怀仁堂双十庆贺之演剧，有《赶三关》到《大登殿》等出，于是由《别姬》说到《红鬃烈马》，畹华对此亦是不满意的。他说：那本不是有组织的本戏，不过把好些短出拼凑而成。我说：《宇宙锋》在长本戏里可算比较成功。自头至尾以哑婢作线索，而头两场出现的人物，后来一一有着落，有交代，不失为一流好戏。畹华说：此剧后段亦不见佳，还只好演到金殿装疯为止。即如赵高如此大罪,不过罚俸,就不合情理。此外松懈的地方亦不少。他说到这里,我只含糊答应,不曾发表意见,亦因为多年未看,记忆不真,骤难具体判断。但以上各剧都是著名的"梅剧",而他自己却不自满足,这精神颇值得佩服。因彼时将赴天津出演,《别姬》与《宇宙锋》都是硬码,若将此谈话披露,恐引起不了解批评者之误会,或于戏院之宣传有碍,是以迟迟。今则事过境迁,可无顾虑,而且言于戏剧技术,则甚有商榷之价值,所以又写了这一段。

妖　道

旧戏里妖道甚多,其行径殊不光明可恨。

第一妖道是诸葛亮,《黄鹤楼》之作弄刘备,《取成都》之逼诈刘璋,《葫芦峪》之谋害魏延,《失街亭》之倾陷马谡,《定军山》之耍笑黄忠,《柴桑口》之假惺惺,《借东风》之怪打扮,装神弄鬼,可谓"妖道大全"。京朝派名伶拿出"看家本领"(贵雅风度)苦苦要替孔明争气,怎奈戏里已经编成"妖道"。终究不能保全"武乡侯"身份了。

《取荥阳》之刘邦左右,《鱼肠剑》之姬光左右,都有妖道,对于纪信、专诸,逞其阴谋,牺牲旁人性命,还有许多做作。

民国以来,内战不息,兵祸连绵,人人痛恨军阀作恶,而不知军阀左右常有妖道作灵魂。张作霖之"八卦道尹",张宗昌之"好古军师",毕庶澄之"吕祖掌教",这些过去的师爷们之外,四川刘湘亦有个刘半仙,行军布阵,必须请命而行。然而仙术无灵,竟被共字号杀一阵败一阵,若非中央军到,几乎全川不守。关于刘半仙事,当时各报记载其详,与此次陈伯南之误信纯阳,亦是无独有偶。

故欲永免内乱,则"妖道"一行亦是要不得的。

《除三害》之说明与批评

事实　意义　歌曲　表演

提起《除三害》的故事,出在我的故乡(江苏宜兴县)。这段故事的主人翁大大有名,此人姓周名处,就是晋朝的周孝侯(冯国璋的太上太上太太上丈人)。相传宜兴地方出过一虎一蛟,连周处共为三害。周处本是一个恶霸土豪,全凭武力欺人。后来被那宜兴太守王晋用言语提醒,射了虎,斩了蛟,自己也改行为善。记得前十几年,龙阳才子易顺鼎恭维张之洞、袁世凯的诗钟有两句谈话:"射虎斩蛟三害去,房谋杜断两贤回。"上句就是用的周处之"故耳"。

宜兴城内如今还有蛟桥一座,又名长桥,卑人虽未曾亲眼得见,但据我那些北来的故乡"父老叔伯兄弟姊妹"等言道,"蛟桥夜月"是宜兴八景之一。蛟桥古迹,年深代久,周处之事,决非虚诳。周处是历史上有名之人。(他的本名就是"处",不是玩票的许处、龚处、德处、孙处那个处。与假造的故事大不相同。)只是此剧的价值却又不专在演古,而在表演一个人的革新 reformation 及人性 humanity 和兽性 beasthood 的问题:

(1)三害之中两个是兽(广义)一个是恶人(更广义的兽)。

(2)恶人本是好人,所做恶事,完全出于不知不觉 unconscious-

300

ness。

（3）除三害者即三害之一。

（4）"除"字对于两害是斩绝生命,对于除三害之一害是斩绝旧生命而造成一新生命 to create new life。

此剧在旧有的乐剧之中,可算得第一等好戏。不过京派戏剧范围窄狭,大家都抱住了谭老板的"粗腿",坐井观天。前几年还有许荫棠、德建堂、韦久峰等在前几出里演演,因为他们不是谭派红角,此戏又非谭派擅长,无人注意,而今只好算是绝迹于北京剧场了。前年曾见余胜孙、钱金福在新明大戏院演过一次。红豆馆、钱金福在江西会馆演过一次。都不过演王晋与周处问答的一场。惟许荫棠在第一台演此,系从告状演起,王晋著纱帽穿开氅,"龙套"引上,乡民喊冤诉毕,改装私访换巾褶。从前在京外看过此戏从闹窑起,此场周处为主起,周处的角儿要演得暴烈武勇。若京派通常所演,既不闹窑,又不告状,王晋巾褶上场唱白都有变通。花脸只算伺候老生,只此对话一场,说是只有唱工,就为老生"安工戏"。其实就这一场而论,唱工而外,表情亦很重要,王晋一面纯是假(假胡涂假害怕),周处一面全是真(真怒真惊真悔)。王晋不是死唱,周处亦非可敷衍了事也。(周处一角,钱金福格局大方,气概猛毅,就是嗓音衰败,不能出色。王晋一角,王玉芳唱得满宫满调,表情稍差。其次双处,如福处、韦处、德处,若认真演来,亦都可取。余胜孙音节浑朴,极动听。红豆馆能于唱时一面偷看周处神情,可谓极力表演,惜面部太肥,不能免除自然的呆相耳。)就此一场而论,周处虽似无多大唱工,然表演之重要却亦不尽在乎唱工武工。表演剧中人第一要义在表演出:

（一）其人之个性(勇猛,果决,热心)。

301

（二）其人之状况（前为缺训练而作恶者，今为受提醒而改造者）。

此折乃改造新生命之关键。演此角上得场来，不能说只要不错词，不倒字，不乱台步，就算了事。即如一上场的词句：

　　　长在街头把酒饮，谁人不知我周子隐，迈开大步往前进。

然这一上场就把个游手好闲，自负自豪不可一世的人物，完全表现。若使唱得没有劲，就能使周处"人格减价"。

以下问王晋，若有人欺压，就要打抱不平。表明周处的"性本善"。他的罪恶不过是"不务正业，不上轨道"，是个可以受劝的人。王晋说，纵然有人欺压也不值计较，兜头一捧唱，使之平心静气。王晋的"辅成新民"的言词乃得循循善诱。

"打动"的唱词是一句一住或两句一住。（一）首两句是三害利害，连壮士你也怕惊。（二）说明头一害猛虎利害（共两句）之后。周处白："嗯，也算得是一害。"就这"也算得"三个字，要把周处承认虎是地方一害，而又自己看得猛虎不在话下，以为力能除害之根据，虚神活跃，神来之笔也。

王晋说第二害比虎还狠，及孽蛟伤人之事比虎加详（共四句）周处也认他算是一害。

王晋说第三害，"不同猛虎，又狠过孽蛟"。周问："它是个什么东西？"写周处之怒气与豪气，周处亦以为兽之一类也。偏偏这个东西就是周之本身，既合于情景又极滑稽（巧合律）。所谓文章本天成。若拿影剧里滑稽片中你推我一个跟头，我把你脸上抹一块巴，供人当时一笑，毫无余味，真是不可以道里计。

说到第三害及本题之正文

（一）词句比第二害又加数倍常渲染。

（二）先说他比虎比蛟都狠。

（三）次说他并非禽兽之辈，乃是一人。引起周处人兽区分之观念，而有是人何以落在三害之一问。

（四）说明堕落之原因，在青年时代缺少正当之训练。

（五）说明作恶之概略。

（六）说明受害人不能申冤之苦痛。

至此周处忍无可忍，催促快说名姓。王晋更伪为不能说以激之。说出名姓，周处如醍醐灌顶，惊悔交集，应作彷徨失措之状。（其时身不觉往后倒退，手中所持之扇不觉落地。）而王晋又故为不知，谓其惊乃闻周处之名而惊怕，以同应唱词第二句，剧文至此可谓笔酣墨饱，极 literary construction 之能事矣。周处即属老丈稍等，不除三害不为人，立刻开始其人的动作 human activity。写勇气人改善之坚决、迅疾，尤有如火如荼之气概。惜乎特此角演得尽善者尚未闻有其人也。

此剧依历史的事实说，以周处为主。即以戏剧论，若以闹窑演起，周处亦非宾位，不过以"提醒"一场而论，可以王晋为主耳（唱工表情均不易）。

此场歌曲之支配王晋所唱，大半为二黄三眼，此处三眼与他剧三眼比较为难唱者。一句一长过门，或两句一过门，每句须有一腔，腔太花则落纤巧不合口吻，但太板则缺乏艺术之美性。不比《捉放曹》、《昭关》之"一轮明月"，《洪洋洞》之"自那日"，《二进宫》之"千岁爷"等等长过门，只在前三句范围以内。以下只要按着一板三眼的口控纵插衿即可动听。今此剧大段三眼句句独立，最难安顿，虽以巧美著名之谭鑫培，对此亦复束手无策。按老调自第一句"若提起……"起，至"怎奈他……"止，三眼到底，下转摇板。韦处学孙唱至第三害，即转原板。卑人唱此系"若提起第三害……"及"第一害"四句唱慢三眼为第一节;二害四句及三害前两句用快三眼,为第二节;以下转原板,至"怎把冤伸"转入摇板为第三节;"若然说出名和姓"以下,全摇板为第四节。较易安顿,由缓而促,由整而散,亦尚不背歌曲支配之原理。然按此唱法之费力已数倍"一轮明月"矣。

此场与《五台会兄》组织,不过生净易位。此剧生为被问者唱工多,彼则净为被问者唱工多也。

若从告状起,王晋例着开氅,带龙套上场,或者晋朝的太守是文武兼资、军民并治亦未可知。

"怎奈他把住了大小衙门怎把冤伸"一句唱"怎奈他大小衙门上下官员非故即亲怎把冤申"者,盖太守之不捕治周处一半是爱才,及面子关系也,兹并存此一说。

（原载于 1925 年 3 月 16 日《京报》副刊）

《打渔杀家》之说明与总评

（一）剧名之解析

《打渔杀家》，又名《讨渔税》，又名《庆顶珠》，戏园贴戏报，说这三个名字随便贴写。但《庆顶珠》应当是总名，若不演全本则失之于太笼统。而《讨渔税》，又只合于前场的事实，不能包括后两场，因为这出戏实在是打渔、讨税、破家、杀家四折，如同昆剧一本戏包含多少折，每折以两个字为名（大概都是一个动字 verb，一个实字 noun，表明一场的事实概要），但八个字的戏名太冗，而且打渔和讨税是相穿错的，破家和杀家又是相穿错的（参观剧本），所以《打渔杀家》四个字也就够了。要写得完全清明最好是写《庆顶珠》，打渔、讨税、破家、杀家，令人一望而知为《庆顶珠》本戏里的打渔杀家两折。

（二）表演之概要

写状一个无产阶级，直到老年还流落江湖自寻生计自食其力的一个人，又受恶政府及恶绅士苛敛压迫，种种凌辱，忍无可忍，激起暴动，把自己的家先破了，把仇人的家也杀了，所谓"予及汝偕亡"，"同归于尽"，乃是极能描写一种社会背景之悲剧。中间写家庭的凄凉（老父幼女相依为命），父女之爱，老年人之忍耐，少壮人之意气用事,幼稚人之一片天真,豪门食客厮养之鄙陋伧俗,处处入微。

(三)剧本之价值

赋税,算是人民的一种义务,不但古时如此,现代亦是如此,不但中国如此,就是文化先进的欧美亦是如此。凡是治人阶级总觉着人民靠着劳力寻来的一点生计,总得分一部分利益给他们,才是正理。至于人民生计所生之利,是否都有纳税的余力,甚至于不足糊口,那都不问。而资本家、贵族不劳而获富尊荣,则政府反倒不去问他,且朋比为奸,鱼肉平民。我从前在《小说周刊》译过几片电影剧,本是欧美的人描写他们宪治官治和表面的民治以下的黑暗。土豪结交官府要发财造机会,要盘剥,就抬高地租,致那些老百姓家破人亡,正是中外一理,古今同慨。《打渔杀家》一剧的价值所以比《捉放曹》、《碰碑》等价值独高处,就是因为它所表现的,不是一人一事一时所能拘束,不是专演古人,亦不是专演中国人,可以说是:世界的大社会里有一日不到真正的平民自由之境地,则此剧即有一日之重大价值之存在。

(四)编制之来历

剧本出于三等小说《庆顶珠》,《庆顶珠》出于二等小说《后水浒》(即征四寇宋江降宋后立功被奸党鸩害,部下四散),《后水浒》又出于头等小说《水浒》。剧中人物只李俊是见于《水浒》的。其萧恩一名,有人云即《水浒》之阮小二,颇为近似。此剧之价值在能写实一种不平的社会情形,与酷暗的政治现象,不在演述《水浒》,故其人是阮小二,是萧恩,是张三,是李四,都不关紧要。今不过略述其编剧取材之原委,为说明中应备之一项而已。

(五)人　物

萧恩　年老,不得志于时,以打渔为生,饱经忧患,满腹幽愁,而又极能忍耐的侠士。

萧桂英　幼年,天真烂漫的一个女子,萧恩之女,助其父打渔度日。

丁府老师及其徒弟　有名无实之武技士,游手好闲之俗夫。

丁郎儿　丁府厮养卒。

郭先生　丁府食客。

丁员外　交结官府,鱼肉乡民之恶绅士。

李俊,倪荣二人　流落江湖之侠士,但环境比萧恩为佳。倪气质粗鲁,李较为温平。

吕子秋　(暗场)与恶绅狼狈为奸之县官。

(六)角　色

萧恩(末)　京伶角色分类,不如汉班之细而正。末角、正生笼统名之曰老生,亦曰胡子。萧恩实是末角。如汉班余洪元、京班谭鑫培,皆末角正生。谭氏兼长武技,故演此最合,舞式甚妙,晚年尤合情景。除服装可议外,唱念表情无一不可为模范。

桂英(贴旦)　京班昔以花旦,武旦演之不甚看重,因无多大唱工,而颇须身段武技。近时多以略长做派之青衣演之,颇占重要地位。此亦戏剧之一部分进化也。其格位仍属于贴旦。

教师(丑)　京班文丑(如慈瑞全、茹富蕙)、武丑(如麻德子、王长林、傅小山)等皆演之。汉班闻列在武丑。然此剧中之教师,乃鄙琐一无所能之人,故如鲁豫乡班向不用武丑。即今北京自长林演红,虽然争尚武丑,然即以长林、小山而论,其纠纠昂昂之气概(无论如何向惫懒上做去),总有压过萧恩之势,盖长林之根本不适于演此角,与其不适于演文丑同。(犹之谭鑫培之《天雷报》张元秀,无论如何清灵苍秀,终究不是《天雷报》合格之张元秀。龚云甫以缠绵悱恻演卖子贫婆,九阵风以武健勇猛演《小放牛》之女娘,皆不合。)此角自以玩笑派之丑为宜。原来脸上宜抹白。(惟王栓子之脸色自来就是绿的,饶有滑稽色彩可以不抹。)

倪、李二人,丁郎,在剧中为次要之角色。丁郎为丑,倪为副净,李为末角,但杂角亦可充数。如副净之不能演副净正工戏者,即为副净中之杂。末角中不能演末角正工者,即为末角中之杂。丑之不能演丑角正工者,即为丑中之杂。其他如丁员外、郭先生等,亦为副丑之杂。京班便称谓之零碎。

(原载于 1925 年 1 月 12 日《戏剧周刊》)

谭"黄忠"——金"曹操"

在孔熙白先生席上会见了谭大王令嗣谭小培先生,谈起他老太爷的创作:(一)黄忠的扮相挂白三,戴扎巾,为的是面庞瘦小。(二)《空城计》把"唱上"改念两句引子,以免与"战北原"重复。都是很有理由的。黄忠之改扮虽为个人之合式,却因秀气非凡,饶有画意,加之谭派盛行,已成为公共的标准了。无怪乎我们罗老板(保吾)发下洪誓大愿,"俺若不将《定军山》学会唱好,誓不玩票也!"

按老派黄忠与现时派头不同处,尚不止于扮相一端。因老生而挂白满,便与花脸合行。现在的梆子尚可实证。黄忠而外,如《佘塘关》杨滚,《碰碑》杨业(前小桃桂之晋班在华北戏院演此,即以名净"彦章黑"去杨业),《打渔杀家》萧恩(北京皮黄班改"苍满"髯口),《渭水河》姜子牙(皮黄班开脸,是归入纯粹净行,与梆子之不开脸的净性质稍异)皆是。其嗓音唱法,纯取苍老宏强,亦与净角一样。故戴帅盔挂白满之黄忠,老辈皮黄脚如程长庚等能演之,而谭派不能。老谭改造以后之黄忠,亦唯谭派能演,他派亦不能。如现存之王凤卿常演《伐东吴》及《阳平关》,其词句腔调与谭不同。头戴台顶(即侯帽上加叉头,与帅盔同一用处),不戴扎巾,所以示异于谭派。然即使戴扎巾,而面庞体格亦不相宜。且凤卿又非真确之老派,无老派之净味的腔口,"两头够不着",自难与谭派争胜，于是黄忠遂为谭派所专有矣。

黄忠戏之普通者有《定军山》、《战长沙》、《伐东吴》、《阳平关》、《五截山》等，《定军山》最红，因为场子多，黄忠的工作亦像是繁重些。实则场子虽多，却无甚机构，出出入入，似"走马灯"，前后两本，一战败张郃，一斩夏侯渊，都是劝告不如激将，都是二六及快板，大同小异，殊觉单调，远不如《阳平关》之经济而多式。《定军山》的唱工及武工，《阳平关》亦有，不过少些。《阳平关》的佳处，则为《定军山》所无。以装扮而论，《定军山》始终是一身黄靠，而《阳平关》则前场蟒靠（黄靠上加香色蟒尤美观），后之武场乃纯靠，与《定军山》同式。以身段论，前场之过场小荡马，后面跟一面大旗，旗上挂一首级，黄忠下场之偏身回望，以及见刘备献首级之左手扪须，右手一指，眼神手势都能见气概，任何黄剧皆不能有此胜致。其所以不及《定军山》之红者，《定军山》出出进进，只看见黄忠一个人的风头，而《阳平关》则曹操、赵云都是主角，鼎足三分，不由黄忠独霸，若带《五截山》，则赵云更有劲，显不出黄忠。故凡头牌老生，只认《定军山》，而观众之只认老生台柱，亦乐意多看几场黄忠，听听几回"头通鼓"、"二通鼓"……两方凑合，最于叫座有利。若不为营业而为兴味起见，不但《阳平关》，即《伐东吴》、《战长沙》亦各有难处，各有俏头。我最喜《阳平关》，故劝保吾注意此剧，他若学成，曹操一角我是现成的，好歹不论，总可一陪。

金少山这回来平，惊天动地起满座满，视乃父当年声势何止百倍。所贴主演剧目如《刺王僚》、《草桥关》、《白良关》，均为秀山绝唱，而《阳平关》尚自寂然。予窃怪之，询于吴君宗祐，始知他于曹操戏不敢露，殆自揣不胜黄派也。予以为不然，曹操戏与曹操戏不同，有"小扮曹操"，有"大扮曹操"。小扮曹操如（一）昆腔《议剑》,戴丑纱,着官衣,脸谱豆腐块。(二)《捉放》,风帽,箭袖,褶子。此为忠臣时期,却要做得奸。

大扮曹操可分两期,相貌红蟒黑满,大白脸,如《长坂坡》《战宛城》《骂曹》等等,亦是"奸曹操",但其奸形要大有气象,与小扮之奸不同,若戴"金貂",挂"苍满",即魏王时期,是大奸臣时期,却不能往"奸"里形容,只是态度骄蹇,气象苍浑,方为合式。故曰"不奸时奸,大奸时不奸"。若不体戏情而专于奸字做去,则所失多矣。

《逍遥津》曹操逼宫,威焰万丈,然奸在华歆,不在曹操。华歆欲进宫杀太子,曹操申斥,不为已甚也。此与《捧雪》"搜杯",处处写严东楼顾念友谊,汤勤随时加油添料,同一机构。吾观李连仲演此,斥华歆说:"你要兴多大风浪?"句,神情忠厚,口吻均佳。连仲不以曹操戏擅名,如《捉放》等戏,诚不如黄派,而《逍遥津》确是合格。至于《阳平关》更有不同,形迹与心理,绝对提不到"奸"字!上场一个引子"双手托青天"(或念"赤手独擎天"亦妙)就是头等人物的气概,坐场闻夏侯渊凶信,唱句带哭头,悲感苍凉,完全性情中人,秀山于此声韵醋足,聆之神往。中途遇张郃"马上传令"一段,字字如履危石而下,又如"长江大河滔滔滚滚",至"只剩下孙刘未归顺,看来亦在孤的掌握心",右手第四指虽挑着马鞭,而犹能以余指作卷曲之动状,以与戏词相应,遂使老瞒志得意满囊括宇宙之雄心壮概活现于台上。而山头传令之几个"只杀得",尤有"指挥若定"气吞山岳之观。此为秀山绝奏,前无古人,后无来者。

少山若自问魄力不及乃父,或揣摩未到不敢出演,则可。若为畏惮黄派,则吾敢断言老黄三此出亦是不行。

311

《借赵云》

《借赵云》，当二十年前，就有点"冷飕飕的"，现在更没没无闻了。在这"全本连一日演完"大戏盛行的时期，欲使此剧复活，必须加头尾添场子，延长时刻，或把"盘河战"、"救北海"、"让徐州"、"金锁阵"等联串一气，大大的改造，这不是咄嗟立办的事，亦许终究无人注意了。

从前所以不红的原故：（一）场子不大火炽，（二）戏出短，又没有什么唱工。（三）最吃重的是小生，其次才是老生，以小生为主的戏，很难走红运。（四）近二三十年的风气，谭派势力太盛，此戏之刘备，虽非奎派、非刘、非孙、非汪，与谭颇相宜，但谭氏并不怎样提倡，故不为群众所注意。

其实此剧亦很有些优点，（一）京派戏讲究"酱汁中段"，这个"中段鱼"虽非上等精品，却也经济适口。（二）赵云与刘备论英雄一场，且行且语，闲雅宜人，绝妙画意，令人神往。《恶虎村》黄天霸与濮、武二位在庄外谈三义庙一段，亦有手挥目送之妙，此等在"国剧"中，不可多得也。（三）文武场皆有。文不失之腻，武不失之火。（四）有庄有谐穿插有趣致。

情节把《三国演义》对照一下，《刘皇叔北海救孔融》一回，公孙瓒对刘玄德曰："吾借与君马步军二千。"玄德曰："更望借赵云一行。"瓒许之。玄德遂与关、张引本部三千人为前部，子龙引二千人随后往徐州来。《借赵云》之剧名，大约由此而生。但剧中"论英雄"一段对白，却有一大半是《曹操煮酒论英雄》那一回的事。不过曹操说："天下英雄，唯使君与操耳"，是互相标榜，而赵云则推服刘备，清出宾主。这是"利用材料"，绝非"抄袭成文"，而且剪裁、改变都非常灵活，可为绝妙文心。但"论英雄"一节移之赵云亦非无因。按《袁绍磐河战公孙》一回：玄德救公孙瓒，瓒教与赵云相见，玄德甚相敬爱，便有不舍之心。其后分别执手垂泪，不忍相离。云叹曰："某囊日误认瓒为英雄，今观所为，亦袁绍等辈耳。"玄德曰："公且屈身事之，相见有日。"洒泪而别，其《会古城君臣聚义》一回，玄德曰："吾初见子龙便有留恋不舍之情，今幸得相遇。"云曰："云奔走四方，择主而事，未有如使君者，今得相随，大称平生，虽肝脑涂地无恨矣！"细玩前后说："公孙瓒亦袁绍等辈"，说"奔走四方，择主而事，未有如使君者"，此中自然包括一段"论英雄"在内。戏文借曹语为之"移实补虚"，恰到好处。再则赵云在正史上，在演义中，在戏剧中，都是纯全无疵之完人。五虎将中，关羽骄，张飞粗，马超浮躁，黄忠亦常有老而负气之病，唯赵云忠实稳健，是上上品，有此剧特加一番形容，更出色矣。

赵云正式归刘备以后，出色的序幕很多，最著者《长坂坡》外，如《阳平关》、《斩五将》(《凤鸣关》)、《截江》、《连营寨》等皆是。若在归刘以前，则唯盘河战、救公孙为出色。演义中云虽随刘，救孔融、救陶谦，然刘与曹兵并未大战，而借云剧中，忽然幻出典韦大败张飞，赵云又大败典韦，此乃用"节节高"之法，以衬起子龙之勇。然典韦固无大败张飞之事，而张飞有名之虎将，亦非败于典韦之人。《三国演义》之好处，就是不必写到某战某胜，而各勇将之等级已隐约可分。即如《虎牢关三英战吕布》，以关、张之勇而"战不倒吕布",则吕布之勇过于关,且过于张可知,亦不使关、张减色,此是笔法大方而周妥处。然在戏剧则不然,常喜利用其大之映射法,以"捧"一特定之人物。如《战宛城》乃极力"捧"典韦,不惜使"虎侯"许褚受屈,许褚本与典韦在曹左右,一样的威风,后乃混入诸将都被张绣之兵打得落花流水,而后典韦一人打败张绣。此在演义则不然,只写典韦之猛,不肯硬扯许褚作衬,因许亦上将也。《借赵云》既捧赵云,又不能不委屈典韦矣,若张飞则屈而又屈矣。然无此两层委屈,则戏文无所生发,且若顾全张飞身份,则无滑稽之妙,而戏味单调,故可与小说分别观之。

刘备之扮相,外埠演者头上多著武生巾、马褂、素箭衣。京朝派则戴双龙达帽、龙箭衣,《长坂坡》《借云》皆然(唯《白门楼》尚仍旧贯)。贾洪林、李顺亭莫不如此,盖由来久矣。唯近来踵事增华,达帽之龙多至九条,珠翠满头,不辨何物。现在马连良艺员特将达帽改良,上边只略绣浅黄蓝色花纹,所有亮晶晶的东西连那团龙行龙一概不要,非常清爽雅净。其马褂是从旧绣货庄买来的蟒衣改造的。谁都知道,前清的绣货,是非常的美术品。从故宫所陈列,以及太庙大殿上的龙凤帔垫,以及外国人搜罗的蟒袍补服所改造的挂品装饰品,可以知道,我国古绣是何等的精致美丽。唯台上之"绣活"名为"粗绣",一切趋向于"光亮夺目",更不在乎绣工。即如故宫及南府的绣衣,金色宝光,都不是现在所能有,虽然"耐看",却不能"亮眼",所以某伶所买的南府行头,只作班底官中,自己还是做新穿新。其实旧绣货亦不是不可用,只须用心点对付,如果颜色不甚旧,花样精美,再把尺寸款式,照实际需要加以修改,亦能别有风光。我也买过几件旧戏衣,也有现成的,也有改造的,所以对于温如利用"古锦"之勇气,非常同情。曾见许季湘为俞泽民书对联曰:"古锦为衣有异彩;丹砂当粒发华颜。"形容古趣,恰如我心。

赵云与张飞,一白一黑都有固定的装扮。赵云头上只软扎巾,张飞则戴扎巾盔(包巾壳大后扇)。而《长坂坡》则赵云戴扎巾盔,张飞打软扎巾,遥遥相对,颇可一粲。其实这些完全是人为,各人就各人的面庞,斟酌变通,后起者就相沿成例耳。上面这张照片(附照片一张)的来历,是王剑锋同学暑假来平,介绍晋剧老板与马连良老板会谈,我因剑锋不日就回山西,马温如虽同居旧京,却一忙一懒,成年到头不见得能会面,提议照张戏片,以作雪泥鸿爪之留痕。二位均表赞成,于是议定照的方式:(一)须三人同一场者,(二)各有表情者,(三)三样脚色。想来想去,只有《借赵云》最合式,一个小生,一个老生,一老花脸。本来想照《群英会》,因鲁肃、诸葛亮两个老生不及此剧较有趣致。照了之后,本不预备发表的。因翼贤社长要办纪念刊,需此佐兴。就把此剧略为说一说而缴卷焉。

谈《审头刺汤》

　　元旦日在《益世报》遇见徵达光两君谈及麒麟童演"刺汤"之陆炳是着帔子唱平调上，门子报"汤老爷到"，陆炳略作思忖（即"汤勤乃严府耳目"数语）吩咐公堂相见，进场换蟒站堂开门再出入座，请汤老爷，此与民六、七年间，我在东安市场中华舞台观刘鸿升所演相同。但刘景然、贾洪林诸老伶及现在诸名伶则皆免去前场，径上公堂，今之演者，自应以从，且升堂念大引子、坐场诗，甚有气派，刘景然演此，多是与梅兰芳合作。老气横秋，指挥若定，真有"老吏断狱、斩钉截铁"之概，予尝称之与《玉堂春》刘秉毅并为景然杰作，亦非谓其全无疵累也。即如以扇上"刺"字示雪艳时，其词于"汤老爷比不得穆大老爷"之下有"穆大老爷性情好，汤老爷性情暴"两句，虽系老词，然当面说汤勤"性情暴"，实属赘疣。其下则为"早晚之间，须要小心刺……"至此展扇，接"伺候于他！"亦不及刘鸿升，或贾洪林径说"小心伺候"之干净。至于"刺"字之念法，鸿升嗓音宏亮，故高敞着力，洪林嗓哑，故低音漫拖，眼神甚妙，然洪林在传神上实有佳处。今马温如、余叔岩似不离乎贾派也。

　　汤勤之工作实是不轻。然去此角者不但替剧中人挨骂，而且丑角地位较低，处于生旦两大之间，演至何处，须听取生旦意见。若老生为主，如刘鸿升则根本不要"刺汤"，因为"刺汤"没有陆炳的事。若以旦为主，如四大名旦则又非带"刺汤"不可；因大段唱工及跌扑做工,均在"刺汤"一场。故名丑如王长林、如萧长华,亦是"奉陪"而已。

前者报界义赈戏罗保吾兄及成湘辉女士能戏甚多,《骂殿》尤熟,所以演《审头刺汤》,实是帮忙我这汤勤,实则我之汤勤唯"审头"一场较熟,亦是从刘鸿升时期就注意之故。后场之"刺汤"身段,则模糊影响,有些影子,自己揣度,经过排练之后或者可以对付。在此排练期内,多亏成女士及其师律君佩芳多多指导,临上场时又在后台与律君比划一阵,方有把握。演完之后,总算不碰不僵,完成轮廓。卸装后,在扮戏房中遇何君卓然曰:"温如来看君演剧,可往一谈。"于是导引至客座中,果见马老板正襟危坐,见即语予曰:"刚赶上半出,只见刺汤未见审头。"予问曰:"如何?"温如曰:"可以……没有什么。"其词若有不满,态度则甚诚实,假如说这段汤勤如何好法,反是违心之论,非朋友矣。温如来时,陆炳刚下堂,只卸了保吾(陆炳)一个后影。雪艳则自帘内倒板以至大段二黄俱已听完,词句特多,腔板稳整,成湘辉女士才十余龄,而成绩如此优美,则温如此来便已不虚。至于予之汤勤若以萧长华为例,则"摔发"一项,我先不行。而身段步法,亦当然不及伶工之熟悉,然若再演一两次,定然稳洽,不让伶人,乃敢断言。"摔发"工夫,萧长华实佳,圈大而圆,双快又干净,王长林虽是武丑出身,亦不及萧。因为这是一门工夫,以梆子班为最结实。(谭鑫培之摔发,学于达子红,老伶工曹心泉所目睹也。)任何人皆不及孙佩亭也。

前者汪君觉亲记义务戏云:"汤勤于惊闻陆炳回衙时,有一身段甚好看。"后晤剑胆宗兄,亦云此身段为内行所无,伶人丑角于此不过溜下而已。我说:此身段是本于长林而略为加细。长林只一个正翻袖,一扭头,作惧色,即掩面下(萧派丑角要说句"不要乱七八糟的",不及长林之静默有味)。予则于正翻袖,倒转时,就地再起一个"反翻袖",两边互衬,快步下场。剑胆曰:"若是场面熟些,家伙点放慢,则更好矣。"予曰:"兄真老眼无花也。"

(1937 年 1 月 16 日)

跟着他们错

马君春樵述其师牛松山之言曰:《连环套》、《拜山》窦二墩命将天霸拿下时,时下伶人去天霸者,于念白"此番上山乃以礼当先,身旁寸铁未带",时即将褶子展开。念至"来来来!"即将褶子甩去,作动武之状,此乃大误。因天霸一生"人不离镖",甩褶子则镖囊露,与"寸铁未带"句不符。且所谓"寸铁未带",不过指交战武器(刀)而言,表示未作战备。天霸又云:"将俺碎尸万段,若皱皱眉头,不算黄门后代",则明明是以"礼"对"兵",逆来顺受,更无挥拳露臂之必要。时伶只顾其火炽,而不知戏情戏词之矛盾也。唯牛君又谆嘱马君曰:"既习非成是,则演时只可从众。大都都错你不跟着错,就是你的错!"其言甚是,而意甚沉痛。

予今引申举例曰:《失街亭》"坐帐"差发诸将,再传马谡进帐,应先"转堂",龙套下,二童子上,诸葛亮移坐外,那马谡乃能旁坐,因大帐无对座便谈之理也。老伶王玉芳便是如此,但自谭派盛行,谁要是按规矩走,倒像有心立异矣。《捉放曹》"听他言"一段唱完之后,应说"明公听我一言相劝",然后曹操才能说:"你言多语诈!"否则陈宫独唱自述心事(背工唱也),尚未对曹开口,曹操凭什么派他"言多语诈"乎?又如《长坂坡》甘、糜二夫人例应蓝帔,乃穿黄帔,试问刘备此时有无"穿黄"之资格,而其妻先篡位乎?

诸如此类,只好随波逐流,听其错误,"大家都错,你不跟着错,就是你的错",牛先生知言哉。

（1937 年 2 月 16 日）

两样的"薛王"之剧

妙在守节的都姓王,荣归的都姓薛,有《薛平贵与王宝钏》,又有《薛演与王春娥》。王宝钏小姐寒窑耐贫,王春娥小姐机房受苦,好像都是一样的"贞操主义"。其实王春娥是绝对节妇;而王宝钏则并非"为守节而守节",另有她的虚荣与迷信之目的!

那是一件民间故事,"王三姐寒窑受苦十八年,后来做娘娘十八天"。因为大姐、二姐虽嫁贵官,总不及她的福大,有着"做娘娘的命",以十八年的苦,只换来十八天的皇后,依然认为幸运,可见流俗女性迷信"皇后"之深,所以"花园赠金"是为乞丐"平贵"有特别的贵相,彩楼抛球,有神仙传递帮忙,直到大登殿为止,平贵虽贫,果做了皇帝(贫而贵矣),且对宝钏唱"你为我受苦十八年,后宫去把凤衣穿!"宝钏谢恩到后台"换凤衣",果然做了"娘娘",完成她苦节之日的,即此剧之故事之真相。今之全本,平贵一登殿先宣苏龙,将宝钏换衣一节减去,非本义也。昔第一舞台之海派班演过《红鬃烈马》,不但情节完全,其擒马之彩切,场上之火炽,亦马戏名相衬,不失为"以戏为主"。近京班流行此剧,其命名则以角为主,旦角的大梁则曰"王宝钏",老生的大梁则《红鬃烈马》,擒神马是平贵的贵征,但京班场上并无擒马,其情节渐渐缩短,前几年尚有"别窑"起者,继而有自"赶三关"起者,今则时兴通侧自武家坡起,至登殿完,青衣老生(不论谁大梁)跑坡讨封毕,都可在后台休息,中间银空山有"跨刀"的老生代演平贵,有花旦去代战与小生(高思继)支撑时间。至于算粮,那是魏虎的俏头(侯喜瑞的"再来一家伙!"是也)生旦虽上场,并无多大的劲。统计起来,乃一出"跑坡"、一出"登殿"而已。

按规矩说,此大全本应从花园起,登殿止,薛平贵一角,先是小生(赠金,彩楼),次为武生(别窑,误卯),次老生。(稍书赶关以至算粮,皆一套箭袖无庸换人,惟至登殿则为纯粹的王帽,可以换人,因其唱法与身步完全另样,与《金水桥》、《打金枝》之王子则为一工。)至于旦角,则自花园、彩楼、击掌、别窑、探窑、跑坡、算粮、登殿,中间唱工重头,占大半数,按角色说是青衫子到底,按伶人工作,实是太累,所以从前只按短出,分日演唱,不但戏场上演经济,亦为伶人计也。不过现代是明星制,一切须随大梁而转,场子多了嫌麻烦,所以从《武家坡》起,然上场就是薛平贵,又嫌有碍体制,于是分派"王允"先来半段"击掌"。并非击掌,乃为大梁出台的前站,这样,便不能按戏讲戏,而是适应现实戏业的一种明星式了。即按明星的戏业说,还不如演一"跑坡"中间令别角演出武戏,然后再来一出"登殿"作为双出,尚属干脆。惟此等事未必全是某个伶人本身的意思,伶人亦是"随溜儿"不得不然。("加前站",似是花脸大梁作俑。)

《汾河湾》细过《武家坡》

《汾河湾》、《武家坡》、《桑园会》三出戏情节都是回家戏妻,词句场子亦相类似,惟三个老生各有其独"活",秋胡身上是折子,是文的,二薛则着箭袖,尤其是薛仁贵武身段甚多,与秋胡断然两工。

以二薛两出比论，仁贵会妻以前，多"打雁"一场，与娃娃生有一番交道，但第二场戏妻即在窑前，而跑坡则戏妻与进窑为两场（赶场及词句，似戏凤），且薛平贵倒板起，扯四门唱，宝钏亦倒板起慢三眼唱，一望而知唱工重，至于《汾河湾》仁贵之唱不繁，惟"家住绛州"一段堪与《武家坡》之"二月二日"段匹敌（即谭、余系之"提起当年"）此外全重做工念白。

　　《武家坡》两场只用两人，《汾河湾》四场（花脸盖苏文魂一场，衫子与娃娃生一场，老生娃娃生一场，老生衫子一场），共费四人，主角仍是一生一旦。《武家坡》戏妻，相认，讨封，情节前重后轻，《汾河湾》则前轻后重，进窑以后迭起波澜，因"还是与人家看马"而引起"马头山"、"穷苦山"、"龙头山"、"凤凰山"之趣文，因搜获鞋子而生出宝剑与簸箕之特别开打，一幕惊险而滑稽的小武剧，因说破鞋子来历而发觉前场误射之孩童即其亲子，于是有两个"气椅"由谐趣而突入哀情，由喜剧而成悲剧，剧末乃至双冲而拉下，极度紧张，情文相生，如火如荼，而层序一丝不乱，盖口紧切，手眼身步无不需要熟练清真之工夫。

　　"打雁"一场之身段，瑶卿曾为修鹤君谈及鑫培唱"弹打"只将马鞭往前一投，唱"枪挑"亦只马鞭一横，身步前移后退皆小尺寸，极简。修鹤唯唯，老衲默然未置一词，瑶卿亦不过说明事实，有人问以谭式，则以谭法答之而已，究竟谭式是否惟一之标准，彼固未尝有所批评也。老衲于此，则不能依谭，唱"弹打"时，马鞭略微向上一指，即翻腕鞭梢向上，趁锣，走斜，箭步，后退至九龙口，唱"南来空中雁"接"枪挑"随唱，随翻转马鞭使快步回至台前原窝，与末锣相应而立稳，再唱"枪挑鱼儿水上翻"时，鞭势斜横，鞭梢下接，以上唱两收句随做下马身段，而开始问答，予觉如此做法，可有远神而身上亦觉敏活，只要与娃娃生与检场人与场面人保持密切之联络，锣经相准，彼此交代清楚，则身段之大小，尽有伸缩之余地，故不须拘守谭法，而可与谭法并存。

《锁五龙》花脸的唱

《锁五龙》通常只演法场（斩单）一段，亦是一出很精致的"酱汁中段"，虽然表面像甚简单的一场，其实此一场中已富有良好之机构。（《白蟒台》之法场与此相仿，但剧情则不若此剧之密。）

花脸倒板，上扯四门唱原板转快，归坐，是乃主角之见长，听唱工，看架子，见身份。唱深须高亢而有"率劲儿"。（《战太平》花云游街之扯门唱与此有相类处，盖同是勇将被擒，故激楚而有壮气，总是戏情为标准。）当年刘永春最擅长，再则科班孩子音虽气魄不够，亦能唱个痛快，而金秀山却视为畏途。秀山雄浑劲敛自有特长，但怯于亢唱，其甘让《锁五龙》，让《高平关》，正如老谭之避汪派戏、避王帽戏耳。实则惟扯门原板，全然硬板实槽，特于秀山不宜，然非全无可为，如鑫培《战太平》嘴里挂劲，照样响堂，不必十足实力也。以下数段快板，对象四人，一个人有一个人的感情，雄信的唱法亦是一段一个戏味，对前三人恶感者，虽然同是快板而一步恨一步，至对第四人（咬金）为好感者，则换摇板，加盖口，程唱三段，单酒三巡，口气变和缓，神情变平静，至"这句话儿"是筋节处，须口紧气足，特别挂味，下接以连三巡之酒，"望门"身段问二哥，起哭头，嘱后事，改悲音，再唱快，而最后一句"快叫唐童把刀开"，须斩钉截铁，则一人之唱工全"严"，而剧情亦风雨不透矣。秀山以入戏挂劲见长，如以此认真较量，恐永春尚非其敌，永春此剧予屡观之（有别家闯营起），大体上不走味，总是戏的底盘太好

324

之故。

予之花脸戏，从三出入手：（一）即《锁五龙》（紧口工），（二）《五台山》（慢口工），（三）《白良关》（大慢口工）。紧口能稳，慢口能严，乃及于大唱工之《探阴山》、《探灵》、《进宫》（惟《保国》未习）、《铡美》、《沙陀国》。此数剧之后，则为《草桥关》、《上天台》、《刺僚》、《牧虎关》，更以余力习《碰碑》七郎、《街亭》司马懿。

《碰碑》的场子

旬日前由放送中听了一出《碰碑》，老令公碰死后未闻再上韩延寿。场上如何收尸，不得而知。按此剧收场有不同的路子：（一）上龙套捧云牌遮大墙，更衣，戴盔加开氅，执云拂，白"众云童归位去者"。众引下。（二）即现行通例，上韩延寿，见令公已死，命手下将尸骨搭往洪洋洞。以上两个收法皆可。泪坐班则加上四魂子（大郎、二郎、三郎、七郎）一一对之而唱，如此乃如《洪洋洞》式，但《洪洋洞》唱后即有气椅。上八贤王带去宗保，唱六郎之魂子亦由云童领下，收场有序。泪生交代"魂子"后仍须碰碑，碰后既未上云童，亦未上延寿，竟自起身溜下，从来未见有此收法，予及瑶卿均在台下，颇以为奇。

"苏武庙"之场子亦有不同之两路，（一）念苏武庙云云后进庙参拜祷告"保佑弟子回朝"，起作庙内观看，乃见"李陵碑"乃读小字，乃碰碑。（二）即念"苏武庙"云云后不进庙，即又见李陵碑，即现在通行之路子也。碑在庙外，故碰死后上韩延寿，得于碑下收尸。若第一个路子，则碑在庙内，韩延寿不得而见，断无专为寻尸亦来一个"进庙"之理。故上云童更衣护持归位（略似《南天门》曹福），当场化为"魂子"。然两个路子的收场，都与《洪洋洞》前场相连接。"魂子"带起托梦,而收尸伏下盗骨也。

魂子七郎的戏

七郎戏常见于台上者,武则《金沙滩》,文则托兆(《李陵碑》),前者属武花脸,后者属唱工花脸。其一笔虎之脸谱亦有分别,"活七郎"之谱,工细严整有威,以许德义为最佳,"魂七郎"脸,轮廓虽同,而线条较粗,谱式不整,要有悲惨气象(显红白黑三色,所谓"乌本天牌")。

托兆、碰碑老令公为主,然花脸(七郎)之配,与里子老生(六郎)之配不同,里子老生因不够令公材料,乃去六郎。是同台配"戏"亦是同行配"角",花脸则此台上为独行,是配"戏"而非配"角",虽头等大好老的花脸,去七郎不算寒碜,其工力不轻,却亦不能任意使劲头,计共三场,头场吊场,二场托兆,三场显圣,一场有一场的说法。

头场吊场(前几天说过"吊场"是戏的组织,与伶人身份无关系,与戏中人宾主亦无关系。昔之老名角台柱,常常吊场,任何战何角都受戏之支配),如碰碑七郎照例头场上有繁简两路:(一)唱牌子,坐高台,念诗报名,自叙白(双起落)长叫,下坐,大倒板,拉门唱,词句八句或六句,下。(二)念对子,报名,自叙白(单起落)短叫,不用倒板及拉门,唱四句或六句,下。若是红角好角想多卖,则用第一式;若普通二路角,自觉工力不够或者红角临时想省事,或者因特别限制如时间问题之类,由后台照会"马前",则可用第二式。总之只此两式,红角想多添花样固不可,乏角想再取巧亦不能也。

二场"托兆"是剧情本题,唱工正节,报三更,黑风旗上挖门进对令公唱毕,换还对六郎唱,唱工有须者注意者两点:(一)夜景(场面分三阶段,报更点锣声阴沉合节,与花脸之唱合听乃为真听戏者);(二)"魂子"故音调必沉雄,无花腔,惟"半空中"三字及"老爹爹"全句可以高唱,即是可找之俏头。其余只能平唱,然平唱只要入戏合味,字正腔圆,便是好唱好听,即那两句高唱,亦须出落自然,若露痕迹不如不找。

三场显圣,既无唱无念亦无多身步,似乎不足注意,然而却有一工很好的一个"相儿",并需要相当之身法步法,即韩延寿与六郎打一过合之际,由下场门疾趋至中间,拂尘一挥,丑方一个斜箭侧身向左,七郎则让过六郎抢一步立稳,目注于丑(丑作低头不敢正视之身段),立少顷倒行数步(眼神仍须凝视),乃挥拂转身疾下,此种"相见"(1)须有威容,(2)须有肃穆之气象(3)须与丑方之姿式相衬,(4)须与场面呼应严密,(5)身重而步轻,立如山,行如水,而善观剧者,领略此场之妙,亦可就以上几点,以比较各伶之得失,并知在唱做之外,伶人无处不需研究,观众无处不有鉴赏之乐趣。

金秀山与刘鸿升配,与谭鑫培配,均甚认真,惟有一次与贾玉书配,故作怪声,身步亦麻胡,令人不辨其为老金,盖以玉书来自海上,竟存轻蔑,实则贾亦北京世家,惟久于外埠,不免海气耳。

《教子》的戏剧性及各工

《三娘教子》不是寻常的守节耐贫,因为王春娥只是一位"三娘",在《双官诰》的剧词里,已经说明"一大二小三奴婢",她不过一个通房的丫头,在家庭里为无名份者,即无守节的义务,然而"一大二小"(张、刘二氏)竟已改适,薛倚且非春娥所出,乃为之抚孤,此于守节立志之外,尚有打破阶级观念之暗示。《上元文集》中书杨氏婢云,杨氏之寡妾以贫不安于室,嫁有日矣,呼其婢不应者三,怒曰:"汝我婢也,何敢如是?"婢曰:"我杨氏婢耳,汝今谁家妇者?而曰我婢我婢!"妾为之感愧,竟谢媒妁不行,后将嫁婢。婢曰:"人以我一言故忍死至今,我亦终不去杨氏之门。"亦不嫁,此婢之不去,全属自愿,可为《三娘教子》剧情作注脚,以张、刘二氏之当守而不守,见王氏之可以不守而守,故曰深一层写法。且"教子成名",是不只节妇而是"良妻贤母",与之协力维持之薛保,不过一仆人,亦非有名份有义务者。综核观测,实为"奴仆"作翻案,故曰有打破阶级观念之暗示,成为独特之戏剧性。(无人格之人格表现!)

雅部《双官诰》之冯仁即薛保,冯雄即薛倚,而碧莲姐即王春娥。《夜课》一出,固与《教子》剧情,大略相似,惟母子呕气时,出而了事者非老仆,乃碧莲之母(是一丑脚),与乱弹本大异,且亦未见之于台上,可置之不论。至梆子、二黄相较,人的姓名,剧的情节,均无不同。而梆子纯然以旦脚为主,场上之念做唱工比黄班过一倍,老生做工身段不少,而唱与念则比黄班见轻。于三娘训子时,坐于门外听之,后乃入而排解,三娘之教却是十足的"诲尔谆谆",引证许多少年苦读的格言,词多而表情亦繁缛。惟梆子与二黄有根本差别之点,即梆子之音调及做派,比较总失之于重浊,使人一方面喜其固挚,一方面又感觉烦腻,薛保之排解,有似吵嘴,亦实难登"大雅之堂",故只能说梆子自有优点,而不能说胜过二黄。(此所谓"二黄",乃指"结晶阶段之京朝黄腔剧式"而言,非指老黄班,盖即北京之老黄班亦与梆子相近,繁琐或粗糙者,其例固不胜枚举,亦无备列之必要。)

梆子之《教子》与《双官诰》(荣归) 皆以旦角为重, 乃是两出戏分日演唱, 现在黄班演《教子》而接"荣归"者甚多 (戏报子上之《双官诰》是也)。其场上是何情形, 因未去看过, 不得其详, 但揣想仍是旦角的风头多, 其所以"教子"必带"荣归", 则不外乎"老尺加一"之现实戏业作用。盖黄班之"教子", 老生薛保唱念做均重, 并为主角, 而"荣归"之薛保则为扫边, 若是老生大梁而演"教子", 当无带"荣归"之必要矣。且老生主角之教子除时慧宝、马连良、奚啸伯外, 似乎别人还未有敢于问津者, 凤卿近年不知还动此工否？

《别母》、《斩堂》的比较

近几年戏出乱加吊场衬场的毛病, 固然很多, 亦有旧时冷落今乃复兴之好节目, 如《鱼肠剑·刺僚》之专诸, 昔年除名角特烦外, 罕演"别母", 现在则不论名不名, "定计"一场之后准上老旦, 于"放送"中听之, 神往戏园矣。

按此戏两个花脸, 即就吵架、结拜、定计刺僚而言, 专诸亦较累, 只因王僚之身份大, 且须唱工角儿, 故占主位, 若专诸再加"别母"则单此一场, 足抵一出正戏, 分量着实可观。且不只花脸一人, 老旦、青衣合并计算, 直是一出小型的《斩经堂》。

《斩经堂》吴母、吴汉、公主三角鼎足并重。若全本投汉负尸大战是吴汉特重, 若是短出, 则老旦与青衣都不轻, 老旦念白之多, 超越其他的"训子"之上 (如《宁武关》周母、《刺字》岳母、《行路训子》康氏)。吴汉一角近时例用武生或老生, 梆子班之《吴汉杀妻》, 则红脸, 场子相同。专诸一角之难处, 分说如下：

(一) 吵架结拜一场, 要见身份, 有个轻躁的牛二比着, 必须处

329

处表出自重，忍声下气，不得已而动手，有"君子一怒而威天下"的气概，又是孝子又有伍员拜访，如此人物，虽打架亦不失其威重，故以裴桂仙之端严，演此亦能合格，但别母刺僚则桂仙太板，办不了矣。

（二）受聘定计一场，过渡性质，念做无多（与《取荥阳》纪信有相似处，但较简），而别母一场，则俨然《宁武关》周遇吉矣，亦是脸有泪痕，亦是说破心事，亦是一个依恋的孝子，一个果决的母亲。惟以花脸而演此委曲沉挚之悲情，比生角更难，且花脸之悲情本少，亦从无如此之繁而细者，可称一种标本的悲剧。故名角之专于一工者，未必能见长，"方板先生"裴桂仙因不对工，"机灵无比"的侯喜瑞亦未必合局，然而只要心里有戏，认真演唱，却亦无须裴、侯。是夕所听者（参览戏栏广告），二净是刘砚亭、王泉奎，王去王僚，则去专诸者必刘矣，王之嗓音够唱大段的二六，刘本架子兼武花，而嗓音唱散板哭调亦胜任，念白有劲，能"见戏"，可嘉。此剧专母自尽之后，又生出专诸守孝一层，直其妻以母所遗拐杖强迫乃复哭别，戏情曲折，遂于周、吴之外，另成机抒。专妻这几句白口及身份，在会做戏者亦可见长，比《经堂》之公主当然差事，比《宁武》之周夫人则大有余，盖吴妻须正工青衣，专妻可用硬里子，周妻则扫边矣。

曾观李寿山及李连仲之专诸，均未"别母"，裴桂仙只吵架结拜（因是老生之《鱼藏剑》未带刺僚）。惟王心诚之"别母"则屡观之，心诚能文能武能唱能做，《锁五龙》、《断密涧》、《铡判官》皆能全本，惟系左嗓，不甚受听。

（原载于《风雨谈》第十九期）

於戏！叔岩

一个苦修苦练的伶工，值得一篇分析的评述。

余叔岩之逝，各方面嘱写纪念文者甚多，均未之应，只因我自己立场不同，不能不再三审慎，生平宗旨，戏剧为主，伶技为宾，昔年勉副朋好之要求，偶撰记伶之文字，仍处处抱定戏为本位之观念，盖剧场上的一切是整个的，伶人在台上，只是表演之一份子，与歌舞、明星、武术杂技之仅系于个人者，迥乎不同。抛戏而评伶，则伶艺之优劣，亦无准确之估价，此在识者自能理解，而积习相沿，本末倒置，解人何在，正自难言。如余叔岩者，一世辛勤，盖棺论定，专篇评述，理亦宜之。《古今》为学术之刊物，主者多明通之哲人，相属既殷，亦乐于执笔，不作"起居注"语，不作"邻猫产子"语，不作"家谱"，不开"账单"，即师友渊源，除有关剧艺酌量采入外，概不多叙，以客观的态度，做综核之评判，所纪者余氏而谭鑫培与其他谭余系诸伶之异同得失，亦灼然可见，所指者个人而全般的戏界情形之相互关系，亦借以明焉。伶小离戏，弦外有音，鉴此微忱，期于知者。

数十年来，生角一行为谭鑫培所笼罩，自刘鸿升去世，余叔岩勃兴，谭余系之优势，更见膨胀，然老派别派对于谭氏之议论，殊不一致，即所谓谭派者，又有真谭假谭新谭之纷争，如不划清时代，抛撒主观，确认基本原则，枝节偏陂，治丝盖棼，徒然费词。夫伶人学艺,自有渊源,但有"善学",有"苦学",有"笨学",有"浅学",有"挂号"。如叔岩之学谭,虽不足云善学,却够上苦学,其超越一般的笨学、浅学、挂号者之上,可值特别纪录者在此。今分述之。

学习前辈约分四等

一、何谓善学?

一曰为戏而学人,二曰体察自己,运用众长,老谭上学前辈,旁及同辈,庶几近之。试听其"坐宫"以"好不伤感人也"叫板,其全段唱工,无不具有"伤感"之神味。其"捉放"宿店以"好悔也"叫板,以下三段唱工,又无不含有"悔"意。其《碰碑》之"遍体飕飕",两叠字紧连,就字音作顿断,再出余音,恍如瑟缩畏寒,情景逼真,其唱时,心目中已有塞外荒凉之环境在,故曰音由心生,情与景合。诸如此类,皆以将身入戏为前提,非如机械伶人之只摩腔调板式者比。且谭氏少年时,在京东一带,搭土班草台戏,即在京时,与老梆子角合手,于其技术,无不留心,即净旦、大鼓、小调,亦尽量融化,见多识广,取精用宏,是以昔年拙作挽词,有"楚些秦鸣都入化,权奇诙诡世无俦"之句,而陈彦衡之《说谭》,亦于其学二奎、三胜、九龄、孙六等处有所指实。谭氏又云:演《天雷报》,须先将老年无子之惨情体贴周至,又曰:不过五十岁不可动《失街亭》,皆忠于戏中人,善用己长之表现。故谭之戏出及唱法不必与前辈相同,而其成功之途径,依据之原则,则与前辈一致。且如刘鸿升,如贾洪林,虽采撷有广狭,造诣有深浅,而"为戏而戏"、"善运己长",则大致无殊,因彼时不以"角"为剧艺之中心,故皆不失为善学。斯为甲等。

二、何为笨学?

枝枝节节,不识本原,专研技式,而无心灵控制。如言菊朋者,确曾下过工夫，竭力揣摩，一腔一板一字一句，必刻画而步趋之，是犹学书者取前人碑帖而钩描也，知钩描之不足以成书家，则知言等之不足以云名角矣。菊朋之指摘叔岩，亦惟其某字不合，某腔不符，斤斤计较，而于运用之法及精神控制之道，完全门外，只可供谈料，而不适于剧人。

三、何为浅学？

如王又宸是矣。又宸嗓颇清爽，气度亦宽，然腔调飘浮，不知何者为交代，脸上无戏，在台上总是一副乘兴消遣的神气，于其老岳之"身上"、"嘴里"工夫根本不曾用心学习，与菊朋之常下琢磨者不同，而其无内心，无精气神，不入戏不具备上台演剧之原则，只好算是自己娱乐，则殊途而同归，皆无法与叔岩并论，却不在什么传授，什么秘密，盖如二人再请几位名师，再用二百年工夫，把老谭的唱作念打，一一摩得滴水不漏，亦与钩摹古帖之机械摹仿者相等，无灵魂故也。

四、最下者为"挂号"。

只有谭派的字号，于鑫培之基本工夫固属茫然，于其成品技术亦未尝亲炙，未尝直接摩拟，只是道听途说，或者以余叔岩袭取一二，如造名人字画者，只摹上下款盖假图章，丝毫不曾用工，较之笨学浅学又下一等，不足论矣。

苦学之分析

若余叔岩则苦学也。

一、工料之苦

老谭旁搜博采，取精用宏，以成绩言，可比"读万卷书，行万里路"，以剧业言，可比"一条杆棒，打得四百军州都姓赵"。叔岩则承其祖及父之余荫，长养于都市之中，以比鑫培，只好算是纨袴，左右前后所观摩请益者，不过几位京朝前辈。然亦有相当之苦心调度，虽以谭腔谭戏为事，而"嘴里"之清楚，则有吴连奎为之打底子，唱工之"撑"字诀，干紧味，又以贾洪林得许多暗示，其他如姚增禄、钱金福，皆有所请益，即就此凭借，苦心孤诣，完成小果，已与余子之学谭鑫培，便只依傍一谭鑫培者大不相同，此工料之苦也。

二、嗓音之苦

即伶界所谓"本钱小"是也。叔岩嗓败后，始终未有天然的好嗓，只是一种"工夫嗓"苦修苦练，于亮音娇音老音，都有些成就。惟有三种音，无法练出。一曰"炸音"，如《定军山》"管教他"之"他"，谭鑫培能用炸音"冲"（去声）唱，叔岩只能用平嘎"冘"唱。二曰"贯堂音"，由喉际下贯胸际，老谭浑灏流转。如《捉放》宿店"陈宫心中乱如麻"之"麻"，如《卖马》"摆一摆手儿牵去了罢"之"罢"，其行腔皆甚厚而圆之中音，叔岩无此中音实力，然气韵烘托，口法老当，亦能落稳拢圆，此是"以气补力"，"输力不输气"，苦心孤诣，亦非工深不能也。今之余派或谭而余者，只学其"边音"，无其劲气，故多浮滥，好像口中含着什么东西一样，可笑甚矣。三曰"开口音"尤其是麻沙辙的字，如《搜孤》"我与那公孙杵臼把计定"之"把"，只能用边音托足。《南天门》"辞别小姐走了吧"之"吧"，只能转出"呀"字用窄音拔起，不能以本音喷足，皆苦对付也，缘叔岩之喉咙，根本不宽、不厚、不润，因将发音之本营移上一步，在上腭与鼻之门，成一小结构，宽窄粗细高低，均于此中施展腾挪，或用气厚托，或用口法轻拢，或用别音替代，使听者不致有偏缺之感，煞费调停，百般苦练，其不及老谭者在此，其胜于谭派余子亦在此！

三、音节之苦

谭鑫培以悲剧见长,《寄子》之悲酸,《卖马》之悲凉,《乌盆计》之悲楚,无限低徊,尤其是他的酸鼻音,无处不用,成为凄音苦节,叔岩无谭之水音,嗓不腴润,却从贾洪林学来一种苦撑之法,干紧苍朴的味儿,以此唱谭腔而凄苦又有甚焉。试以其唱片于月白风清之夜,荒村旷野之间,沉默听之,真是秋坟鬼唱一片呜咽之音,戏苦,音苦,嗓苦,腔苦,凄上加凄,苦上加苦,古语云:"叹怆多妙,欢愉难工",此之谓也。于是"余迷"多矣。

四、戏出之苦

撇开一切"正宗""歪派"之门面语,就事论事,鑫培之不工王帽,不能如程、张、汪、许之宏实堂皇,而别寻途径以自展,则为共见共闻之事实。须知剧中人原非一格,只要忠于表演,善用己长,便是好伶工,不必当作偶像,护持垄断,亦不可以一偏之见,遽加菲薄。不过,个人发展,亦须先把公共原则认识清楚,以为依据,方不致游骑无归。即如《探母》之四郎,昔以奎派为正宗,然奎派宏实有余,细敏不足。谭于腔调颇极悠扬,而脑海自有一奎派之影子在,故圆而能厚,巧不落纤。彦衡之谭谱及愚之叙文,所见颇相符合。叔岩于此仍用"输力不输气"之法,音虽不厚,气韵不薄,而去奎派则远隔一层矣。又如老谭是武行出身,故靠把戏最为擅长。然靠把戏亦自有等差,如《战太平》武功架子身步甩发,均见工力。唱工则嘎调多,倒板多,其余唱句亦须沉烈坚强,老谭特别珍视,非比《定军山》之以"要板"取悦,《珠帘寨》之以数来宝腔、大鼓花腔号召也。鑫培固深知甘苦,自有灼见,即叔岩亦有相当知识,能分别轻重,不至于一塌糊涂,而无端起哄,明明是外行而反自以为顾曲大家之举,以为唱多而好听,即是老谭之神秘奥妙,精华所萃,叔岩乃以一"山"一"寨"迎合心理,连贴连演,大红大紫。尤其《珠帘寨》,在"张大帅"之堂会中得厚赏,"帅系"之官僚财阀武弁盲从附和,挟恶势以宣传,无识之评剧家及票友等亦人人"三大贤"、处处"哗拉拉"而大哼大唱焉。语云"商人重利",戏业亦营业之一端,如能多赚钱,谁不趁风头,于是《珠帘寨》加价矣!伊等虽标榜谭氏秘传,如何神圣,然谭鑫培做梦亦想不到有此怪事,叔岩本心亦并不以为然,但此等把戏并非名角所能自主,而完全是园主人前台业务的"生意经",叔岩为戏份丰收计,为面子计,碍难明说,于是苦工之外又添一苦闷。叔岩是识甘苦之人,知靠把戏为谭派特征,而《战太平》若不妥,则其他靠把戏亦无可标榜,故下以十二分苦工,手眼身步,交代清楚,"散板不散,乱锤不乱"八字都已做到,音读亦相当酣足,如第一倒板之"齐眉盖顶"之嘎调虽未能"冲"(去声读),却不失为"亢",而且层层上紧,一气呵成,挺而且妥。叔岩虽缺开口者,而于此剧之开口音,则拼命唱足,如"接过夫人酒一樽"末字就尾音复放出"哪"音大开口,又"但愿此去扫荡烟尘"之"荡",又大开口,均以特等苦工练足,足见其个性之坚强。《战太平》为其余谭派余派诸子所不及处,曰"神完气足",无一处不是苦出来的也。

《战太平》一声棒喝!

愚于各报屡作棒喝,将《战太平》一再提示,不要尽用《珠帘寨》,标榜"三大贤",一般盲人闻而大哗,叔岩则大为感动,语其友若徒曰,还是凌霄汉阁说话有准头,知甘苦,于其后辈某某,门徒某某,一一耳提面命之曰:"《战太平》要紧哪!"于是学《战太平》,贴《战太平》呼声遍于大江南北,无不掩抑"三大贤"而大忙其"头戴着紫金盔"矣。他们成绩如何,尚难置论,而经此提倡,老谭在九泉之下，亦可稍慰乎。

《辕门斩子》二次出题

《战太平》一案已告一段落，《辕门斩子》还须棒喝一声！谭鑫培以武把子出身而入生行，能戏极多，其冷戏且不必谈，只常演者而论，《斩子》亦普通要素之一。一、唱工特别繁重，多小生调（亦曰娃娃腔）；二、刘鸿升以此叫座，谭鑫培不服气，与刘对台较量，故为谭派唱工有无实力之试金石！至于谭、刘优劣，今且不谈，而即称谭派传人，则不能不贴《斩子》。此事叔岩亦有了解，灯前窗下，不知盘算多少回，于老谭唱法，能说能详而不能行，因此剧无一处不"赶罗"，没有闲隔缓力之余地。音带第一须润朗，叔岩嗓紧，本钱固不足，而"输力不输气"，人工补天资种种办法，用之于此剧完全失效。能事虽多，此大缺憾，竟无法弥补。近年忽收一女徒，吾于播音中偶听其《街亭》、《搜孤》等，觉苍劲去其师甚远，而宽润则为叔岩所不能，于《斩子》一出颇可尝试，曾于报上略为提及，谓可弥补其师之恨事。叔岩见之曰，凌霄汉阁又出题目，真所见略同也，乃亟亟以命其徒，且为之讲说，期其出台。乃所事未毕，病已垂危，以后此女徒能否出演，所学至何程度，则非吾所欲谈。鄙意乃指出学谭或余，不可只迷其偶像，而不辨轻重。《战太平》者，靠把之见斤量者也。叔岩对得起鑫培，有贡献于观众矣。《辕门斩子》者，唱工之见斤量者也，叔岩实在动不了，然能知之，能说之，人力已尽，其不能行，天也。名工之苦心苦工，有时于缺憾之苦闷而益见者，此类是也。

鑫培叔岩最大的分别，舒促之异即寿夭之征

鑫培与叔岩还有个最大分别，即气脉问题。鑫培安和舒畅，在

任何方面都能看长,叔岩则紧张辛苦,处处显着短命相。一、以戏出言,鑫培与其同辈竞争,惯于以"多"胜"少",如汪大头之《昭关》,调高亢腔凝练,字字咬出浆汁,声声石破天惊,谭因相形见绌,但汪一出既终,立感疲乏。谭则《樊城》、《长亭》、《昭关》,一连数出,出以圆活悠扬,殊有余裕。听者不代着急,且感到舒适,议论谭氏滑头者虽多,但确有"连战三百合,面不红气不喘"之雅度,如买商品所谓"给的多"者,亦其受欢迎之一原因,即论气脉,亦非容易。叔岩则演戏一出为限,短者如《盗宗卷》、《碰碑》,长者如《失街亭》、《珠帘寨》止矣。一出之内,聚精会神,而无连台数本或双出之余力。故若常川出台,必为马连良所败,端居偶出则声誉特高,其情形恰似清光绪末期之汪、谭。(此以比例言,非谓叔岩之同于大头,连良等于鑫培也。)二、以嗓音言,鑫培寿逾古稀,年愈老音愈强,往昔只唱六字调,其最后三年中竟够工字(其琴师徐兰沅语予,为老年人托弦,特别留神,上场仍先用六字,随后相机提高,总得给他留些敷余),且嗓音比少壮时更见爽朗。如《碰碑》原板之"盼娇儿"及"搬兵求救"两次"起棱子"皆坚而脆。(陈彦衡《说谭》云,晚年声出如金石,具见素养深纯,艺也而近于道矣!)叔岩至中年便歇业,近年甫及中寿,病弱枯索,在事变以前,曾应堂会,《群英会》之鲁肃,唱工极少,已左支右绌,蒲柳之姿,何其悆耶?三、以生命言,老谭寿逾七十,其走红运则在五十之年,即叔岩淹逝之龄也。鑫培至老年犹常出演,叔岩三四十岁便深居简出,即汪大头、刘鸿升之拚命唱法,亦不至如此短促,何况"细水长流"以脉长运久为特征之谭鑫培!如说戏场情形剧变,不合时宜,只可高隐,固可算一理由,但假使一般环境皆如往昔,叔岩果能照常演唱乎,予有以知其不能也。身体虚弱,病骨支离,十余年来,非皆伪饰，然亦不必待至今日，即在往日之苦工苦唱，与谭之舒适，已显然异趣，即不曾见过谭余演戏者，可就现存之唱片略加寻思。叔岩之唱片甚多，试为聆察，人人应有两种印象：（一）听时颇觉挺拔坚峭，流转自如，此是口劲与气工作用，非丹田真力，乃无源之水也。（二）听完之后，作一回想，虽比时下谭派大有余味，而紧窄支撑，仍有迹可寻。如《鱼肠剑》"一事无成两鬓斑"一大段，其前半段甚充足而挺峭（亦是以气补力），入后转快，至最末数句，则支绌不堪矣。其他各片总不出以上之两种印象，而此"苦撑"的劲头，即是汪大头当初唱高调之劲头。汪唱高调，字字紧张，识者知其不能持久。叔岩唱谭腔，亦如此苦撑，故剧艺虽宗法鑫培，而舞台运命，乃同于汪。至于其余谭派诸子浇薄空浮，并叔岩之口法劲气而无之者，则自郐以下无讥焉。

欲解决"传人"的问题，
须先明白名派与模型派之根本区别

谭派之无传人，不在什么秘诀秘授，某宗某派，且名派与模型派迥乎两途。如王福寿、包丹亭之授受，所谓教一手儿、说一出儿便算某一技传、某一出会矣，此种机械式的授受，非所以论谭也，故谭终身不乐收徒，因彼自身并非"学来就算"者。技式可以教练，心灵气韵，才力运用，决非冬烘教法便可以过电也。余叔岩之不愿收徒，理由亦不外此。若曰不轻易收徒，而得到门墙者，便可夸榜，此又是"生意经"，有常识者皆有以知其不然也。

（原载于《古今》半月刊）

"旧剧"与"摩登"之综核观

礼教吃人欤？人吃礼教欤？摩登害人欤？人害摩登欤？棠姜、貂蝉、王宝钏、柳迎春、邹氏、阮玲玉、艾霞、刘景桂、滕爽、刘荷影，她们的剧情剧景，都有强足的暗示！

近来新旧问题，日形严重，政治上之转变（如中央之正式尊孔，广东、湖南之读经，以及各省普遍提倡实行礼义廉耻为中心的新运），社会各方面对于摩登之反感，知识界名流之大辩论（如最近十教授与一博士之两篇大文），都可以证明一切到了因革剥复的关头。尤其北京杀人小姐刘景桂喊出：

害人的摩登！

此五字若出于旧人之口，不足为奇，出于新式、自由勇气十倍的时代女子之口，遂与昔时新人所喊之：

吃人的礼教！

成为极大之反映，此乃大可注意者也。正如"中国本位的文化建设"发于知识权威之十大教授，非同腐败官僚，而极端欧化之大师不能不大吃一惊。

欲知究竟如何，不可遂然加入任何方面轻作主张，怕是一涉主观易于颠倒了自己，并且迷惑了旁人。且亦无须过为高论，只有静观事实。本文就戏剧中所逐之背影，所供之材料，与电影所生之影响，综核而研究之，或可为极端欧化派与中国本位之参考欤。

340

"吃人"与"礼教"

"吃人的礼教"改做"吃人与礼教"。前者是一口断定，后者是一刀劈开，然后说明两者的关系。因为旧戏里有很多的证据，证明旧社会里确有些恶魔，在大口吃人，确有些可怜虫在被吃。这些吃人的东西实与礼教无干。然而他们偏要假托于礼教，被吃的人很可抵抗，但因"误会周礼"，以为分所当然，俯受牺牲。

旧剧大半是社会剧，所谓历史剧者，无非"三家村说子路"，不能认为是历史的剧本，却可以从剧本的来源看出一般的社会心理来。一出一出地看，再综核起来看看。

《海潮珠》(崔子弑齐君的事)是梆子腔很流行的戏剧，看了钱热储先生的《汉剧提纲》，知道汉班亦有此剧，其中情节与梆子略同，惟钱君依据《列国志》加以察断，颇为棠姜不平，他说："此剧故事本史传所载，非徒小说家言。"惟据《列国演义》六十五回载其事，则谓崔杼先告其妻棠姜谓："你若从吾之计，吾不扬你之丑，如不从吾言，先斩汝母子之首。"棠姜曰："妇人从夫者也，子有命，焉敢不从。"是崔杼夫妇商议而杀齐君。剧中所演关目，如棠姜扶崔杼行，故推之倒地，及焚香默咒崔子早死等，与演义颇有出入，不知何意。再查史鉴所载："齐君通于棠姜，崔子称疾不视事，齐侯问杼疾，遂从姜氏，姜入于室，与杼自侧户出。齐侯拊楹而歌。门闭甲兴。齐侯逾墙走，射之中股，反队遂弑之。"可见棠姜实与其夫同谋弑君，并未谋害亲夫。崔子自然没有杀妻之必要。历史如此，演义亦如此，到了戏剧就变成"谋害亲夫！"

再看《白门楼》及《斩貂蝉》等剧，把貂蝉作践的太不成东西。按貂蝉在历史上不著姓名，《三国演义》里是个惊天动地的人物，牺牲色相，为国除奸的奇女子。《连环记》一回固然出色，就是《白门楼》一回也没有成心对不起吕布的事迹。到了戏里受曹操褒奖，被吕布大骂，而且对着吕布冷媚而刻薄的笑脸，大有幸灾乐祸之意，好像吕布之失败，全由她作祟。至《斩貂》一剧，关羽一团正气，宝刀三响，一派无理的武断，就把貂蝉斩了。好像关二若不动他的宝刀，这个"妖妇"又难免把关二当作董、吕，再来一回"谋害亲夫"。

《战宛城》的邹氏在演义里虽有私通曹操之事，但张绣却只恨着曹操，后来攻曹营、杀典韦，亦并没有提着邹氏。到了戏里可不得了了！张绣挤眉瞪眼连嚷带骂，邹氏则连滚带叫，跪着苦苦哀求，到底被张绣刺死，好像张绣之恨邹氏，比恨曹操还加倍，邹氏之罪恶，比曹操更重十分。邹氏已经是寡妇，并无亲夫可以谋害，而张绣的那副鬼脸，比崔杼还厉害，难道她还"谋害亲侄"不成！看戏的真有认是"本夫"杀"淫妇"的可笑。

此无他故，此辈剧本之作者乃至尽力向此剧本之涵意，而表演自以为出色之伶人，其心理中并无别的观念，只认妇女之贞操为第一大事。女性除本夫之外，若是失身于第二人，不问其是何缘因，具何理由，总归是"该死"！"不赦"！妇女既经失身于"本夫以外"之人，便是"谋害亲夫"之人或有"谋害亲夫"之可能者，既不妨诬以"谋害亲夫"之事。此等妇女，不问情由，便有死罪。如不把她杀死，则男人就有被害的危险，于是乎深合于"万恶淫为首"的"格言"。

《桑园会》的秋胡，宦游回像，遇见一位娘行，既然认得是自己的妻房，偏要试她的贞节，调戏一番，以致后来其妻含愤寻死，这位秋胡已经毫无道理。而《汾河湾》之薛仁贵则更属万难，看见一只男鞋，就立刻逼柳氏一死，妙在柳氏亦自认如果与别人"发生关系"即刻就死，证明了片面失贞之虚实，直接是"生死关头"。至于《武家坡》的薛平贵更是万难而又万难，连发现男鞋的情形都没有，只凭口中设想，"她若失节，将她人头割下"。而且薛平贵是王宝钏的血书叫回来的，更与仁贵不同，则平贵之卑鄙恶毒为何如耶！

《武家坡》薛平贵的这几句话太毒辣了，所以连旧名士林楚南听到此处勃然大怒，可见刺激性之大，普通一般人虽不动此肝火，但是只要一谈到剧情，总不免替那十八年寒窑受苦而几乎获到"身首异处"的酬报之王宝钏大抱不平，不是议论剧中人灭绝人性，就是指摘编剧人支离不通，然而他们都错了，根本没有综核观察，没有把一般的贞操观念认识清楚！

现在把以上所述综核一下，可知一般的信念是这样的：

（一）妇人绝对不能失贞，隶于夫的所有权之下的"身"有拼命保守之义务。

（二）如不能"贞"，则只有"死"！

（三）失贞而又不死，则为"谋害亲夫"者，或有"谋害亲夫"之可能者。

（四）男子对于失贞的妇女，只有处死，不问其有何功德或有何苦衷。因为不如是则己身时时有被谋害之恐怖，所谓实逼处此，难以两立。

（五）男子有被害之恐怖，妇人有被杀的恐怖。两相冲激而男子愈认为非处死不可，妇人愈认为非谋害不可。于是不谋害者有谋害之嫌，不忍处死者有不得不处死之势。"失贞者死"之金科玉律愈发牢不可破，而由此信念以生之戏剧，如以上所举者乃不可胜数矣。

由一戏而推之于多剧，由戏到推之于一般社会，随时可以见到片面的贞操主义，极端的贞操主义，的确荼毒了多少女性，毫无理性的压迫着多少无处诉冤的妇人。不但荼毒压迫，而且颠倒错乱。即如三国的孙夫人，那倒是位"谋害亲夫"的未遂犯，若非赵云管领宫围，保护刘备，只怕刘皇叔做了《白门楼》的吕布，被孙尚香献于孙权，然而《别宫》《祭江》《孝义节》诸剧，却把她写成个人贞烈神圣的女性模范了。只因孙氏私通外国，并非私通个人，是与她的兄长联合，不是与男友联合，她虽然"谋害亲夫"，可没有失身于二姓。由此可以再定一种原则！即是：

凡不失身者虽"谋害亲夫"亦可以"贞节烈女"论。

既是如此，则失身之棠姜，虽与亲夫合作除奸，亦以谋害亲夫论矣。如此之贞操主义，尚有何理可讲？谓非"吃人"而何！"吃人"二字下得很好，凶恶可怖，血盆大口，的确之至。

但于此有个问题焉，即张此"血盆大口"者是否"礼教"是也。欲解答此问题，第一须知礼教二字范围宏阔，无论打开哪一部礼经礼史来看，大戴礼、小戴礼、曲礼、仪礼、周礼、吉礼、凶礼、军礼、宾礼、嘉礼，都可以知礼的涵项是关系着政治、风俗、制度、典章、修身、齐家、个人、国际、尊师、交友、人群、社会、往来、组织、交际、言语、动作，一切的法则态度。礼教的性质，以礼为教，在乎调节整齐，经纶万有，乃发为"吃人的礼教"之论者，似认礼教专为贞操而设，贞操而外无教，守节以外无礼，此则吾人未尝闻之，可诧者一也。

孔子制礼作乐，意在位于中和，不偏不激，使父子、夫妻、朋友各如其分，未尝有压迫一方之事，更未尝专一压迫女性之事。三百篇《关雎》开篇便是"自由恋爱",但恋爱结果必须正式结婚,若无结婚诚意而淫奔野合则有所不可,讽刺之唤醒之,所以防男玩女、女骗男之拆白化,按理性如此,即论利害亦如此。"发乎情,止乎礼"确为不易之原则。而谓"吃人"者礼教,则必语无伦次,行无规则,胡乱相凑而后非吃人乎,此可诧者二也。

贞操之说,自宋儒而始重。"饿死事小,失节事大",其语诚多流弊,然乃一时之论,一偏之见,不足以贬礼教,更不足以诬圣人,而乃浑言礼教,责以"吃人",甚乃故为罗织,谤及先圣,是"欲加之罪,何患无辞",此可诧异者三也。

夫明明有"吃人"之信念,又明明有无数被吃之人,如貂蝉、柳迎春、王宝钏、棠姜之所表征者,至于今日而方兴未艾。既不得归罪于礼教,然则孰为张此血盆大口者!以吾之见,则为男性之私心,男性战胜女性以后之暴行,买卖婚姻、掠夺婚姻未尽之污孽,不受真正礼教之裁抑而反假借礼教者。利用先儒之片辞只字,因缘附会,以恣其贪暴残杀,无识之徒,复创为种种标语式之歌谣,如"好马不配双鞍轿,好女不嫁二夫男","生是他家人,死是他家鬼"等,为之粉饰宣传,于是女性"被吃"得骨肉淋漓矣。然试仔细思之,"礼教"何尝不"被吃"乎?所以与其说"礼教吃人"不如说"人吃礼教"之较为可信耳!

吾尝言之现行剧本多数来自民间,如《汾河湾》《武家坡》之类,其剧中人则所谓平辽王也、西凉皇帝也。其演剧人则谭大王或谭贝勒也。徒观其表,似乎雍容华贵,但只一听其"将大嫂卖与了当军人"、"这锭银三两三",则"下流口吻"之评,无所逃于天地之间。但是此等口吻,不足为病,因为这些戏根本就是由下层社会出发的戏剧,惟其常常带些"下流",所以不能真到民间、不能深入社会的先生们,才可以就此得到些高人所看不见的社会背景。"妻"是一种"买卖品",见于何经何传?夫妻敌体,妻与夫的身份一样,"礼教"所告诉人们的只有夫妻平等,只有内外各举其职。妻的身份是以"大礼"证明,与姜婢不同,与妌头不同,与妓女不同,与爱人不同,与"同居关系者"、"肉体关系者"都不同。试问凡守礼之家,中流人物,有无卖妻之事?根本就不会说此不通之话。然竟一再见于戏词,仿佛天经地义,且已有无数事实,"随此天经地义而发生者。此无他故,社会中地大物博之下层中,确乎还有买卖婚姻之恶习,根深蒂固,深入而且普遍于民间,非礼教所能裁制。"礼教"是个很高雅的东西,是旧人所尊奉的东西,新人所诅咒的东西。不论是尊奉,是诅咒,总算是有权威有资格的东西,而岂知它只是一个无能力被摧残,"哑子吃黄连,有苦说不出"的可怜虫!

"摩登"害人欤? 人害"摩登"欤

知道"礼教"之可怜,就知"摩登"更可怜了。按"摩登"二字现已被人骂得狗血喷头,看得一文不值,甚至身在"摩登"的女性们,多数呐喊着"摩登害人!"似比昔日之诅咒"礼教"又加十倍,于此,吾人对于新人,又不能不以相当之同情,为摩登一切剖辩。吾人为明真理,重事实,对于"礼教"及"摩登"固当一视同仁,并无成见。

"摩登"二字,为西文(modern)之译音。若译其字义,则为"时代"或"现代",对于"古代"或过去时期(ancient)而言。时代者,人生之所寄托,世界之所演进,不可违抗,不能违抗,而亦不必违抗者也。先圣孔子为圣之"时"者,故能成其伟大,"日新其德","行健不息",乃先圣牖世觉民之真义,不茹毛饮血则不能违时代,不穴居野处则不能违时代，不淫乱残杀则不能违时代，"时代"者，人类之所共，"时代"之义，人类所应同知同喻同勉同行。中国圣人或西方哲子，不过就天运之自然、人事之当然者揭而明之，以先觉后觉，并非凭空特创，亦无所谓此疆彼界。"时代"专属西方先进而极端推崇固属大谬，以"时代"为非中国所有而任意诋讪，亦是错觉。"时代"范围广大，凡政治、风俗、学问、艺术、典章、制度、人生享用、精神物质，一切一切，无不具焉。亦非专指两性之间的社交、恋爱、婚姻而言，而崇拜摩登与夫诅咒摩登，乃若"男女"之外别无"时代"，此与"贞操"即是"礼教"，同时可诧者一也。

即使摩登专指"男女"，则"时代"的男女，固以光明磊落，纯洁真挚为标准，安有男玩女，女诈男，金钱铸爱，肉体为先之可言。事实所昭告吾人者，则"开房间"也，"童贞"也，"磨镜"也，"解决性欲"也，"堕胎药"也，"安眠水"也，"自杀"也，"杀人"也，"异性妒"也，"同性妒"也，"三角"也，"多角"也，"离旧"也，"换新"也，"新之又新"也，"遗弃"也，"诉讼"也，"赡养费"也，"损失费"也。旧日时髦妓女所不屑为，拆白党人所设想不到者，竟尔大行其道。其女子之装饰，则烫发一次有费至数十元者，舞衣一袭，有费至千百金者，化妆品输入之数目字，任何冥顽亦自惊心动魄。所谓"时代姑娘"、"摩登少年"之奇形怪状，胡作非为，几难以笔墨形容，何怪人人归罪于摩登！而迷惘于摩登者，前车已覆，来轸方遒，身殉摩登，死而无憾。以为"摩登"即是"浪漫"，此与"守礼"即是"腐化"、"贞操"即是"殉葬"之陋见同其一，可诧者二也。

浪漫之风，创于泰西，法、美二邦，奢侈豪富甲于世界，"饱暖思淫"，理有固然。今人多云橘过江淮为枳，一似中国劣土，非将他处之美质变坏不可，吾以此为当分别言之。凡真正坚强之物决不虑变化。谁能谓美国机器到了中国就变成废物乎？谁能谓英国金镑到了中国就变成冥锭乎？"摩登"之在彼国，如果是十足的现金，任便到哪一国，皆不能变化，如其金中有假，本来搀些冥锭性质在内，则当然愈迁地，愈历时，愈变坏，不能尽归罪于迁地也。"摩登"之质如果纯良，方能由"劣土"负责。无如"浪漫"自彼而生，崇拜金钱，又是彼资本国家之金科玉律。爱情筑于金钱，离婚为敲竹杠。飞来伯之爱妻玛丽璧克福，号称"天下情人"，即华语"人人可夫"之意，果步贾波林的伴侣之后尘而离异矣。凡银幕明星所表现者、所表演者，何一而非中国心醉欧化之模型偶像耶！"高跟鞋"者，欧美之创作，岂在彼方是很有价值的"高跟"到了中国才变为无价值之"高跟"乎？烫发、长眉、血唇、红甲，是否彼方之橘，入中国后乃变为枳？以吾论之，在未"过江逾淮"之时，本就不是"橘子"，只是些洋桃子。烂桃子到了中国，与中国的"拆白"、"混混"、"下三滥"合兵一处，搅乱乾坤，于是演了无数桃色惨案，做了许多桃色的甜梦。这些拆白之流，本不齿于人类，只因被洋装一蒙，彻底欧化的挡箭牌一遮，于是乎肆无忌惮。上海有个阮明星被两男所争而自杀，广东有个黎明星被两男所争而男杀男，浙江有女子同性爱而相仇杀之陶小姐，北平有两女争一男而相仇杀之刘小姐。总而言之，统而言之，逃不出《双摇会》中的大二两位奶奶所谓"性命干连"！却是各有各的演法，各有巧妙不同。

北平市有所谓女作家刘某者（又说李某），据报载她的身世及近情，如下：

（一）她也是一个什么女学生，知书识字能写文。

（二）常向某报投稿，因之与陈姓编辑"发生关系"（失其童贞），后亦充任一名编辑。

（三）事被社长所闻，将二人一并辞退。陈某"逃之夭夭"，刘女飘飘落落，飘来飘去又落到一位胡君之手，且算正式夫妇矣，乃抽了白面，吃尽当光。胡某把她一送送支"下处"，使了洋钱，写了身契，从此女作家一变而为"下处人物"。胡某则趋步陈君，学六殿鬼官的口白："我也溜了吧！"

由此可见，"无钱卖妻"为旧式下流社会所盛行，而知识的家庭所羞道者，意于新知识分子"行所无事"焉。不但此也，旧日豪门宦族，为儿女作主订婚，常有一种联络权贵或树党援、通声气之作用于其间（《宇宙锋》可称写实），是以女儿为权势之机械也。下流社会或乡愚市侩争彩礼，索嫁奁，是以女儿为金钱之交换也。无怪乎"家长主婚"被摩登少年执为"离婚"或"废弃婚约"之口实矣。然而家长不当机械儿女，岂为儿女者便可机械自己乎？即如北平一月内发生之两大奇案之主角，一个女作家刘某则誓死反对其家长，力争一身之爱与性的自由，结果不但成为人人狎玩之玩物，并且作了男子的卖品，以致陷身于极不堪之人肉市场，真可谓确奉"自由摩登"之新教益者矣。实则既非礼教所"吃"，亦并非为摩登所"害"，乃是社会中之"拆白家"，与本身之"杨花性"（与新名词之"浪漫"略似）同恶相济酿成之罪孽，其为摩登之蠹，与那些礼教之贼，正是半斤八两，摩登亦今日之可怜虫耳。

由此观之，"摩登"与"礼教"正宜同病相怜，合同扫除人道之蟊贼，文化之障碍。一方面各自惩其仁嬲之下的恶魔（即利用之者），一方面纠正本身的偏陂缺漏。如"礼教"中之片面贞操，"摩登"中之浪漫浮华（即被恶魔假借之症结），庶几有益无损，平流共进，以跻于整洁，达于光明。若复各自护短，各想利用部下之恶魔，以维门面，壮声势，两不相下，只恐礼教终不免于"吃人"，亦常处于"被吃"之善境;摩登终久不免于"害人",亦永陷于"被害"之悲哀,而貂蝉、王宝钏、棠姜、阮玲玉、刘荷影、滕爽、陶思瑾、刘景桂之流,正汩汩乎其来,浩劫无边,又何"欧化"、"国粹"之可言也。悲夫!

曾胡谈荟

自　序

　　自洪秀全覆灭,国人莫不乐道曾、胡。清末革命党以排满相号召,乃于曾、胡辈无恕词。迈岁则党国要人,始复以曾、胡相勖励,并引为治军训属之范则。如蒋介石、唐孟潇之携手北伐也,谭组庵贻书唐氏,谓蒋为今之曾涤生,愿君以胡润芝为法,以收和衷共济之效。今岁四月十八日,蒋介石在汉口对所部训话,有"《曾胡治兵语录》不可不读"之语。冯焕章之训诫部下,亦时以曾、胡为言。张汉卿且略仿蔡松坡《曾胡治兵语录》之意,辑有《曾胡治兵语要》,为军事教育之读本。而《曾文正家书》亦甚为时贤所称许,谓吾人立身行事,可资师法。凡此之属,屡见于报纸记载,不遑备举,良以曾、胡诚有大过人者,无间今昔也。至其未明民族大义,自是时代使然。曩日中国智识阶级,讲天下主义,不讲民族主义,孙中山先生于其《民族主义》第三讲中,尝详言之。吾人固不必以此苛责曾、胡矣。兹就关于曾、胡立身本末、文章行谊、学识智略、轶事遗闻诸端,漫为谈述,分期刊载,期大之可供史料,小之足解人颐,要以使读者对曾、胡有较亲切之认识为归。其与曾、胡事业上有关系之人物,间亦附及,借为参镜之资。小言詹詹,匪欲自附于作者之林也。

民国十八年五月十日

一代名人之讖

　　旧日我国人士,对于一代伟人,每喜附会以种种神话,以示崧生岳降、生有自来之意。历代开创之君,其赖以号召故神其说者无论矣。即人臣之位高勋著者,亦不乏神话式之传说,为非常人之特征。曾国藩之生也,相传其曾祖父竟希,梦有巨物蜿蜒,自空而下,首属于梁,尾蟠于柱,鳞甲森然,不敢逼视,惊寤而闻曾孙生。喜曰:"此子必大吾门。"宅后有古树,藤纠之,树槁而藤日大以蕃,荫亘一亩,传者亦引为国藩之瑞应焉。国藩终身患癣,时以爪爬搔之。既贵显,饶州知府张澧瀚者,号为精相人术,相国藩龙而癞,谓其端坐注视,张爪刮须,盖癞龙也。此与宋人所传"韩魏公声雌、文潞公步碎,相者以为二公无此二事,皆非人臣之相。庆历中,河北道士贾众妙善相,以为曾鲁公脊骨如龙,王荆公目睛如龙,盖人得龙之一体,皆贵极人爵"。甚相类。由韩琦、文彦博之例推之,一若国藩之克守臣节,乃赖有此癣,俾虽龙而癞,不与所谓真龙天子者同科,否则黄袍加身,取清室而代之矣。癣疥之疾,乃有偌大关系,良可发噱。此类神话,不独当时传国藩者津津乐道,即其子纪泽,以通达新学著称,亦复未能免俗。其祭父文有云:"昔我高祖,夜梦神虬,蟠础缠栋,曲嬗螺虯。怖骇未终,诞降吾父,卜云大吉,为王室辅。苍藤献瑞,重荫终亩,大逾十围,其占贵寿。贵则贵矣,寿止如斯,有征无征,天道宁窥。"虽作疑词,而对兹之重视可知矣。吾人由今日观之，诚觉其附会可笑，而在未受科学洗礼之当时人士，其崇拜伟人之传统的见解，大抵如是，固不足怪，且足见国藩深被敬慕之一斑也。胡林翼忠勤才智，与国藩齐名，而类是之神话独罕闻者，殆以林翼大功未葳而先逝，官止巡抚，未邀封拜，其贵显之程度，视国藩为夷灭太平天国之元勋，"俾正钧衡之位，仍兼军府之尊"，"一等酬庸，锡侯封于带劢"（用清室御祭文中语），时称"圣相"者，固为远逊耳。他如李鸿章长身鹤立，说者谓似仙鹤之相，鹤之与龙，声价亦相去甚远。又若张之洞，附会者以容态似猴，亦有猿猴转世之说，则等诸自郐矣。

曾胡家世科第

　　国藩家世力农，六百年中无以科第显者，其父麟书，亦仅一老诸生。至国藩乃起家翰苑，位极人臣，学问文章，德业事功，为群伦所推仰焉。湘之新宁，清代向无捷乡试者。迨道光丁酉科，江忠源以拔贡中式，人谓之破天荒。若国藩者，就其家世论之，尤可云破天荒也。科举之真精神，为机会平等。国藩以乡僻之士，无所凭依，而能置身青云，端赖此平等精神耳。国藩初名子城，字居武，合姓名与字，恰为"曾子居武城"。通籍后，其师某氏病其鄙俗，始为改之。（杭县汪君建斋，熟于掌故，喜谈名人轶事，尝言国藩乡试，以录成文获隽，说当有本，匆匆未问所以，今建斋已作古人。不获叩其详矣。）

　　在科举时代，由此进身者，号为正途。而欲学识之通博，除少数例外，殆非少年科第不可，以困于场屋之时，所致力者惟所谓"举业"，呫哔呻唔，视为专务，罕能分其心力，以从事于有用之学。迨通籍，始可抛却此一块敲门砖，为精神上之大解放。苟暮年登第，几于终身与举业为缘，他务多难深造矣。国藩二十三岁补县学生员，二十四岁中乡举（道光甲午科），二十八岁捷会试（戊戌科），成名之际正在英年，玉堂养望，为清而不要之官。乃于其间与京官之贤者，如唐鉴、倭仁、吴廷栋、何桂珍、邵懿辰、刘传莹辈游，研性理，讲实学，文誉才名，渐著于时，非复埋头举业时之故我矣。少年

357

科第之有造于国藩,良非浅鲜也。

故事,殿试一甲称"赐进士及第",二甲称"赐进士出身",三甲称"赐同进士出身"。国藩殿试列三甲第四十二名,虽进士而曰同,国藩视为大耻,欲幞被出都,不应朝考,经友人挽劝始止。朝考一等第二名。(进呈拟第三名,道光帝亲拔为第二名。)改翰林院庶吉士。(庶吉士例称改,不曰授,以犹介乎官与士之间也。)庚子留馆授检讨。(庶吉士留馆,二甲例授编修,三甲则授检讨。)乃完成其翰林资格。(庶吉士虽朝珠貂褂,仪同编检,然散馆一关未过,大有散为部曹、知县之虞,仅可号为半个翰林也。又由编检无论官至何阶,苟殁后予谥,必有"文"字,庶吉士则非入阁不获。)而国藩终以同进士为介介,此与李鸿章以终身不获一掌文衡引为憾事正类。曾、李均位兼将相,名满天下,而乃以是区区者萦其怀抱,不能不叹科举之事,洵有一种神秘作用,其魔力入人之深,有非今人所能尽喻者也。至俗传国藩幕客某以惧妾癖闻。国藩戏以"代如夫人洗脚"属对,客对以"赐同进士出身",国藩大惭恚云云,则未谛。此谑在国藩前,已见著录,国藩名高,且以喜诙谐著,后人因以此归之耳,自来此类张冠李戴之事,数见不鲜。如"多磕头,少说话",曾传为曹振镛语,后又传为荣禄或王文韶语。又如"老头子"之巧释,据《啸亭杂录》所记,为何焯对康熙帝事,后乃多传为纪昀对乾隆帝事,亦类此。

林翼幼于国藩一岁,其父达源,以探花官至少詹事,其岳翁则总督陶澍(谥文毅,为清代名臣之一)也,门第之盛,非国藩比,为道光乙未科举人(后于国藩),丙申科进士(先于国藩)。国藩留馆授职之岁(庚子),林翼即以编修分校春闱。是年秋,复充江南副考官,已为红翰林矣。(翰林以放差之迟速多寡分红黑。如徐世昌官翰林时,有所谓八红八黑,世昌为八黑之一,以迄未得放一差也。)正考官文庆,以携人入闱阅卷被劾,由侍郎降为员外郎,林翼亦获失察处分,降一级调用,逐出玉堂,改官内阁中书,甚侘傺无聊。其江南门生某氏,于会试时,约集同年之有力者,谓"我辈受两座师之知遇,不宜恝然。文老师为国家大臣,帝心简在,且系旗籍,升途较速,不久当复柄用;胡老师以新进骤遭罣误,恐将一蹶不振,而其才气过人,苟为外吏,必能有所建树。惟家非素封,我辈盍有以助之"。众以为然,遂醵资为林翼捐知府,此为林翼改外之缘起。迨分发贵州,历任安顺、镇远、思南、黎平诸府,政绩甚著,尤以剿匪奏效,为上官所重,遂崭然露头角,其以知兵名实早于国藩也。文庆后果大用,蔚为名臣(谥文端),居政府时,力持倚任曾、胡之议,盖以尝与林翼同事,知之有素耳。

少年科第,固为幸事,然若成名太早,年未弱冠,遽掇巍科,其根基较浅器小易盈者,又或沾沾自喜,视天下事过易,掉以轻心,临以狂傲,亦是一病。国藩于其子纪泽得荫生后,命至二十四岁始行乡试。其致诸弟书云:"泽儿现在本系荫生,例不准赴小考,故拟令照我之样,二十四岁始行乡试,若十九二十即行乡试,无论万万不中,即中得太早,又有何味。"语非矫情,实有深意。左宗棠之子孝威,十七岁即举于乡,宗棠谕以"且为尔喜,且为尔虑。古人以早慧早达为嫌。晏元献、杨文和、李文正,千古有几。其小时了了大来不佳者,则已指不胜屈。天地间一切人与物,均是一般,早成者必早毁,以其气未厚积而先泄也。尔才质不过中人,岂非古人所谓暴得大名者不祥乎?"并令家居读书,暂勿入都会试,用意盖与国藩相近,而言之弥详切。

曾胡之仕途

国藩通籍在林翼之后,而数邀峻擢,道光之季,已官至礼部侍郎,为国家大臣,林翼则犹在黔任知府也。迨国藩奉命治兵,军事粗具规模,林翼始以道员由黔将数百人,赴鄂督吴文镕之招,未至而文镕已败死。乃以军从国藩,是为林翼为国藩部将之始。国藩夙相知契,复稔其在黔著绩,可当大任,即以"其才胜臣十倍"奏保,遂获擢用。林翼统师攻武昌不下。国藩遣罗泽南赴援,时曾军大将惟塔与罗。塔齐布新死,泽南复行,国藩军湖口,势甚危,而为统筹全局,不肯自谋,其公忠之度,实非常人所及。泽南阵亡,其门人李续宾接统其军,卒下武昌。而水师统将杨岳斌、彭玉麟,亦出国藩识拔,助林翼成功。林翼先已拜署抚之命,及武昌既下,遂真除鄂抚,而国藩侍郎头衔如故也。曾、胡齐名,盖始于此。林翼交欢总督官文,揽封疆之全权,练兵筹饷,所以助国藩者,无所不用其极。而善则相勉,过则相规,尤为道义上之益友。国藩督两江,林翼屡以"包揽把持"、"放胆放手"劝之,复为之多所擘画。大功之藏,林翼虽不及见,而其致力之勤,固已大有裨于全局矣。林翼以积瘁病逝,国藩称其"赤心以忧国家,小心以事友生,苦心以护诸将,天下宁复有似斯人者哉"。又谓:"从此共事之人,无极合心者矣。"又致李鸿章书,称其"忧国之诚,进德之猛,好贤之笃,驭将之厚,吏治之精,无善不备,无日不新,同时辈流,固无其匹,即求之古人中,亦不可多得"。其推服如此。后又尝言:"未见古来英雄,见胡林翼、李鸿章,意古英雄不过如此。"则以鸿章虽膺荐抚苏,而孤军锐进,虞其偾事,乃竟能戡定甚速,颇出意外,故连类而称誉之也。

林翼起自国藩部将,而任封疆则远在国藩之前。咸丰五年拜署理湖北巡抚之命,次年克复武昌,遂真除。国藩以侍郎督师,咸丰十年始为两江总督。惟林翼以巡抚终,仅殁后追赠总督耳。咸丰四年,国藩尝一度简署鄂抚,旋又降旨免其署抚,赏兵部侍郎衔办理军务,未俟国藩恳辞也。迨国藩以母丧未除,恐得罪名教之辞折抵京。咸丰帝朱批,谓:"朕料汝必辞,又念及整师东下,署抚空有其名,故已降旨命汝毋庸署湖北巡抚,赏给兵部侍郎衔。"故国藩奉到加衔免署之旨后,谢恩折谓:"前折尚未赍到,即蒙圣慈垂念,体恤周详,免其署理巡抚,俾臣内不亏于名义,外得效乎驰驱,凡私衷不敢上达之隐,无一念不在洞鉴之中,感激涕零,莫可言喻也。"清国史馆国藩《本传》,谓以国藩力辞,乃令无庸署抚,实为舛误,至命其署抚时特赏二品顶戴,免署时复赏兵侍衔者,则以国藩前此靖港之败,曾获革职处分之故。后遂授兵部侍郎。宫保之加,林翼亦早于国藩。咸丰八年克九江,林翼与官文同加太子少保衔。及十一年克安庆,国藩始加太子少保衔,官文、林翼则晋太子太保衔。(何桂清于咸丰十年,由太子少保衔晋太子太保衔,声望甚隆,当时有何、胡两宫保之称。是年,江南大营再溃,桂清弃常州而逃,后竟被诛。使金陵克于和春、张国梁之手,桂清当邀封拜矣。)迨同治三年,金陵既下,国藩乃获太子太保衔之锡。惟国藩饰终之典,晋赠太傅,官文亦晋太保,以林翼之忠勤,不独不获三公,且未能晋赠太子太傅,盖缘原官巡抚,秩位较卑耳。林翼以道

361

员擢至巡抚为时不及半年，而抚鄂七载勋望久著，迄不得一任兼圻。当何桂清偾事，朝议就国藩、林翼二人中择任江督，以武汉上游重镇，胡不能离，遂卒畀曾。而官文以使相督鄂，隐负监视汉将之责，大功未就，势难他调，故林翼亦无坐升鄂督之望。惟谥曰文忠，亚于国藩之文正，实远胜官文之文恭也。成、正、忠、襄四字，最为上谥，有清一代，惟乾隆时阿桂谥文成，可谓名贵之至。迨道光帝谥成，人臣遂不能谥此，否则国藩或谥文成矣。国藩以中兴元功而兼理学名臣，特谥文正，亦所以示旌异，忠与襄固似不足以尽之也。金陵之克，国藩与官文两钦差大臣会衔入告，时官已首辅，曾犹协办，故官列衔在前。（说者以国藩让官文领衔，极称其谦，实则既与会衔，就体制论，即不必特示谦衷，亦当由官领衔也。）赏功之典，官文亦仅亚于国藩。（曾侯官伯，均世袭罔替，曾国荃、李鸿章虽亦封伯，而无罔替字样。）而易名乃曰文恭，未免与勋伐不称，盖深知其因人成事，故于此略示权衡欤？曾国荃既非起家翰苑，又未尝破格入相，例不得谥文，其谥曰忠襄，自属极优。故陈湜挽联云："辅国失三贤，去大司马少司农才数月；易名足千古，合胡文忠左文襄为一人。"大司马谓彭玉麟、少司农谓曾纪泽。

国藩之五次上疏

国藩以翰林官至礼侍,虽已以品学为同时辈流所推重,而于政治上未露头角,道光帝逝世,咸丰帝初立,上《遵议大礼疏》,一时传诵。然事属皇家礼制,无关国家大计。又上《条陈日讲事宜疏》,亦儒臣所有事,未为殊异也。其《应诏陈言疏》及《议汰兵疏》,则均有精思伟论。《应诏陈言疏》:"京官之办事通病有二,曰退缩,曰琐屑;外官之办事通病有二,曰敷衍,曰颟顸。习俗相沿,但求苟安无过,不求振作有为。"实切中时弊。洪秀全等起事,使清廷命运不绝如缕,职是之故。其前致贺长龄书所谓"仕途积习,益尚虚文,奸弊所在,蹈之而不怪,知之而不言,彼此涂饰,聊以自保,泄泄成风,阿同骇异。故每私发狂议,谓今日而言治术,则莫若综核名实,今日而言学术,则莫若取笃实践履之士。物穷则变,救浮华者莫如质,积玩之后,振之以猛,意在斯乎"。与此疏正可参观。其后奉命帮办湖南团练剿匪事宜,即首以申明法纪为事。守刑乱国用重典之义,诛杀颇众,湘人至有"曾屠户"之号。国藩自谓:"但求于孱弱之百姓少得安恬,即吾身得武健严酷之名,或有损于阴骘慈祥之说,亦不敢辞。"盖力矫敷衍颟顸之弊也。当时士大夫对于阴骘之说,最为言之津津,某也办案宽恕,使死罪者得生,故其子孙得科第,为显官。某也执法严峻,尝兴大狱,使多人被刑,故及身而败,子孙不昌。至其本事之是非得失,则不暇顾也。文人著书立说，亦多大张阴骘果报之帜，如闽人梁恭辰《北东园笔录》之类，即其代表，是以祖庇纵弛，成为俗尚，政刑颓敝，已非一日，国藩以猛振玩，良非得已耳。

《议汰兵疏》则力陈兵多财匮之弊。请裁汰冗兵，以节财用，而于注重训练之道，尤剀切敷陈。在今日读之，亦觉为对症良药，实有不磨之价值。后此受命即戎，深慨冗兵之无用，而以贵精不贵多之旨，慎选而精练之，遂使湘军成为劲旅。对于部将之喜多募军队者，恒裁抑之，虽骁将如王鑫，因此龃龉，舍而他去，不恤也。其靖港败后，议者谓宜增兵。国藩独谓益知兵贵精不贵多，而引诸葛亮祁山之败，且谋减兵省食，勤求己过。迨曾国荃围南京，患兵少，屡以增募为请，而国藩多靳之，兄弟间且以此有违言焉。故迄金陵之破，国荃所部，仅五万人耳。李秀成救宁，尝以十倍之众，环而攻之。而国荃军坚不可撼，卒不得逞而退。由是曾军气益盛，洪军气益馁，太平天国遂沦亡矣。金陵一复，首以裁遣军队为务，并令国荃引疾归里，以为之倡，卓识老谋，尤不可及。凡此均与未办军务时之《议汰兵疏》一线相承也。惟此疏有云："八旗劲旅，亘古无敌，然其额数，常不过二十五万，以强半翊卫京师，以少半驻防天下，而山海要隘，往往布满，国初至今，未尝增加。今即汰绿营五万，尚存汉兵五十余万，视八旗且将两倍。权衡乎本末，较量乎古今，诚不知其不可也。"重满轻汉，轩轾显然，本末之说，更有语病。殆以非如此立论，不足以动当时君主之听耶？

国藩犯颜直谏

中国专制政体,历朝沿而加甚,迨至有清,体制益严,君臣之分,俨若天渊,奏疏措词,务为巽顺。遇有谏诤,必先竭力颂扬,然后折入本题,字斟句酌,惧批逆鳞。盖清代奏议之文,去古人伉直之风远矣。而国藩咸丰元年所上《敬陈圣德三端预防流弊疏》,虽箴规之语,先以颂圣,亦循谏书之时尚,而辞气剀劲,犹有古直臣遗意。庸秩之中,斯为铮佼。原疏开宗明义,谓美德所在,常有一近似者为之淆,辨之不早,则流弊不可胜防。所举圣德三端,谓敬慎之美德,其流弊为琐碎;好古之美德,其流弊为徒尚文饰;广大之美德,其流弊为厌薄恒俗,而长骄矜之气。各胪举事实,为之佐证,亦庶几痛下针砭矣。咸丰帝览奏大怒,摔诸地,立召见军机大臣,欲罪之。祁寯藻叩头称主圣臣直者再,季芝昌亦请恕其愚直,帝意乃解,且深嘉国藩之敢言,命兼署刑部侍郎。故国藩谢恩折谓“无朱云之廉正,徒学其狂;乏汲黯之忠诚,但师其戆。荷鸿慈之曲被,极圣量之优容。清夜默思,果有何德堪对君父;寸心自矢,要当竭愚以答生成。感激正深,悚惶无已。乃复仰荷恩纶,俾摄今职。实天良之难昧,闻宠命而若惊”也。其致诸弟书云:“余受恩深重,若于此时再不尽忠直言,更待何时乃可建言,是以趁此元年新政,即将此骄矜之机关说破,使圣心日就兢业,而绝自是之萌,此余区区之本意也。现在人才不振,皆谨小而忽于大,人人皆习脂韦唯阿之风,欲以此疏稍挽风气,冀在廷皆趋于骨鲠,而遇事不敢退缩,此余区区之余意也。折子初上之时,余意恐犯不测之威,业将得失祸福,置之度外。不意圣慈含容,曲赐矜全。自是以后,余意当尽忠报国,不得复顾身家之私。父亲每次家书,皆教我尽忠图报,不必系念家事,余敬体吾父之教训,是以公尔忘私,国尔忘家。"其意态于此可见。而所谓"余意",盖尤较"本意"为重。国藩固无在不以转移风气自任。与集中《原才》一文,可以参看也。自此疏之上,国藩忠直之声乃大著,天下想望丰采矣。

此疏为国藩犯颜直谏之第一疏,亦即为国藩犯颜直谏之最末一疏,盖次岁即受命治军,以迄督江督直,始终居将帅之任也。其致黄倬书,谓:"凡臣工皆可匡扶主德,直言极谏,惟将帅不可直言极谏,以其近于鬻拳也。"自藩以此自律,故直言极谏遂无嗣响耳。

罗泽南为国藩畏友,由湘致书国藩,力劝有所建白,谓:"有所畏而不敢言者,人臣贪位之私心也;不务其本而徒言其末者,后世苟且之学也。"与国藩之意若合符节。书达,国藩此疏已上七日矣,故覆书谓:"万里神交,其真有不可解者耶。"道义之交,可云佳话。覆书又谓:"学道未深,过伤激直。"其致江忠源书,亦谓:"以圣德盛美而预防其蔽,大致如孙文定《三习一弊疏》,第孙托空言,而仆则指实,太伤激切。盖嫉时太甚,忘其语之戆直。"盖此疏之伉直,在当时确为言人所不敢言也。孙嘉淦对乾隆帝所上《三习一弊疏》,虽号为有清名奏议,然仅泛论得失,视曾疏之直言咸丰帝种种过举,实为不侔。国藩谓有空言与指实之别,良然。

国藩遭忌不获行其志

　　季芝昌为国藩会试中式之房师，以师生关系，为解于咸丰帝，尚属人情之常，而祁寯藻叩以回上意，实为难得。此见诸黎庶昌《曾太傅毅勇侯别传》，朱孔彰《咸丰以来将帅别传》亦犹之。庶昌为国藩高足弟子，或即闻诸国藩者。孔彰亦尝从国藩戎幕讲学，亦非漫为著录者，此事当不虚也。惟薛福成《记宰相有学无识》，则言国藩起乡兵奏捷，"文宗显皇帝喜形于色，谓军机大臣曰：'不意曾国藩一书生，乃能建此奇功。'某公对曰：'曾国藩以侍郎在籍，犹匹夫耳。匹夫居闾里，一呼蹶起，从之者万余人，恐非国家之福。'文宗默然变色者久之。由是曾公不获大行其志者七八年"。此某公者，据福成所记全文观之，固寯藻也。（庶昌《别传》中，亦有"方兵之初起，大学士某公昌言于朝曰：'曾某以在籍绅士，非上素所令召，而一呼万人，此其志不在小'"之语。惟未确指为寯藻耳。）并谓："某公于贤者嫉之如仇，于不肖者爱之若命。"其痛贬之如是。福成小曾门高弟，所述当亦非凿空之谈，何寯藻前后迥若两人乎。殆始之劝咸丰帝优容直臣，不过视若大臣义所当为，非对国藩真有推服之意，而其人素无远识，迨见国藩立功之骤，遂因诧而生疑欤？

　　薛福成所记，谓："又有相国某公者，同治初元征起，条议时事，诣军机大臣请代陈之。其大旨谓楚军遍天下，曾国藩权太重，恐有尾大不掉之患。于所以撤楚军削曾公权者，三致意焉。军机大臣见而哂之，由是不获再用，但有旨暂权都察院事。"光绪甲辰扪虱谈虎客所辑《近世中国秘史》转载薛记。按语谓此一相国某公为翁心存，实则非是，盖彭蕴章耳。蕴章咸丰元年以侍郎入军机，后荐擢武英殿大学士，为军机大臣领班。何桂清之督两江，实蕴章力保，与福成所叙"以咸丰初年入政府，后遂为首相，力荐何桂清资兼文武，必能保障江南"正合。心存官体仁阁大学士，未值军机，名实均不得曰首相也。同治帝即位后，起用旧臣，命心存以大学士衔管理工部事务，并在宏德殿授读，甚优礼，与"不获再用，但有旨暂权都察院事"亦不符。蕴章则正奉命署理左都御史，恩礼视心存远逊耳。再观薛记他端，亦均合彭事，不合翁事，是福成所指之又一相国为蕴章无疑。惟《近世中国秘史》当时销行颇广，读者不察，据为典要，遂致以讹传讹，故略为考证，以存其真。至曾、翁两家，确尝有因公相乖之事。心存子同书官安徽巡抚时，纵容苗沛霖，致酿巨变，为国藩严劾，逮问定斩监候之罪，事在同治元年，而与心存无涉也。蕴章之戚金某，为蕴章作传，极称其贤，谓："凡造膝谟讦，惟以慎惜人才宽假衔勒为主，故骆文忠、胡文忠、曾文正在湖南北募勇筹饷，事事不由中制，皆大变祖宗成法，而朝奏夕可，无纤毫诘难，使诸公得尽展其才。他省从而效之，兵食日盛，卒成荡定之功，皆公秉枢十年，能达大体，识时宜，休休有容，弼成咸同两朝中兴之治。使囿于成宪，互相牵掣，虽有良臣猛士，未由展布，一代之安危，殆不可问，此公相业之最大者。"传末并缀以评，谓："今为公作传，固不敢以葭莩有所粉饰，亦不敢以訾删故为然疑，惟推一朝时局，寻绎当事苦心，是其所是，非其所非，质诸鬼神，俟诸后世而已。"如所言，是蕴章在枢垣时，固尝左右曾、胡，俾集大勋也。何前后相戾若是,福成所记未足尽信软?金某虽自矢可质鬼神,而仍不脱阿好之私软?抑蕴章髦而智昏,遂有后此过举耶?旧京故记者彭翼仲,为蕴章之孙,昔相晤时,忘以此质之也。(蕴章别号诒榖老人,故翼仲名诒孙。)

谈清代"一君一相"

　　昔人有言,明代有一君一相,君谓洪武帝,相谓张居正。吾亦谓清代有一君一相,康熙帝与国藩也。康熙帝以守成而兼开创(三藩既平,清之帝业始为完成),励精图治,局度宏远,在位甚久,老而不懈,实为有清一代君主之杰出者。雍正、乾隆二帝,虽亦号为英主,而一则刻薄,一则奢纵,以视康熙,不逮远甚。国藩《国朝先正事略》有云:"我朝六祖一宗,集大成于康熙,而雍乾以后,英贤辈出,皆若沐圣祖之教。"又谓:"凡前圣所称至德纯行,殆无一而不备。"颂美之词,固不无逾量,而康熙帝要为清代第一令辟也。国藩以勋臣官至武英殿大学士,名满天下,有"圣相"之称,其才略学养,允足为有清相臣第一,志在转移风气,陶铸人才,尤为所见者大,非寻常所谓名臣者所能及。其《原才》一论,发明斯旨,谓:"风俗之厚薄奚自乎,自乎一二人之心之所向而已。今之君子之在势者,辄曰天下无才,彼自尸于高明之地者,不克以己之所向,转移习俗,而陶铸一世之人,而翻谢曰无才,谓之不诬,可乎否也。"平生抱负,足见一斑,盖注重个人人格之感化,以收转移陶铸之功,其效最彰于治军。湘军之兴,才贤辈起,均受国藩人格之感化也。其督江督直,整饬吏治,亦均以人格感化之道行之。惜乎虽负相名,未居相职,仅于入觐时,至内阁暨翰林院,一到大学士之任,仍出缩疆符,以使相终,未尝值军机处以行使相权也。为清廷计,金陵既下,即宜任以首席军机大臣，俾推广其人格感化之范围，以转移举国风气，陶铸举国人才，并出其所蕴蓄者，施诸政本，其收效之宏，更非封疆将帅之比。清廷见不及此，故圣相之相业无闻焉。吾所谓一相，亦仅能以才略学养论耳。林翼之才，颉颃国藩，而晚年进德之猛，尤为国藩所推服，倘执国柄，亦足为名相，以大有造于政局，而军事未定即死，论者尤惜之。或比之诸葛亮，以鞠躬尽瘁同，出师未捷身先死同，年寿亦略相若也（林冀卒年五十）。然亮身兼将相，政由己出，其权位之隆，得君之专，林翼所不及矣。

　　孙衣言挽国藩联云："人间论勋业，但谓如周召虎唐郭子仪，岂知志在皋夔，别有独居深念事；天下诵文章，殆不愧韩退之欧阳永叔，却恨老来湜轼，更无便坐雅谈时。"上联即深惜国藩不克以相业自见，大展抱负也，真国藩知己。下联谓文章无愧韩、欧，亦不为泛语。国藩文章，诚有绝诣，不仅为有清一代之大文学家，亦千古有数之大文学家也。其祭文有："以公之大度伟略，深谋远规，使其所遇之幸若欧公，当太平之无事，处密勿以论思，则其所以引吾君于恭俭，挽俗世之浮漓，收天下之豪杰，谨安危之渐微，必有以光列圣神武之烈，为万世深远之贻。而乃东西奔命，与兵终始，不敢告劳，遂至尽瘁。名为宰相，而不能日与朝廷之谟议；功侔伊吕，而不能尽如萧曹之指挥。"又云："故世之论公，以谓其皇皇若弗及，戚戚若不怡，由功高而志下，亦道尊而气卑。而我之窥公，则固知其内视一己，实有未满之素志；外观斯世，尤有无穷之忧危。"尤能发挥国藩志事未酬及老成忧国之意。"皇皇若弗及，戚戚若不怡"二语，不啻活画国藩晚年神态也。文必如此，乃为不苟作。欧阳兆熊挽联云："矢志奋天戈，忆昔旅雁传书，道精卫填海，愚公移山，竟历尽水火龙蛇，成就千秋人物；省身留日记，读到获麟绝笔，将汗马勋名,问牛相业,都看作秕糠尘垢,开拓万古心胸。"下联抬高国藩身分,出乎战功相业之上,自谓"道得此老心事",亦自超脱可诵,然不若孙联之深挚也。

金陵既下,清廷如以国藩当国,固可大有裨于政治。然欲如诸葛亮治蜀、张居正相明之独揽大权,指挥如意,势亦甚难。盖满汉畛域难除,加以功高震主之嫌,不易一意孤行。况清代政体,尤不容相权过重,即为太平宰相,其权力亦大有限制乎。然历数清代所号为名相者,其人物之伟大,学识之明通,罕有其匹矣。

国藩晚年不敢讽议朝政

国藩既未尝为真相，而自总师干，任征伐，以地位关系，不敢讽议朝政。晚年懔于功名过盛，尤不敢为非常之言动。阉人安得海出京，鲁抚丁宝桢执而诛之，国藩叹誉不置，而时国藩正官直督，得海过直，不敢问也。其处境之难，实非宝桢比，论者多谅之。故其一生惟官礼部侍郎时所上《敬陈圣德三端预防流弊》一疏，特著大臣立朝之风节，述国藩者所宜大书特书也。吴汝纶代李鸿章撰国藩神道碑，削而不书，仅谓"文帝御极，正色直谏，多大臣之言"，未免过于笼统，略其所不当略，此等处盖未可以出考语法行之。铭词谓"相业之隆，近古无有"，正国藩所歉然不自足者。国藩官侍郎时，尚有备陈民间疾苦及平银价各一疏，均关心民瘼，力请补救。其后督师东征，以厘金之法筹饷，直接病商，间接病民，实国藩最不得已之举，故奏明俟军务平定，即行废止。而清廷视为利薮，食言而肥，遂使流毒至今。论厘金之害者，每责及国藩，实国藩一大不幸也。又有《请宽免胜保处分疏》。胜保时为言官，以谏诤获咎，国藩特为请宽处分，以广言路。后胜保以钦差大臣督师，骄恣不法，屡偾事，与曾、胡均不相得。林翼尝谓"胜保当名败保"。卒逮问被诛。而其在言路时，固颇著直声，大用亦以此。咸丰十年，英法联军亟，胜保督师近畿，奏调湘军北援，奉严旨令鲍超迅速北上，交胜保调遣。曾、胡知胜保治军之谬，御将之刻，超往必无幸，乃由国藩奏请就己与林翼择一入卫,旋以和议就绪中止。超固粗才,于国藩此番护持之微意,未能领略。会以事与国藩有违言,林翼致书以晓之,谓:"涤帅与兄,深知其(胜保)为人,忮忌贪诈,专意磨折好人,收拾良将。弟若北援,必为磨死,惟北援是君父之急难,不敢不遵,万不可以他词推诿。涤帅筹思无策,只得应允自行北援,或兄北援,以兄与涤帅若能北行,则所带将士或不致十分饥困,亦不致受人磨折也。弟若知涤帅此次之恩,弟且感激流涕之不暇。涤帅待弟之恩,是天地父母之恩也,恐吾弟尚不知涤帅苦心婆心救全弟命之诚,故不惜反复言之。弟于世事太愚,当一心敬事涤帅,毋得稍有怠玩。"此等处实见曾、胡爱护将才及互相扶持之肫挚,诸将乐于效命,岂无故哉。又林翼前有护持舒保事,与此亦正相类。咸丰八年,胜保方任豫事,札调汉军副都统舒保,谓:"如有迟延,即指名照有心贻误军机治罪。"骄恣可见。林翼抗疏争之,谓:"舒保素性朴讷,忠勇敦厚,在楚屡年,冲冒锋刃,能为他人所难为,从无避难就易之心。现奉恩旨,官至二品大员,胜保乃严札驱迫,加以苛词,似于体制未协。师克在和,古有明训,设将帅先已乖离,则士卒安能豫附? 即使舒保带兵进剿,将来束缚驰骤,亦必不和贻误兵机。臣愚见,自应责成舒保审察商城、六安、固始各路贼情,相机进讨,毋用强归邻省节制调遣。"奉旨获允。舒保威名亚于多隆阿,亦当时旗籍名将也。湘军诸帅与胜保交恶,盖非一日。后此对于苗沛霖,国藩等主剿,胜保独主抚甚力,尤为意见不合之大者。

国藩家事国事难以两全

　　国藩学问自宋儒入，故于江忠源父丧未除而从军，极不然之，致书责其大节已亏。比以在籍侍郎奉帮办团练搜查土匪之命，亦拟以母丧力辞。已缮折，将寄请湖南巡抚张亮基代发。其致欧阳牧云书谓："此时若遽出而办事，不孝之罪滋大，是以具折陈情，恳乞终制。兹将折稿寄京，相好中，如袁、毛、黎、黄、王、袁、庞诸君，尽可令其一阅。此外如邵蕙西、李少荃、王雁汀、吕鹤田，有欲阅者，亦可一阅。盖欲使知交中谅我寸心，不必登诸荐牍，令我出而办事，陷于不孝也。"意实甚决。会郭嵩焘至，力劝其出，并说国藩之父主持，国荃亦力赞之。又闻武昌失守，大局震动，恐将不可收拾，始毅然拜命，赴长沙任事。故嵩焘挽国藩联，有"考初出以夺情为疑，实赞其行；考战绩以水师为著，实主其议"之语也。（国藩兴办水师，亦采嵩焘谋。）而终以此内疚于心，特于《奏报团练查匪大概规模折》附片声明："以墨绖而保护桑梓则可，若遂因此而夺情出仕，或因此而仰邀恩叙，则万不可。区区愚衷，不得不预陈于圣主之前。一俟贼氛稍息，团防之事办有头绪，即当专折陈情，回籍守制。"然以环境所迫，未久即出境作战，由保护桑梓而从事于戡定大乱矣。惟克复武昌，不肯受署理鄂抚之命，以母丧未终，恐为名教罪人为言，犹笃守前所声明也。其后在江西军次，丁父忧。奏报后，未候朝命，即奔丧回籍，时议颇不谓然，左宗棠尤力诋之，谓其家而忘国。国藩以不能两全,亦深引以为恨。旋又夺情治军,亦未终丧。乃自收复金陵以后,竟不陈请回籍补制,论者颇用为疑。不知国藩实有苦衷,非可喻诸人人,以彼之声势资望,若回籍而为乡绅,殊不易处。湘军遣散归里者,宿将劲卒,所在皆是,遇有谗谤,何以自明。故当剿捻无功,累疏恳请开缺,而愿以散员留营自效,不敢作回籍之请也。欧阳兆熊论及国藩未陈请补制,谓"以文正之尘视轩冕,讵犹有所恋恋者,岂其身受殊恩,有不能言退不忍言退者乎,然亦非其本心矣。"盖犹未能设身处地达其隐衷,若"非其本心",则诚然矣。(兆熊字晓岑,湘人,颇工诗文,国藩尝延揽之。)

国藩办外交心力交瘁

国藩之享大名以军事,而负重谤则以外交。同治九年,天津中法教案起,时在直督任(驻保定)奉命赴津,会同三口通商大臣崇厚办理交涉。国藩自知其难,欲以死殉之,临时作家书于二子,处分后事,申以教诫。有云:"余即日前赴天津,查办殴毙洋人焚毁教堂一案。外国性情凶悍,津民习气浮嚣,俱难和协,将来构怨兴兵,恐致激成大变。余此行反复筹思,殊无善策。余自咸丰三年募勇以来,即自誓效命疆场,今老年病躯,危难之际,断不肯吝于一死,以自负其初心。恐邂逅及难,而尔等诸事无所禀承,兹略示一二,以备不虞。"悲苦之情,溢于言表。盖其时外情未悉,国论庞杂,交涉之道,无常轨可循,朝旨清议,兼顾为难,坛坫折冲,动辄得咎,故誓以一死,如一旦决裂,不欲效叶名琛之偷生辱国也。林翼终身未当交涉之冲,阎敬铭每与论及洋务,林翼辄摇手闭目,神色不怡者久之,曰:"此非吾辈所能知也。"薛福成以为"惟其虑之者深,故其视之益难,而不敢以轻心掉之",可谓知林翼者。故对于外交之态度,曾、胡盖有同揆也。此自当时之环境使然,若以今日中外交通已久,外交已上轨道之眼光观之,鲜不笑其畏惧过当矣。

政府对于天津教案,懔于咸丰十年英法联军入京之往事,深以交涉破裂为戒,崇厚尤极以洋人为可惧,力主畀让。而清议则高呼攘夷,主张开战。国藩处此环境,心力交瘁,外瞻大势,内顾主权,欲谋两全，难如人意。崇厚则谮其庇属员，倭仁则言其媚外人。西后素重国藩，至是亦兴"曾国藩文武全才，惜不能办教案"之叹。虽谕旨尚有"该督统筹全局，次第办理，其中委曲求全万不得已之苦衷，在稍达事理者，自无不谅"等语，然实虑其未能藏事。会江督马新贻被刺出缺，即令国藩还督两江，而以李鸿章代之矣。至清议方面，则深病国藩不能一味强硬，完全拒绝法人要求，诟詈之声大作，"卖国贼"之徽号竟加于国藩。京师湖南同乡，尤引为乡人之大耻，会馆中所悬国藩官爵匾额，本湘人视为与有荣焉者，悉被击毁。知交中腾书责难者甚夥。国藩以苦心不能喻诸人人，惟自言"内疚神明，外惭清议"以谢，其精神上所感之苦痛，盖可知已。（李鸿章至津，值普法之战顿起，法人无暇顾及此东方小问题，天津教案国藩任内未就绪者，遂由鸿章从容了结。政府中人憒于外事，以为鸿章外交之能力固远胜国藩也。此鸿章得外交家之名之始。）

国藩子纪泽，于光绪四年奉简出使英法大臣奏对时，西后勖以任劳任怨。纪泽对曰："臣从前读书到事君能致其身一语，以为人臣忠则尽命，是到了极处。观近来时势，见得中外交涉事件，有时须看得性命尚在第二层，竟将声名看得不要紧，方能替国家保全大局。即如天津一案，臣的父亲先臣曾国藩，在保定动身，正是卧病之时，即写了遗嘱，分付家里人，安排将性命不要了。及至到了天津，又见事务重大，非一死所能了事，于是委曲求全，以保和局。其时京城士大夫骂者颇多，臣父引咎自责，寄朋友的信，常写'外惭清议，内疚神明'八字，正是拼却声名以顾大局。其实当时事势，舍曾国藩之所办，更无办法。"将国藩牺牲名誉忍辱负重之苦衷，尽量阐发。宜西后闻之而言"曾国藩真是公忠体国之人"也。左宗棠尝谓："劼刚（纪泽字）能言父实际，可谓无忝。"此亦一证。国藩为视名誉重于生命之人，故其拼却声名以顾大局，无愧公忠体国。若夫轻名重利之流，则未可漫援国藩以自解耳。纪泽光绪六年使俄，改订前使已签之约，挽回利权不少，其外交手腕之过人，举世共称，足为国藩吐气。西后亦叹曾国藩可谓有子。妙在前使崇厚，即与国藩天津教案共事之人，而尝龁龂国藩者也。（政府怒其丧权辱命，已下狱定斩监候之罪，以纪泽言得释。）纪泽归国后，以侍郎值译、海两署，朝野属望，乃不数年即病逝，未竟其用，天下惜之。国藩官礼部侍郎时，历署吏、兵、刑、工四部侍郎，后治军，复尝授兵侍，独未一官户部。纪泽则以户部侍郎终，若补足六部侍郎者，亦趣。

国藩之死

国藩自从事军务,即与劳苦忧患为缘,金陵既克,位高望重,更以忧谗畏讥,日在屏营兢惕之中,晚遭天津教案,感触尤深,衰病日甚。迨以直督调江督,自觉病体难胜,且右目已废,左目亦昏眵,不愿再理繁剧,故上疏请开缺。而奉旨慰劝之后,即力疾赴任,不复坚辞。盖仍以勋望太高,罢官居乡易启嫌疑之故,纵获准其开缺,或亦留居京师耳。当时风气未开,尚未发明以出洋为退步之妙诀,使如今日者,国藩殆必坚请引退而养疴海外欤。

国藩还督两江,衰疾已甚,虽朝旨以"但能该督坐镇其间,诸事自可就理"为言,不责其诸事躬亲。而国藩力疾赴任,仍孳孳将事,罔有暇豫,诚如其赴任前请陛见折所称"揆诸古人鞠躬尽瘁之义,一息尚存,不敢稍耽安逸"也。病躯积瘁,重以在津办理教案神经上之隐痛太深,疾遂不治,岁余即卒于江督任。江苏巡抚何璟奏报之折,称其"在军在官,夙夜未尝稍懈,虽风潇雨晦、疾病忧郁之时,率以鸡鸣而起,夜分始息,盖数十年如一日也。晚年不服珍药,未尝有卧痾倚衾之日。前在两江任内,讨究文书,条理精密,无不手订之章程,无不点窜之批牍。惟有舌蹇心悸之症,不能多见僚属。前年回任,自谓稍即怠安。负疚滋重,公余无客不见。见必博访周谘,殷勤训励,于僚属之贤否,事理之源委,无一不默识于心,人皆服其耄年进德之勤"。盖纪实语。林翼晚年久病,每日咯血至二百余口,而军谋吏治,犹筹策无遗,尽瘁伤生,卒年仅五十。国藩固林翼所称为"精力过一世人"者,卒年亦仅六十二,均忧患劳苦有以致之。曾、胡不可及处甚多,即勤之一节,亦岂寻常所能骤几乎。林翼病中致国藩书有云:"丈颇念林翼之久病。以大局论,林翼生死无足重轻。以私计论,行疲则思坐,劳极则思睡,放枕睡下,便是佳兴。以私情之敬爱论,则颇有回何敢死之义。且季公(左宗棠)、希公(李续宜)均有同命之情,亦殊不能恝然。"又致严树森书有云:"顷病又加剧,存亡生死,以我视之,仅如昼夜,毫不动心,亦请勿劳垂念。"又致左宗棠书有云:"贱病血稍止而咳有加,恹恹一榻,偶阅文书一二行,气即上冲,咳即大作,夜间稍合眼辄咳,欲耽半夜之美睡,亦不可得,而百年之美睡,又不即至,吾命穷矣。"曾、胡气谊相投之笃挚,与林翼以死勤事,置死生于度外之壮概,均可见矣。至今读之,犹觉肃然起敬,悄焉兴悲也。

国藩逝世之状,据王定安所记云:"二月初二日,公方阅案牍,执笔而手颤,欲言而不能出声,有顷复愈。因告公子纪泽,丧事宜遵古礼,勿用僧道。初三日,阅《理学宗传》中'张子'一卷,又有手颤心摇之象。初四日午后,公周历署西花园,公子纪泽从。游毕将返,忽呼足麻,扶掖至厅事,端坐而薨。"故左宗棠谓"涤侯无疾而终。真是大福",实虚极而脱,无足异也。薛福成谓国藩逝时,"城中官吏来奔视者,望见西面火光烛天,咸以为水西门外失火。江宁、上元两具令,亟发隶役赴救,至则居民寂然,遍问远近,无失火者。黄军门翼升祭文有曰'宝光烛天,微雨清尘',盖纪实也。后庞观察云来自清江浦,戎游戎天麟来自泰州,皆云初二(?)日傍晚,见大星西陨,光芒如月,适公骑箕之夕云"。盖当时实有此一种传说,无非根于崇慕国藩之心理。福成固好谈神怪者,故尤言之津津。其记蒙古亲王僧格林沁之阵亡山东,亦言:"王薨之夕,京师中皆闻怪风自南起,鬼声数千啁啾随之,须臾向北去,盖忠灵不泯也"云。

俞樾致其兄壬甫书有云:"闻人言曾文正师事,乃知真灵位业中人,来去分明固自不同,其身后事,皆手自料理楚楚,然后归真。二月朔梅方伯入见,劝暂请假。公笑曰:'吾不请假矣,恐无销假日也。'至诚前知,岂不信夫。"盖国藩虽未呻吟床蓐,而自知病体已危,无就痊之望矣。将终而言谈犹饶有风趣,实天怀澹定之故。又李慈铭致樊增祥书有云:"颇闻己巳庚午间,直隶有夫外出,不告其家人,或控妇杀其夫,时曾文正为总督,太仓钱中丞为臬司,竟磔其妇。越三年而其夫归,官吏猥制之,不得白。文正之薨,猝以心痛,而钱中丞之卒于河南,则群言其鬼为厉,生疽落头。然则鬼神亦有不可尽欺,而报应亦有未尝不速者。"如所言,则国藩之死,乃由所谓冤魂索命耶?殆慈铭好奇之过,亦不经甚矣。

曾胡力荐左宗棠

曾、胡对左宗棠,均尝力荐。咸丰十年,林翼《敬举贤才力图补救疏》,谓:"左宗棠精熟方舆,晓畅兵略,在湖南赞助军事,遂以克复江西、贵州、广西各府州县之地,名满天下,谤亦随之。其刚直激烈,诚不免汲黯太戆、宽饶少和之讥。要其筹兵筹饷,专精殚思,过或可宥,心固无他。臣与左宗棠同学,又兼姻戚,咸丰六年,曾经附片保奏其在湖南情形,久在圣明洞鉴之中。"(时官文方有奏劾宗棠之事,故林翼委婉其词。至六年之片,系称其"秉性忠良,才堪济变"。)国藩亦疏请简用宗棠,谓:"左宗棠刚明耐苦,晓畅兵机,当此需才孔亟之际,或饬令办理湖南团防,或饬赴各路军营,襄办军务,或破格简用藩臬等官,予以地方,俾任筹兵筹饷之责,均候圣裁。无论何项差使,惟求明降谕旨,俾得安心任事,必能感激图报,有裨时局。"宗棠之获大用,曾、胡与有力焉。而宗棠自负才过曾、胡,不肯自承为所援引,未免气矜之过。惟对于荐己之京官潘祖荫、宗稷辰,则于家书中谓:"皆与吾无一面之缘,无一字之交,留意正人,见义之勇,非寻常可及。"深致感激之意。殆以二人非能与己争名者欤。据金某所为彭蕴章传略,谓"左恪靖、文协揆未遇时,为之荐引,而卒成名臣",似蕴章亦尝推荐宗棠者,然此事未见旁证,宗棠亦未尝言之,未知其确否也。

宗棠之得展其才,自入湖南巡抚幕始。湘抚张亮基之延揽宗棠入幕,则由林翼之数次力荐,称其"才品超冠等伦,廉介刚方,秉性良实,忠肝义胆,与时俗迥异,胸罗古今地图兵法、本朝宪章,切实讲求,精通时务"。亮基用其言,礼致宗棠,言听计从。旋署湖广总督,仍延入督幕。后调抚山东,宗棠始辞去。复入湘抚骆秉章幕,誉望日隆,九重动色矣。而秉章之知有宗棠,亦以其佐亮基之著效也。前乎此者,林翼尝屡荐之于湖广总督程裔采,称其"有异才,品学为湘中士类第一","品高学博,性至廉洁,读本朝宪章最多,其识议亦绝异,其体察人情,通晓治略,当为近日楚材第一","才学识力,冠绝一时"。裔采未能罗致更前。则又尝荐诸云贵总督林则徐,会则徐引疾,不及礼聘。后过湘时,招至舟中,谈论竟夕,称为不凡之才。林翼荐贤之谆笃,于此可见。使无林翼,宗棠或以山林隐逸终也。

曾胡左善为奏牍之文

　　曾、胡、左均善为奏牍。李续宾之阵亡三河也，林翼疏陈续宾志行功绩及慨慷捐躯之状，备极沉痛挚切。咸丰帝朱批曰："详览奏牍，不觉陨涕，惜我良将不克令终，尚冀其忠灵不昧，他年生申甫以佐予也。"饰终之典，极为优渥。说者谓固由续宾战功夙著，亦林翼奏疏情词之恳笃使然。林翼祭续宾文，有"公来生我，生我楚人，倚公为命，以至于今"；"与公同命，靦颜尚存"；"固知兵少，不忍惜身，固知贼多，不忍违君"等语，亦极悲切动人，国藩甚叹誉之。林翼致李元度书云："迪公（续宾）之祭文，以夜半起坐，悲愤而成，应请涤公改正数十字，同林翼之奏，刊成一本，传之通都，藏之名山，或可借人以传文耶？过蒙足下与涤公奖借。如老诸生五十年不得中举，忽闻榜发有名，为之一快。"又云："前撰祭迪公之文，文之字句尽有不妥，而气性淋漓，即此一端，或尚可办成一二事耶？其文质地颇美，乞老兄同涤丈点窜，以便付梓。"国藩文学素为林翼推服，元度亦负有文名者也。国藩挽续宾联云："八月妖星，半壁东南摧上将；九重温诏，再生申甫佐中兴。"下联即用咸丰帝批林翼疏语，上联则以续宾阵亡之前，彗星见，人以为续宾应之之故。林翼于奉到优恤续宾之旨后，致宗棠书云："迪公之恤极优，璞山（王鑫）无此殊恩，此岂文字不如我耶？总之，天下奏牍仅三把手，而均在洞庭以南。此三子者，名次高下，尚待千秋，自问总不出三名之下。傥其抑志拊心，储精厉学，则不肖尚未可量也。"
所谓三把手，即指己与曾、左而言，而宗棠亦尝言："当今善章奏者
三人，我第一。"则其傲岸之性然耳。究之三人奏议，均为有清大
手笔，国藩之雄伟，林翼之恳切，宗棠之明畅，均足度越恒流，不必
强为轩轾，若以文学根柢论，国藩为独优矣。

左宗棠抱负自喜

宗棠以抱负过绝流辈自喜,谓曾、胡均不足知己底蕴,其襄办国藩军务时,致郭嵩焘书有云:"涤公(国藩)谓我勤劳异常,谓我有谋,形之奏牍,其实亦皮相之论。相处最久相契最深如老弟与咏公(林翼)尚未能知我,何况其他。此不足怪,所患异时形诸纪载,毁我者不足以掩我之真,誉我者转失其实耳。千秋万世名,寂寞身后事,吾亦不理,但于生前自谥曰忠介先生可乎?"其卓尔不群之意态有如此者。后又尝致书崑焘云:"阁下生平惟知有曾侯、李伯及胡文忠而已,以阿好之故,并欲侪我于曾、李之列,于不佞生平志事,若无所窥。而但以强目之,何其不达之甚也。"对同时人物均有夷然不屑之概,盖于曾、胡尚不欲人相提并论,若夫李鸿章辈,更视为不逮己远甚,而置诸彼哉彼哉之列者也。

曾左交恶

　　曾、左交恶相传始于金陵既克,盖国藩以洪福瑱死于乱军中入告。(福瑱为秀全之子,所谓小天王也。而据王闿运《湘军志》,则谓实名洪福,刻印姓名下列"真王"二字,军吏误合为"瑱"奏,诏言"洪福瑱"者以此。)而洪实逸出未死,宗棠侦知而疏陈之。国藩疑左军有意张皇,上疏抗辩。宗棠复疏争其事,辞气激昂,迨洪被擒于赣,事大白,而曾、左之怨卒不解。惟据欧阳兆熊所记云:"恪靖来咨,极诋文正用人之谬,词旨亢厉,令人难堪。文正咨覆云,昔富将军咨唐义渠中丞云,贵部院实属调度乖方之至。贵部堂博学多师,不仅取则古人,亦且效法时贤,其于富将军可谓深造有得,后先辉映,实深佩服,相应咨覆云云。恪靖好以气陵人,文正则以诙谐出之,从此恪靖亦无一字见及矣。"事在攻下金陵之前也。唐训方官皖抚,颇负时望,富明阿劾罢之,为清议所不取。以宗棠之孤高自负,目空一切,而谓其师法富明阿,谑而近虐,宜其拂然矣。国藩素工谐谑,论文尤重诙诡之趣,偶以不堪宗棠之盛气相陵,报之以此,竟成凶终隙末之局,良可喟惜。而宗棠亦不得为无过焉。扪虱谈虎客论曾、左交恶事,有云:"文襄粗材,不足责也。文正学道有年,晚岁当益进,今若此,于所谓休休有容者,宁无惭德耶。"则以国藩学养素深,故责备较严耳。王闿运同治十年九月十日日记谓:"夜过涤丈,谈修好左季丈事。涤有恨于季,重视季也。季名望远不及涤，唯当优容之，故余为季言甚力，正所以为涤也。此隙起于李次青、刘霞仙，而李、刘晚俱背曾，可为慨然。"亦轩曾轻左。闿运于咸同间中兴将帅，喜讥弹，而尤不满于宗棠。后宗棠戡定西陲，由一等伯晋二等侯，时论颇议其赏薄，谓应封公。闿运独谓其"再辞侯封，近于知耻"，不慊之意可见。至谓曾、左之隙起于李元度、刘蓉，未知其审，或闿运一时兴到语，未足据为典要也。（同治三年十月，宗棠《直陈李革司被参情节折》有云："曾国藩初次奏劾李元度，谓其负曾国藩负王有龄，此次代为乞恩。又谓昔年患难与共之人，惟李元度独抱向隅之感。所陈奏者臣僚情义之私，非国家刑赏之公，臣不敢附会具奏。"语侵国藩，然已在绝交之后矣。）元度以军事为国藩严劾，遂尝相失，然本系患难相从之人，后亦彼此谅解。同治七年国藩致许振袆书云："尝悔昔年参劾次青太甚，今次青光复旧物（指复官），箧有传书（指撰成《国朝先正事略》），鄙人愧悔渐可以少减矣。"国藩逝世，元度《哭太傅曾文正师》诗有"平生数知己，当代一元臣"诸语，又致挽联亦极推崇。惟闿运所云背曾，尚非羌无故实。若刘蓉，则未闻其与国藩有龃龉之事，且以凤好而为姻家（国藩子纪泽娶蓉女），国藩墓铭即出其手。背曾之说未知何据，殆亦一时兴到语耳。

林翼斡旋曾左之间

林翼致国藩书尝云："季高谋人忠,用情挚而专一,其性情偏激处,如朝有争臣,室有烈妇,平时当小拂意,临危难乃知其可靠。"又致宗棠书尝云："涤公之德,吾楚一人,名太高,望太切,则异日之怨谤亦且不测。公其善为保全,毋使蒙千秋之诬也。"曾、左之友道中乖,林翼殆有先见之明欤?使林翼而在,以其与曾、左之关系,必能斡旋其间,使言归于好,惜其早逝耳。当林翼逝世,宗棠祭以文,词极雄畅沉痛,国藩称以"情文并茂,殊为杰构"。中有句云："我刚而褊,公通而介。"又云："自公云亡,无与为善。孰拯我穷,孰救我褊。"是宗棠于己之褊,未尝不自知之,而谓能救其褊者惟有林翼也。宗棠对林翼,亦每以盛气陵之,书函时有诋嘲。而林翼一不与校,始终调护。尝致郭嵩焘书云："鄙人今春不欲与季丈抬杠,恐伤其气。实则应谏之事,应抬之杠,均俟之异日也。然横览七十二州,更无才出其右者。倘事经阅历,必能日进无疆。"又尝致宗棠书云："奉书皆愤懑之词,不能以口舌与公争。"其雅量高致殆有非国藩所及者。

宗棠疏请表扬国藩

宗棠后与李鸿章会师剿捻。捻平之后，以所部刘松山功高，上疏请表扬国藩之赏拔松山。时曾、左固仍在绝交中也。疏云："臣尝私论曾国藩素称知人，晚得刘松山，尤征卓识。刘松山由皖豫转战各省，曾国藩常足其军食以相待，解饷至一百数十万两之多，俾其一心办贼，无忧缺乏，用能保垂危之秦，救不支之晋，速卫畿甸，以步当马，为天下先。即此次巨股荡平，平心而言，何尝非刘松山之力。臣以此服曾国藩知人之明，谋国之忠，实非臣所能及。合无仰恳天恩，将曾国藩之能任刘松山，其心主于以人事君，其效归于大裨时局，详明宣示，以为疆臣有用人之责者劝。"国藩以剿捻无功而解钦差大臣之任，一时声望颇减。宗棠有此一疏，特为表彰，实为难得。惟宗棠此举，似有隐衷存焉。盖平捻之役，鸿章统淮军，宗棠统湘军。蒇事而后，论功推淮军居首，宗棠自矜其功，意不能平，故借扬国藩以扬松山。松山固己部大将，扬己部亦所以抑李部耳。鸿章暨淮军将士，夙受国藩卵翼，特举国藩以立言，俾使关口夺气，其动机殆非纯出至公欤。国藩致郭嵩焘书云："左帅表刘寿卿之功，谬及鄙人。论者谓其伸秦师而抑淮勇，究不知其意云何也。"是国藩固亦已怀疑于其动机矣。而就事论事，宗棠此疏推重国藩如此，亦自见大臣相处之风谊也。国藩于金陵既下，即裁遣其弟国荃所部，惟留少数精锐，畀松山将之，号曰老湘营。宗棠授陕甘总督,松山率部隶焉。其后松山阵亡于金积堡,宗棠悲不自胜,即命松山侄锦棠代将。迄西陲之戡定,此军恒为其主力部队,虽迭经增募,而老湘之称未改。薛福成谓宗棠西征之功,国藩实助成之,盖非漫为标榜者。至松山部平捻时所以称为秦军,则以先本赴陕剿匪,继乃由陕出而会师讨捻之故。

宗棠书联挽国藩

国藩卒于江督任,优旨赐恤。宗棠家书(致其子孝威)中论及云:"赠太傅,谥文正,饰终之典极为优渥,所谓礼亦宜之也。惟两江替人,殊非易易,时局未稳,而当时贤能殊不多觏,颇为忧之。"又云:"曾侯之丧,吾甚悲之,不但时局可虑,且交游情谊,亦难恝然也。已致赙四百金。挽联云:'知人之明,谋国之忠,自愧不如元辅;同心若金,攻错若石,相期无负平生。'盖亦道实语。君臣朋友之间,居心宜直,用情宜厚。从前彼此争论,每拜疏后即录稿咨送,可谓锄去陵谷,绝无城府。至兹感伤不暇之时,乃复负气耶?'知人之明,谋国之忠'两语,亦久见章奏,非始毁今誉,儿当知我心也。丧过江干时,尔宜往吊,以敬父执。牲醴肴馔,自不可少,更能作诔哀之,申吾不尽之意,尤是道理。吾与侯所争者国事兵略,非争权竞势比。同时纤儒妄生揣拟之词,何直一哂耶!"心长语重,肝胆照人,斯亦可谓一死一生乃见交情矣。惟后此宗棠仍喜诋諆国藩,盖缘自视极高,觉流俗所重者无足当意,而时论所最称引者惟国藩,故特于国藩示不满以自衿异耳。

宗棠挽国藩联,自署晚生,时宗棠尚未大拜,亦循督抚对大学士称谓之惯例,本未足云特示谦敬。然昔当国藩入阁时,宗棠为浙江巡抚,未肯以晚生自称。迨宗棠大拜,与书曾国荃云:"来示循例称晚,正有故事可援。文正得协揆时,弟与书言,依例应晚。惟念我生只后公一年，似未为晚，请仍从弟呼为是。文正覆函云，曾记戏文一出，恕汝无罪。兄欲循例，盍亦循此。一笑。"是可为宗棠对国藩称弟不称晚之证，则挽联称晚生，实破格之循例矣。林翼于官文入阁后，书札中亦间作兄弟称谓，盖二人尝订金兰之契，林翼以脱略形迹示亲密也。宗棠请表扬国藩之奏，极称其济饷之功。后此大举西征，则深怨国藩吝于接济。如致杨昌濬书云："曾文正于西饷，每多介介。至自奏定协厚庵（杨岳斌，宗棠陕甘总督前任也）之月饷三万五千两，亦吝不与。而马毅山（新贻）、何小宋（璟）及现署两江之张振轩（树声），于前后接手时，则不待催请而自筹济。人之度量相越，竟有如此哉。"而薛福成则谓："文襄尝与客言，我既与曾公不协，今彼总督两江，恐其隐扼饷源，败我功也。然文正为西征筹的饷，始终不遗余力，士马实赖以饱腾，而文襄不肯认也。"国藩于济饷之事，果始勤终怠，而福成之语不免回护欤？抑宗棠责望过奢而所言未可据为典要欤？若有意扼其饷源，当为事实所必无，以与国藩平生不类也。

宗棠善待国藩晚辈

宗棠虽有不慊于国藩，而与其子弟辈则仍相善。当西征时，闻曾国荃由河督调补山西巡抚。奏称："曾国荃与臣素相契洽，勇于任事，本所深知，合无仰恳天恩饬速赴晋抚新任，冀于时务有裨。"以表推许之意。国荃前官湖北巡抚，上疏严劾大学士湖广总督官文贪劣诸状，词连军机大臣胡家玉。国藩颇不谓然，以家门功名太盛，不欲为非常之举也。此自其晚年戒慎之一端。与其弟国潢（国荃兄）书云："吾家位高名重，不宜作此发挥殆尽之事。米已成饭，木已成舟，只好听之而已。"又与国荃书云："余初闻弟折已发，焦灼弥月，直至得见密稿，始行放心。所言皆系正人应说之事，无论输赢，皆有足以自立之道，此后惟安坐听之而已。"则自是非论之，以为所劾非谬。迨政府于查办大臣覆奏后，明定处分，官文解湖广总督，以大学士革职留任。（家玉亦缘是出军机。）复与国荃书云："官相处分极轻，公道全泯，亦殊可惧。少荃宫保于吾兄弟之事，极力扶助。虽于弟劾官相不甚谓然，然但虑此后做官之不利，非谓做人之有损也。"盖李鸿章于以卜国荃之不久于鄂抚之任矣。国藩尝以鸿章与俞樾对举，有"李少荃拼命做官，俞荫甫拼命著书"之谑。鸿章智略优于国荃，而于做官之事，计虑亦过之。其不以国荃劾官文为然，正忠于师门之故。未几，国荃果不安于位，引疾而归。宗棠最恶官文，每称为"媪相"，故于国荃之论劾，极示心折。与书谓："兄疏稿在江西已读过，是目下第一好事，是当今第一篇文章。昔人论张清恪生平若无噶礼一疏，便觉减色，岂不谅哉。"可谓相视而笑莫逆于心矣。

曾纪泽为国藩家继起之惟一人物，不愧名父之子，宗棠甚爱重之，尝称以"聪明仁孝"，并以人才奏保，时纪泽出使未归也。迨纪泽归国，宗棠已前卒矣。宗棠督两江时，委国藩婿聂缉椝佐上海制造局事。制造局总办李兴锐以纪泽日记于缉椝有不满之词为疑。宗棠与书解释，谓其尚有志西学，故令其入局学习，并谓："日记云云，是劼刚一时失检，未可据为定评。传曰，思其人犹爱其树，君子用情惟其厚焉。仲芳（缉椝字）能则进之，不能则禀撤之，其幸而无过也容之，不幸而有过则攻之讦之，俾有感奋激厉之心，以生其欣欣鼓舞激厉震惧之念，庶仲芳有所成就，不至弃为废材。而阁下有以处仲芳，亦有以对曾文正矣。弟与文正论交最早，彼此推诚许与，天下所共知，晚岁凶终隙末，亦天下所共见。然文正逝后，待文正之子若弟及其亲友，无异文正之生存也。"益见宗棠之于国藩，诚有异夫寻常之凶终隙末者矣。且据薛福成所记，宗棠尝为国荃言与国藩绝交之故，其过在国藩者七八，而亦自认其二三，是宗棠亦非完全诿过国藩也。缉椝历官至安徽巡抚，移浙江，为台谏所劾引退，家于沪。尝竭资兴学，所谓聂中丞公学者是也。其子其杰营商业，为上海商界闻人焉。吴趼人小说《二十年目睹之怪现状》，于缉椝讥讪甚至（以叶伯荌影聂仲芳）。而据沃丘仲子所为《近代名人小传》，则称国藩重其少年端悫，因妻以女。传云："当官素和谨，至浙日，突弹罢不职文武多人，群吏大惊，怨詈以作。然在当世疆吏中，尚足称廉静。"或《怪现状》所述容有过当欤？纪泽日记凡见两本，一称《曾侯日记》（申报馆铅印本），一称《曾惠敏公使西日记》（上海书局石印《曾惠敏公全集》本），均纪泽出使时所记，二者互有详略，惟均未及指摘缉斝语，盖削去之矣。

宗棠未曾谨事国藩

宗棠平时言论，于名满天下之曾、胡，每视为不己若，而于举世共称倚己成名之骆秉章，则甚表推崇。毛鸿宾之为湖南巡抚也，致书宗棠，以秉章前政为询。宗棠覆书，举秉章抚湘绩效以告，极口赞叹，谓"德政既不胜书，武节亦非所短"。并谓："外间论者，每以籥公（秉章字籥门）之才不胜其德为疑。岂知同时所叹为有德者，固不如籥公，即称为有才者，所成亦远不之逮乎。"意即秉章才德实过曾、胡也。是固其不肯人云亦云之素性使然，而秉章自亦非如世俗所评之庸碌而专恃幸运耳。

《湘军志》谓宗棠督办浙江军务："以初领军，亦益谨事国藩，自比于列将。"郭崑焘纠之曰："宗棠向喜与国藩争，国藩尝礼下之，未尝一日谨事国藩也。"又曰："谨事数语，有意诋之，非情实也。"以宗棠之自负，固非能谨事国藩者。宗棠于浙事将定时，致骆秉章书云："涤相于兵机每苦钝滞，而筹饷亦非所长，近日议论多有不合，只以大局所在，不能不勉为将顺，然亦难矣。"不满国藩之意，情见乎词。惟政府方以东南全局委之国藩，宗棠自不能事事立异，所谓勉为将顺者此耳。前当被劾出湖南抚幕，尝请于曾、胡，愿为一营官杀敌自效。此特以满腔愤郁之气，为无聊极思之语，非真欲为曾、胡帐下一小校也。晚年为章寿麟序《铜官感旧图》有云："公（国藩）不死于铜官，幸也。即死于铜官，而谓荡平东南，诛巢戢让,遂无望于继起者乎？殆不然矣。"盖谓靖港之役,国藩投水纵不获救,大功亦可告成。即全局初不系于国藩一人之意。其目中之国藩,与时论良有异同也。

彭玉麟谨事曾左

彭玉麟事国藩甚谨，终身执弟子礼，而于宗棠亦甚相得，其对外同持主战论，尤为志同道合。玉麟辞江督得请，朝命畀宗棠。玉麟与郭崑焘书谓："以左湘阴相国肩此一席，实两江三吴亿万生灵之幸。"光绪癸未（中法战役之前一年），宗棠在江督任，尝与玉麟至沪淞视察海防。其家书（致其子孝宽、孝同）有云："值此时水师将领弁丁之气可用，悬以重赏，示以严罚，一其心志，齐其气力，所为必成。我与彭宫保乘坐舢板，督阵誓死，正古所谓并力一向千里杀将之时也。彭称如此布置，但虑外人不来耳。诸将校亦云，我辈忝居一二品武职，各有应尽之本分，两老不临前敌，我辈亦可拼命报国。答云：此在各人自尽其心，义在则然，何分彼此，但能破彼船坚炮利诡谋，老命固无足惜，或者四十余年之恶气，借此一吐。自此凶威顿挫，不敢动辄挟制要求，乃所愿也。宫保亦云，如此断送老命，亦可得值。"想见矍铄两翁，忠愤填膺，眉飞色舞之概，虽志事未酬，而对于"打倒帝国主义"，实无愧"忠实同志"。

中法战衅既开，宗棠督闽防，玉麟督粤防，均力筹作战，誓死杀敌。乃广西冯子材等方奏谅山之捷，大创法军。政府遽罢兵言和，越南竟为法有。宗棠恚愤病卒于闽，玉麟亦引为毕生大憾。王闿运志玉麟墓有云："埋忧地下，郁郁千年。宜洒幽词，以毕深恨。"谓此也。吴汝纶《跋五公（曾、胡、左、李、彭）尺牍》云："二公（左、彭)之论外事,皆以持和议购船炮为非。越南之役,皆领兵用旧法防海,未遇敌而兵罢,亦云幸矣。然世或多二公威望,谓能固圉走坚敌也。"讥刺之意甚深。汝纶素服膺国藩及李鸿章勤修军备、勿轻言战之主张,故其言如是。惟谓左、彭以购船炮为非,盖有不尽然者。上述宗棠家书中又有云:"彭宫保与我晤于吴淞口,据称此事已于数年前定见,因经费无措中止。今盐票项下既有余资,可购齐船炮,尚有何疑畏不能作连命会乎。因将应于中外赶办船炮各事,逐一陈叙,彭亦欢惬。"是左、彭固亦非不主张购船炮者已。汝纶撰宗棠神道碑,颇多微词,而亦言其在江南议购船炮防海,益见前说未谛。

国藩治学不株守宋儒门户

国藩以乡曲之儒入翰林，与宋学家唐鉴、倭仁等游，研宋儒义理，以日记自课，痛自绳检。继乃破门户之见，扩而大之，兼治考据及古文辞，博览群籍，讲求经世之学，盖不为程朱一派所囿矣。然自律谨严，始终一概，固无愧有清理学名臣。林翼则少年本跅弛之士，以才气自喜，于儒先性理之学，非所究心。后乃折节向学，研讨义理。罗泽南以道员率部从征，林翼已署鄂抚，而以师礼待之，重其为名儒也。迨誉望日著，而自修愈虔，故国藩深叹其晚年进德之猛。国藩以德著而才略非绌，林翼以才著而德量亦宏，故扪虱谈虎客有言："圣贤而豪杰者，曾公也；豪杰而圣贤者，胡公也。"于此可见曾、胡同处，亦可见曾、胡异处。若林翼之以权术交欢官文，国藩所不屑为，亦不能为也。欧阳兆熊谓："历代史书人物，跅弛不羁之士，建立奇功者有之，至号为理学者却少概见。胡文忠以纨绔少年，一变而为头巾气，究竟文忠之所以集事者，权术而非理学也。"此盖深恶当时一班假理学之名而营膴仕者，故以林翼为说。然国藩独非夙号理学而建立奇功者乎。沃丘仲子传国藩谓："史可法久任南枢，临戎则为四镇所制，一筹不克展。而国藩起自乡绅，诸将莫不从命，效死靡他。专习宋儒说与博通今古者，其相去盖如此。"斯言允矣。

国藩治学以通为尚，不肯墨守一家，为古人奴隶，胸中自有我在也。其序衡阳彭氏谱有云："君子慎度身世，信诸心，则蒙大难、决大计而不惧。未信诸心，则虽坦途而不肯轻试。其于临文，亦若是焉可耳。"临文若是，治学亦若是矣。所撰《圣哲画像记》，列所服膺者三十三人，以周、程、朱、张与许、郑并举，即破汉、宋儒门户之见也。而以其不株守宋儒门户，遂为专宗宋五子之学者所讥议焉。

国藩治学，既不株守宋儒门户，于是专宗宋五子之学者或以为病，甚且横加诋諆焉。如富阳夏震武氏，其尤著者也。如《复张季珏》云："湘乡训诂、经济、词章，皆可不朽，独于理学，则徒以其名而附之，非真有见于唐镜海、倭艮峰、吴竹如、罗罗山之所讲论者。其终身所得者，以庄、老为体，禹、墨为用耳，儒者学孔、孟、程、朱之道，当笃守孔、孟、程、朱，不必以混合儒、墨并包兼容为大也。湘乡讥程、朱为隘，吾正病其未脱乡愿之见耳。以杂为通，以约为陋，以正为党，博学多能，自命通人，足以致高位取大名于时而已，不当施之于讲学。"《复孙佩南大令》云："近世学术人心之坏，实讲汉学者攻程朱贱行、检蔑义理所致。其变为西学，盖亦势所必然。曾文正首倡邪说，某公承其绪而张大之，以号召海内，甘为用夷变夏者之魁。"学术不同，斯抨击加之。讲学家门户之见，诚牢不可破耳。而由今日观之，吾人为学，思想贵能自由，纵以庄、老为体，禹、墨为用，苟善为抉择，理得心安，亦复何害。国藩怵于外患，颇思师其所长，在当时为能振导新机者，而又兼讲汉学，不以汉宋互相丑诋为然，宜夏氏斥以首倡邪说也。在夏氏之意，国藩之所最不可恕者，为对于宋儒信道不笃，而蒙理学名臣之名，觉理学二字之声价，不免为国藩所辱，故断断以辩之，以尽卫道之责焉。夏氏每以安溪（李光地）、湘乡并举，伸李而抑曾，其旨可知矣。

国藩御将严谨

夏氏《复文叔瀛学使》云:"曾文正之才,而不能充其好善不自是之心,则一言不合,嫉王壮武,忌多礼堂,疑倭文端,挤张小圃,水火于沈文肃、左文襄矣。加耗抽厘聚敛之政,贻祸生民,杀人割地议和之约,得罪清议,其病中于心术者有素也。"使如所言,国藩不独不足为理学名臣,且为一心术不端之小人矣。而夷考其实,则国藩御将素严,王鑫、多隆阿不乐为用,事诚有之,然非出于国藩之嫉忌。王鑫治军有法,国藩恒向部将称引之。刘松山之统老湘营,为湘军后劲,亦国藩于鑫旧部中器其才而加荐拔。若多隆阿,尤国藩所推服,称其谋勇谦优。当进攻金陵,乞其会师,并欲以前敌统帅之任属之。而于官文奏遣多隆阿移师赴秦,再三力争,何尝相忌乎?惟潜山、太湖之役,林翼以副都统多隆阿,总兵鲍超,道员唐训方、蒋凝学四军,不相统属,虑难集事,多、鲍均以勇著而多谋略较胜,且奉旨帮办军务,地位亦最高,倡议以多为主将,鲍、唐、蒋三军均听节度。国藩谓多、鲍齐名(时有多龙鲍虎之称),素不相下,以多统鲍,恐将决裂,函牍往返者数,卒以林翼持之坚,由官文檄行,竟克潜、太,此足见林翼当机立断之勇决。然国藩所见偶异,亦是其谨慎之处,非不慊于多隆阿也。倭仁与国藩最契,为道义之交,惟始终笃守宋儒,视国藩之不肯以宋学自囿,学术上要自有间。国藩办中法教案交涉时,倭仁以攘夷之心理,尝遗书责备。夏氏所谓疑倭,如有其事,当以所疑之当否论其是非,未可谓既为程朱一脉之学者,其学术与主张,他人即惟有信仰,不许有丝毫之怀疑耳。张芾解赣抚任后,以京卿督师皖南,旋自请罢。国藩以治军本非所长,而处境复多困苦,故赞成之,盖非有意相挤。曾、左间始末,前已详述。至曾、沈交恶,缘于筹饷。葆桢为江西封疆争,国藩为金陵大局争,腾疏相竞,各有理由,讵宜独咎国藩。国藩疏中有云:"人恒苦不自知,或臣明于责沈葆桢,而暗于自责。臣例可节制江西,或因此而生挟权之咎。臣曾保奏沈葆桢数次,或因此而生市德之咎。几微不慎,动成仇隙。然臣阅世已深,素以挟权市德为可羞,颇能虚心检点。臣之公牍私函在江西者极多,其中如有挟权市德措词失当者,请旨饬下沈葆桢多钞数件进呈。倘蒙皇上摘出指示,或有显过,臣固甘受谴罚;即有隐匿,臣亦必痛自惩艾。"其心迹实可共谅。若厘金、外交二事,固国藩所疚心者,然亦均有苦衷,前已述及,兹不赘述。(国藩所办重要交涉,惟天津中法教案,无割地议和事。)夏氏苛责国藩如是,得无如纪昀所谓"讲学家责人无已时"耶?

曾胡相契

　　曾、胡相契,其患难相扶,缓急相救,固见投分之深。而其以道义互相规勉,尤为益友之苦心。咸丰十年八月,林翼复国藩书云:"奉手谕,以天下大乱,人怀苟且之心,事出范围之外,当谨守准绳,互相劝规,不可互相奖饰包荒。敬读再四,痛自策励,期保岁寒。林翼愆尤最多,罪戾尤大,惟自信用心无他,而不觉出言之太易。所望随时训诲,毋使为小人之归,感激成全,岂有涯际。承诰以富莫大于节用,强莫大于裁兵,谨服膺不敢忘。"时内乱正炽,外患复作,大局岌岌,不可终日,故益互相淬厉如此。际乱世而负国家大任者,均宜以此互勉。人怀苟且,事出范围,岂仅一时之事。而此书所云,亦岂可以一时之言目之哉。至国藩"富莫大于节用,强莫大于裁兵"二语,尤足发人深省,为历久常新之名论。当彼之时,战事方殷,似惟有集财增军为当务之急,言节用已不免迂阔,言裁兵更形其悖戾。而国藩乃举为富强之首务,郑重以告林翼,林翼亦敬示服膺,各于力之所及,黾勉从事焉。其卓识老谋,洵度越恒流者远矣。

曾胡同为公牍文字健者

公牍文字,曾、胡同为健者。而文学(诗古文辞之属)之事,林翼谦让未遑,固不若国藩之熟考精研也。偶有所作,以得国藩称誉为乐。尝致国藩书云:"林翼前奏迪公(李续宾)之死事,蒙以激昂二字见赏,祭文则特荷嘉誉。如老贡生五六十不中举,忽闻登榜,为之一快。林翼本不能文,初次学作,便尔可造。今年方四十八岁,若肯发愤,尚不为迟。"是林翼亦非无志于此,且自信可深造者。以彼之天才,宜非难事,惜天不假年,五十而死,遂使近代文学家中少此一人耳。

国藩于林翼公牍之文,最推重其批牍。尝致书有云:"奉手教并批牍二册,不特当世无两,亦恐为百年来所仅见。即如昨者霍山张组一禀,国藩亦叹其贤,不过以一语批准。今读大咨录批,声声打人心坎,不独激发张令之志气,亦可免他人之躁践。此公家之至宝,宇宙之至文也。"实为极口赞叹。林翼逝世后,其门人汪士铎(林翼典试江南所得士,尝助林翼纂辑《读史兵略》)谋辑刊遗文,以体例商之国藩。国藩复书有云:"胡公近著,批牍感人最深,尺牍次之,奏疏又次之。若刻其遗文,批牍自可贻则方来,何得摈之不登。"亦言其批牍为最工。林翼条理密察,心思精锐,而于驾驭诸将,倡率群吏,尤具特长。故于批牍一道,最为出色,吾人今日取而读之,犹想见其识周虑详,精神奕奕,无怪国藩倾服不置也。

国藩为诗古文辞之大手笔

国藩于诗古文辞,均极究心,个中甘苦,言之历历,既富心得,更饶天才。诗文相较,尤以文为博大闳肆,雄奇瑰丽,有倚天拔地之观,诚有数之大手笔也。黎庶昌称其"扩姚氏而大之,并功德言为一途,挈揽众长,轹归掩方,跨越百氏,将遂席两汉而还之三代,使司马迁、班固、韩愈、欧阳修之文,绝而复续,岂非所谓豪杰之士,大雅不群者哉。盖自欧阳氏以来一人而已"。王先谦亦称其"以雄直之气,宏通之识,发为文章,冠绝今古"。盖均有所见,非漫为虚美也。(夏震武以门户关系,不满于国藩之理学。而于诗古文,亦劝人"专宗杜、韩,而参以曾文正"。又谓"湘乡训诂、经济、词章,皆可不朽"。)而国藩之文,更有独至者,不可以文人之文论之,缘其人格之伟大,魄力之弘毅,识解之卓越,故能大气旁薄,光焰万丈耳。国藩《欧阳生文集·序》,推尊桐城,故论者亦多称以桐城派,其实未允。李详《论桐城派》有云:"文正之文,虽从姬传入手,后益探源扬马,婍宗退之,奇偶错综,而偶多于奇,复字单谊,杂厕相间,厚集其气,使声采炳焕而夏焉有声。此又文正自为一派,可名为湘乡派。而桐城久在祧列,其门下则有张廉卿(裕钊)、吴至父(汝纶)、黎莼斋(庶昌)、薛叔耘(福成),亦如姬传先生之四大弟子,要皆湘乡派中人也。"较为得之。

国藩文章极胜处,在以伟辞发精思,以盛气运伟辞。其日记有

408

云："古文之道，亦须有奇横之趣，自然之致，二者并进，乃为成体之文。"又云："奇辞大句，须得瑰玮飞腾之气驱之以行。凡堆重处皆化为空虚，乃能为大篇。所谓气力有余于文之外也，否则气不能举其体矣。"国藩论文之语夥矣，而其得力者，尤以此等处为最。气力有余于文之外，而其过人之识解，复为气力所凭依，宜其意态雄杰，声光炯然。盖其天事独优，所造遂不可攀跻如是。湘乡派张、吴、黎、薛四大弟子，皆服膺国藩，心摹力追，虽各有所成，而以视国藩，则犹不逮远甚。庶昌、福成，尚可云功候稍减。若裕钊、汝纶，则致力之勤，用心之专，固弊弊焉终身以兹为事。其功候或有过于国藩者，而所成亦仅此，良以气力识解，均为天事所限，诚无可如何者也。桐城派大师姚鼐四大弟子中，有一梅曾亮，足为师门后劲。湘乡派虽有裕钊等衍其传，而实无继起可与国藩颉颃者，湘乡派之不振欤，国藩之不易学耳。苏辙《上枢密韩太尉书》有云："文者气之所形，然文不可以学而能，气可以养而致。"又云："此二子者(孟子、太史公)岂尝执笔学为如此之文哉？其气充乎其中，而溢于其貌，动乎其言，而见乎其文而不自知也。"是言气之足尚。然所谓"养而致"，要亦存乎其人，非可尽人而能必也。文学之深造，关乎天事者大半，关乎学力者少半，纵有国藩之学力，而无其天事，亦惟有汗流走且僵耳，裕钊等天事均居中上，为国藩所器许，而不克为曾门之梅曾亮，国藩文章之难能可贵，信可知已。虽然，国藩之于文学嗜之最深，而实未能以毕生精力专攻此业也。犯险处艰于军旅，困心衡虑于饷糈，疚神于外交，劳形于吏治，所以夺其致力于文学者，盖亦甚矣。故所为文不无学古而迹未能尽忘者，尝于拙著《亦佳庐谈文》中，举其数端，以备扬榷。然此不足为国藩病，以其刚大之气，明远之识，迥非他人所能及也。其日记有云："古文一事，平日自觉颇有心得，而握管之时，不克殚精极思，作成总不称意，安得屏去万事，酣睡旬日，神完意适，然后作文一首，以摅胸中奇趣。"又云："久不作文，机轴甚生，心思迟钝，尚不能成篇。亦因见客太多，琐事烦渎，神智昏搅故也。"又云："余于古文一道，十分已得六七，而不能竭智毕力于此，匪特世务相扰，时有未闲，亦实志有未专也。此后精力虽衰，官事虽烦，仍笃志斯文，以卒吾业。"牵于政务，致分心力。及笃好古文，此志不懈，均于此可见其大凡矣。如彼之境遇，而能深造若此，所作虽不多，类皆气势浩瀚，警辟迈伦。每一披读，辄叹其精力之有大过人者。且觉正缘其如彼之境遇，足以恢宏其阅历，增益其识解，锻炼其志气，发擢其才思，使天事之优，更能发挥光大，以著之于文章，而不可与文人之文等量齐观也。至若偶有未尽能神化之处，小疵固不足以掩大醇耳。柳宗元之学古而迹未能尽忘，方之国藩，盖犹过之，亦何伤其为一代文雄乎。（宗元之文，就大体论之，功候之深至，技术之纯熟，自视韩愈为不逮，而意境之卓越处，亦非愈所及也。）

国藩于古文一道，恒以未能殚精极思为憾，故于所作者，与人论及，及著于日记者，不自满假，而多愧咎之语，良由所见者卓，所志者大，故自觉其不易称心满意也。日记中所谓："每一作文，未下笔之先，若有佳境。既下笔，则无一是处。"尤可见其不自足之意。当其在直督任，奉命办天津教案，以死自誓，手谕其二子言后事，关于所作古文者有云："余所作古文，黎莼斋钞录颇多，顷渠已照钞一份，寄余处存稿。此外黎所未钞之文，寥寥无几，尤不可发刻送人，不特篇帙太少，且少壮不克努力，志亢而才不足以副，刻出适以彰其陋耳。如有知旧劝刻余集者，婉言谢之可也。切嘱！切嘱！"以国藩之才，而自愧不足，志亢故耳。然其精气光怪,终难自掩也。其于历年奏折,亦谓"存于家中,留于子孙观览,不可发刻送人,以其中可存者绝少也"。固不喜表襮之意,亦缘志亢也。

谈文学选本

我国文学选本流传至今者,以梁昭明太子萧统《文选》为最早,其分类凡三十九,为赋(又分十五种)、诗(又分二十三种)、骚、七、诏、册、令、教、文(策问)、表、上书、启、弹事、笺、奏记、书、移书(或入书内)、檄、难(或入檄内)、对问、设论、辞、序、颂、赞、符命、史论、史述赞、论、连珠、箴、铭、诔、哀文、碑文、墓志、行状、吊文、祭文。其后如《唐文粹》、《宋文鉴》、《南宋文录》、《金文雅》、《明文在》诸选本,虽选文旨趣,与昭明未必尽同,而分类之法,大抵因之。自姚鼐出,以古文义法标榜于时,选辑《古文辞类纂》一书,其分类之法乃一变,凡十三类,曰论辨、曰序跋、曰奏议、曰书说、曰赠序、曰诏令、曰传状、曰碑志、曰杂记、曰箴铭、曰颂赞、曰辞赋、曰哀祭。两家对于文学之态度,可即其选文之去取而得其梗概。萧选尚华隽,要以风雅为归。姚纂尚清纯,兼以道术为重。其是非得失,历来论者夥矣。盖途辙既异,斯趋舍不同,学人各依所欣赏而评骘之,轩此轻彼,宜若是之纷纭也。若分类之法,姚纂于条理上自为较胜,缘其近于科学耳。国藩所为《经史百家杂钞》,分类略仿姚纂而变通之,以著述、告语、记载三门统十一类,尤得提纲挈领、以简驭繁之道。著述门凡三类,曰论著类(著作之无韵者),曰词赋类(著作之有韵者),曰序跋类(他人之著作序述其意者)。告语门凡四类,曰诏令类(上告下者),曰奏议类(下告上者),曰书牍类(同辈相告者),曰哀祭类(人告于鬼神者)。记载门凡四类,曰传志类(所以记人者),曰叙记类(所以记事者),曰典志类(所以记政典者),曰杂记类(所以记杂事者)。以视姚纂分类,更进一步。至其于经史子集,兼收并蓄,甄采范围较萧、姚为广,尤为独具只眼。姚纂之赠序类,曾钞仅选韩愈三篇、欧阳修一篇,入之序跋类。盖国藩不以此体为然也。其与吴敏树书有云:"送人序,退之为之最多且善,然仆意宇宙间乃不应有此一种文体。后世生日有寿序,迁官有贺序,上梁有序,字号有序,皆此体滥觞,至于不可究诘。昔年作《书归熙甫文集后》,曾持此论,讥世人不能纠正退之之谬,而逐其波,而拾其沈。"所论自属有见,其《书归震川文集后》有云:"古之知道者,不妄加毁誉于人,非特好直也,内之无以立诚,外之不足以信后世,君子耻焉。自周诗有《崧高》、《烝民》诸篇,汉有河梁之咏,沿及六朝,饯别之诗,动累卷帙,于是有为之序者。昌黎韩氏为此体特繁,至或无诗而徒有序,骈拇枝指,于义为已侈矣。熙甫则未必饯别而赠人以序,有所谓贺序者、谢序者、寿序者,此何说也。"语殊明快,然薄此体而不选可也,既选矣,而入之以"他人之著作序述其意者"为界说之序跋类,则未见其可,所选韩之《赠郑尚书序》,文之末端,有"公卿大夫士苟能诗者,咸相率为诗,以美朝政,以慰公南行之思,韵必以来字者,所以祝公成政而来归疾也"数语,尚可作诗之序观。若韩之《送李愿归盘谷序》、《送王秀才塤序》,欧之《送徐无党南归序》,则均所谓"无诗而徒有序"者,与"他人之著作序述其意者",乌可附丽乎。至赠序之体虽可议,要亦存乎其人。故国藩集中亦有数篇也。(韩愈《赠郑尚书序》,文固瑰丽可喜,然实贡谀之作,未宜曲解,适与"不妄加毁誉于人"之旨不合。)序跋类之界说,犹有一可商之点。自序其著作之文,亦序也,所选中固多有之,与界说颇有抵牾矣。又汉文帝《代遗匈奴书》二篇,姚纂、曾钞均入之诏令类,实则书而非诏,犹今之所谓国书也,语气亦迥异清乾隆帝对英王之过自尊大,视为"上告下者",盖有未安。

诗、赋于萧选同占最重要地位,而姚纂、曾钞均不以诗入选(国藩有《十八家诗钞》单行)。以文之广义言,诗亦文也。所谓"李杜文章在,光焰万丈长",即以其诗言。惟后世诗、文分流并进,各有总集,已成离则双美之势。姚、曾所为,固不以不师古为病也。(王先谦《续古文辞类纂》,其分类循前纂。黎庶昌《续古文辞类纂》,则续而兼补,甄采范围仿曾钞,分类法亦兼师之。)

国藩论古文阴阳之美

姚鼐《复鲁絜非书》,论文倡阳刚之美与阴柔之美之说,后之治古文者,多宗其说。国藩亦深韪之,复就阴阳二字,取两仪生四象之旨,辑为"古文四象",分阳刚之文为太阳少阳,阴柔之文为太阴少阴。以气势属太阳,曰喷薄之势,跌宕之势;以趣味属少阳,曰诙诡之趣,闲适之趣;以识度属太阴,曰闳括之度,含蓄之度;以情韵属少阴,曰沉雄之韵,凄恻之韵。选文视《经史百家杂钞》为约,而诸文均《杂钞》所已收也。《杂钞》以体类分,四象则以境诣分,亦足为姚氏进一解。惟论文以两仪四象为说,不过取其便于理解,非借以诠发《易》义,故吾人于此,不宜过于拘泥。若斤斤于《周易》之道以比附之,反失之矣。即阳刚阴柔之论,亦举文章境诣之偏至者言之耳,非必刚即纯刚,柔即纯柔。姚氏谓:"糅而偏胜可也,偏胜之极,一有一绝无,与夫刚不足为刚、柔不足为柔者,皆不可以言文。"允已。有清一代,姚、曾并为大家,曾擅阳刚之美,姚擅阴柔之美,而二人之文,固均非"一有一绝无"也。

国藩于阳刚阴柔之义,更有所推阐。咸丰十年日记云:"往年余思古文有八字诀,曰雄直怪丽、澹远茹雅。近于茹字似更有所得,而音响节奏,须以和字为主,因将澹字改作和字。"同治二年日记云:"文章阳刚之美,莫要于慎涌直怪四字;阴柔之美,莫要于忧茹远洁四字。"迨四年日记乃云:"尝慕古文之美者,约有八言,阳刚之美曰雄直怪丽,阴柔之美曰茹远洁适。是夜将此八言者各作十六字赞之。"是为国藩对于阳刚阴柔八字诀之完成。其赞"雄"曰:"划然轩昂,尽弃故常,跌宕顿挫,扪之有芒。"赞"直"曰:"黄河千曲,其体仍直,山势如龙,转换无迹。"赞"怪"曰:"奇趣横生,人骇鬼眩,易玄山经,张韩互见。"赞"丽"曰:"青春大泽,万卉初葩,诗骚之韵,班扬之华。"赞"茹"曰:"众义辐凑,吞多吐少,幽独咀含,不求共晓。"赞"远"曰:"九天俯视,下界聚蚊,瘡痹周孔,落落寡群。"赞"洁"曰:"冗意陈言,颣字尽删,慎尔褒贬,神人共监。"赞"适"曰:"心境两闲,无营无待,柳记欧跋,得大自在。"此为国藩治古文之心得,赞语亦绝妙好辞,深可玩味,会心人当能领略其非泛为铺陈也。惟此事亦所谓神而明之,存乎其人,要难为胶柱鼓瑟者道耳。

古文四象,于太阳之文分上下。杨恽《报孙会宗书》,入气势上,司马迁《报任安书》,则入气势下。曾门某氏(忆似吴汝纶)尝用为疑,愚意马书视杨书尤奇伟,上下之分,自非轩轾,盖以杨书有嚼墨一喷、淋漓满纸之致,更近于所谓喷薄之势,故入之气势上。马书则纵横跌宕,于所谓跌宕之势者,文境尤切,故入之气势下也。

国藩既主姚氏阴阳之说,张裕钊复以二十字分配阴阳,以神、气、势、骨、机、理、意、识、脉、声十字为阳,味、韵、格、态、情、法、词、度、界、色十字为阴,吴汝纶称以"充其类而尽之矣"。盖参酌姚氏所谓"神理气味者,文之精也,格律声色,文之粗也",而增补之。以其心之所会,使分属阴阳,其推究入微,盖过国藩。然分晰太细,或易使人堕入玄想,谨于小而忽于大,不若国藩四象八字诀之能引人入胜也。

姚氏《古文辞类纂》,国藩甚推服之,然亦病其门户过隘,故有

《经史百家杂钞》之辑,去取之间,多有异同,两书比较而观,二家之所宗尚者可知,斯即湘乡派与桐城派之所以为相因而非雷同也。桐城派最尚清纯,对于《文选》之趋重华饰,不以为然。国藩则雅好《文选》,其为文之辞采炳焕,导源于此焉。尝教人以六经以外,有不可不熟读者,凡七部书,曰:《史记》、《汉书》、《庄子》、《说文》、《文选》、《通鉴》、《韩文》。薛福成引申其旨曰:"《史记》、《汉书》,史学之权舆也;《庄子》,诸子之英华也;《说文》,小学之津梁也;《文选》,辞章之渊薮也。《史》、《汉》时代所限,恐史事尚未全,故以《通鉴》广之。《文选》骈文较多,恐真气或渐漓,故以《韩文》振之。曾公之意,盖注于文章者为重。"黎庶昌《周以来十一书应立学官议》,标举《庄子》、《楚辞》、《文选》、《史记》、《汉书》、《通鉴》、《说文》、《通典》、《文献通考》、《杜诗》、《韩文》以配经典,亦本之师说,皆国藩所笃嗜也。

谈国藩文集

国藩文集,凡四卷,一百四十一篇。卷一三十八篇中,有赠序类之文十五篇,而寿序居其八。卷二四十篇中,有赠序类之文十篇,而寿序居其九。(寿诗序可入序跋类,尚不在内。)赠序一体,为国藩所不慊,于寿序尤不然之。道光二十四年所作《书归震川文集后》发明其意。然前乎此者,赠序类仅为寿序四篇,余均此后所作也。盖于所自信者不克坚持欤,抑牵于时尚随俗为之耳?卷三卷四均咸同时作,则不独寿序无之,赠序体之文概不之及,其决心乃大著矣。国藩所为寿序,或加以回护语,如《王荫之之母寿序》有云:"寿序非古也,明归太仆数鄙之而数为之,以为昆山之俗,张此尤盛。闾巷之士狃于习,而不求其说。立言者虽知其事微薄,而不忍拒孝养者之请,牵率以从事宜也……荫之知言者也,不宜循世俗故事以娱其亲。尼曰:'麻冕礼也,今也纯俭,吾从众。'积习染人,甚于丹青久矣。虽为父母者,亦皆以生日为庆,以文字道其生平为祥,人子因而顺之,不亦可乎……余承荫之之命,终不敢以世俗之义为长者诵也。于是道其大焉者。"又于《何母廖夫人八十生日诗序》有云:"先期乡之人语国藩曰:'子凤陋明季文士,遇人生日,辄以谀词相溷,为不达于属文之律。既闻其说矣,窃闻古者因事致敬,则相与为辞,以笃不忘……乡之人相与作为祝辞,托诸因事致敬之义,不亦可乎?'国藩曰:'其可。虽然,君子于其所尊敬,不敢为溢量之语……夫称述艰难以慰长者而饬无穷,君子之义也;贡人以谀而长溢志,亦非君子所宜出也.'"均足见其斡旋处,良以此类文字非所乐为也。

谈祭挽

章学诚《文史通义·砭俗篇》云:"夫生有寿言而死有祭挽,近代亡于礼者之礼也,礼从宜,使从俗,苟不悖乎古人之道,君子之所不废也。文章之家,卑视寿挽,不知神明其法,弊固至乎此也。其甚焉者,存祭挽而耻录寿言。近世文人,自定其集,不能割爱而间存者,亦必别为卷轴,一似雅郑之不可同日语也。此可谓知一十而昧二五也……夫文生于质,寿祝哀诔,因其人之质而施以文,则变化无方,后人所辟,可以过于前人矣。"如所言,则寿序一体,正不必屏斥,亦可备一说。要之,文之根于真理解,发乎真性情者,不独赠序类之文,可有佳作,即其中之寿序一体,亦有可资玩味者。国藩之论,似不必过拘。惟世俗以为应酬文字,一趋浮饰。国藩所言,亦自有其砭俗之价值也。至学诚所指"存祭挽而耻录寿言"者,或以欢愉之辞难工、感怆之言多妙之故。而其惟一义谛,端在出之于真,始可不与应酬文字等视。林翼及左宗棠,均不以古文家名,而林翼祭李续宾文,国藩极称誉之,宗棠祭林翼文,国藩赞之曰"情文并茂,殊为杰构",均为出色之作,惟真故耳。使文学优于胡、左,而无胡李、左胡密切之关系、肫挚之情感者为之,纵辞采之美富,或当更胜,而真气弥沦处,定为不逮矣。

国藩《张君树程墓志铭》有云:"一夕篝灯读书,忽甚悲失声,举家惊起趋视,君方手一编,顾曰:'有传胡巡抚祭李帅文至者,余

420

读之，不觉哀而一号耳。'"其感人如此。林翼此文，其警句前已略及，后幅如"始闻公死，将信将疑。中夜彷徨，若忘若遗。公其死耶，吾人何依？斯人不出，吾谁与归？畴昔之夜，大风披帷。天容惨淡，沙石乱飞。我公至止，冠带巍巍。笑言既洽，颜色若怡。握手劳苦，欢若平生。忽忽自惊，疑公已薨。欲言未言，悲不自胜。公曰否否，我岂其死？讨贼之事，在吾与子。余音在耳，荒鸡初鸣。蹶然坐起，忧心怦怦。虽死犹生，公之忠魂。魂兮归来，活此黎民。与公共命，觍颜忍存。酾酒为奠，洒泪为词。英灵如在，尚其鉴兹"，尤为沉挚悲凉，沁人心脾。又叙调护饥军状云："时方饥馑，野无青草。五月无粮，一饭不饱。公军于浔，强寇在门。人或嚣争，公军无言。人之欲食，谁不如我。公往抚之，如腹自果。人之欲衣，无衣则寒。公往煦之，如纩自温。匪法所制，惟德之纯。贱货尚义，君子之军。"均质实不华，而情态逼真。

宗棠祭林翼文，写其病中情态有云："何图我公，积劳成瘵。中兴可期，长城遽坏。书来诀我，劳者思懖。君等勉旃，吾从此逝。启函涕零，亟致良药。苍头驰赍，七日至鄂。使还告我，详讯寝食。公卧射堂，屏退妇稚。血尽嗽急，肤削骨峙。频闻吉语，笑仅见齿。鼎湖龙去，攀号不遂。以首触床，有泣无泪。呜呼公乎，而竟已矣。"真切如画。盖林翼病危之际，攻皖之师大捷，安庆已下，而咸丰帝逝于热河也。祭文所叙，与林翼与宗棠书所谓"林翼无死于牖下之志，尤不喜死于妇人之手。处烦恼之地，得隐逸之病，病何足惜，死更不足惜，独患气根清深，欲生不得，速死不能，不能办一事，而徒贻误误耳"及"欲耽半夜之美睡，亦不可得，而百年之美睡，又不即至。吾命穷矣"诸语合看，尤足动人也。国藩雄于文，而祭文则所作殊少（集中以《祭汤海秋文》最脍炙人口）。以曾、胡交谊之笃挚,亦无祭文之作。惟挽以一联云:"逋寇在吴中,是先帝与荩臣临终憾事;荐贤满天下,愿后人补我公未竟勋名。"以"荩臣"与"先帝"并称,示林翼之地位与寻常将帅不同,语意亦能道出林翼心事,虽若尚少奇崛之气,沉雄之音,未足见国藩之特长,然实佳构。林翼明于知人,举劾最号公允。同治中谕旨,论及人才,犹往往有"某尝为胡林翼所保"、"某尝为胡林翼所参"语。其见信于身后者,尚若是焉。"荐贤满天下",固当时公论。而国藩于此,则亦正无多让,林翼之获大用,未始不由于国藩"其才胜臣十倍"之奏也。又对于大人物之挽词,如一味颂扬,不易出色,须就其志事未酬处立说,始耐人寻味,且益形其人物之伟大。孙衣言之挽国藩,即深得此意。林翼虽声施烂然,而全功未葳,更宜于此处着重。国藩之联,曰"临终憾事",曰"未竟勋名",于其战功政绩,反略而不举,而林翼之为林翼,乃益焕然昭著,使人企慕无穷,诚不愧为精于此道者。

曾胡效命异族之是非

　　曾、胡为异族一姓效命,摧灭同种所建之太平天国,宜为今人所讥。而其甘心勠力之动机,则于传统的忠君思想之外,更有名教与文化之关系,以作其气。洪、杨辈标榜西教,且设为天父天兄等名词,号令群众,实大违当时人民之心理,尤为所谓读圣贤书之士君子阶级所疾首痛心。洪秀全等称清室方面之人物为妖,盖取所谓魔鬼之义;而士君子之流,愤其毁弃名教,破坏文化,心目中亦未尝不以为妖也。咸丰四年,国藩声讨之檄文有云:"自唐虞三代以来,历世圣人,扶持名教,敦叙人伦,君臣父子,上下尊卑,秩然如冠履之不可倒置。粤匪窃外夷之绪,崇天主之教,自其伪君伪相,下逮兵卒贱役,皆以兄弟称之,谓惟天可称父,此外凡民之父皆兄弟也,凡民之母皆姊妹也;农不能自耕以纳赋,而谓田皆天王之田;商不能自贾以取息,而谓货皆天王之货;士不能诵孔子之经,而别有所谓耶稣之说、新约之书。举中国数千年礼义人伦、诗书典则,一旦扫地荡尽,此岂独我大清之变,乃开辟以来名教之奇变,我孔子孟子之所痛哭于九原,凡读书识字者,又乌可袖手安坐,不思以为之所也。"又云:"不特纾君父宵旰之勤劳,而且慰孔孟人伦之隐痛。"又云:"倘有抱道君子,痛天主教之横行中原,赫然奋怒,以卫吾道者,本部堂礼之幕府,待以宾师。"是国藩辈所资以号召者,固非专以忠于清室为言,而其个人之信念,亦实是如此。(当时君臣一伦,自亦在所谓名教之中,而名教之范围则较广。)故湘军将帅多起自儒生,踔厉奋发,誓死如归,亦此种信念有以致之。而曾、胡之所以倡率之者,其效盖大著矣。清室之所以存续,与太平天国之所以覆亡,此实一大关键。吾友王君小隐,尝谓曾、胡与洪、杨之战,含有宗教战争之意味,可谓知言。俗传宗棠挟策以干洪、杨不遇,而始与为敌,实齐东野人之语。宗棠之个性,虽与曾、胡不尽相同,而于此种信念,实无以异也。使太平天国惟以种族之义相揭橥,而致力于除民疾苦,顺应人心,不以天父天兄为惊世骇俗之具,其结果或当有殊耳。

论国藩之为文

国藩文集末篇,为《刘忠壮公墓志铭》,属草未竟之作也。王定安注云:"公此文系壬申岁正月作,属稿仅三百余字,病发辍笔,距易箦时,仅数日耳。"国藩于金陵既下,即以湘军暮气为说,汰遣归里,余者以刘松山将之。宗棠西征,松山率所谓老湘军以从,为其主力,建功最多。松山阵亡,其侄锦棠代将,卒藏西事,实湘军之后劲也。国藩文章之绝笔,适铭湘军后劲之主将,亦可云巧合。

国藩为文,不独雄杰之气过于寻常,而时有精思卓识以立其干,尤为不可及处。《圣哲画像记》自道治学源流,气盛言宜,所见极卓。如谓:"自浮屠氏言因果祸福,而为善获报之说,深中于人心,牢固而不可破。士方其呫哔咿唔,则期报于科第禄仕,或少读古书,窥著作之林,则责报于遐迩之誉,后世之名。纂述未及终编,辄冀得一二有力之口,腾播人人之耳,以偿吾劳也。朝耕而暮获,一施而十报,譬若沽酒市脯,喧聒以责之贷者,又取倍称之息焉。禄利之不遂,则侥幸于没世不可知之名,甚者至谓孔子生不得位,没而俎豆之报,隆于尧舜,郁郁者以相证慰,何其陋欤"云云,意量最为宏伟。孔子俎豆隆于尧舜,向为号称读书明理者所津津乐道。国藩斥之曰陋,当使小儒咋舌矣。贾凫西鼓词有云:"昔春秋有位孔夫子,难道他不是积善之家,只养了一个伯鱼,落了个老而无子。有人说他已成了古今文章祖,历代帝王师。依我说来,就留着伯鱼送老,也碍不着文章祖,也少不了帝王师。"是虽以谐谑出之,亦可以砭俗论也。《画像记》中"无所于祈,何所为报"二语,警辟之极。国藩日记有云:"苏诗有二语云:'治生不求富,读书不求官。'余为广之云:'修德不求报,能文不求名。'兼此四者,则胸次广大,含天下之至乐矣。"又尝为联语以自箴,有"莫问收获,但问耕耘"语,亦即此意。

《画像记》所举,凡三十三人,以韵语列之曰:"文周孔孟,班马左庄。葛陆范马,周程朱张。韩柳欧曾,李杜苏黄。许郑杜马,顾秦姚王。"每句四人,独"周程朱张"为五人,程指二程,记所谓"有宋五子"也。而文中于人数两言"三十二子",韵语亦言"三十二人,俎豆馨香",集中此文如是,选录者多因之。惟俞樾《春在堂随笔》所引,则正曰"三十三子",即文中"乃择古今圣哲三十余人,命儿子纪泽图其遗像"句,"余"亦作"三",并言其画像为每四人一图,周二程张朱则五人一图,且云:"同治六年,余至金陵,湘乡公留宿节署,因得见之而记于此。"盖俞樾所见者为原文,不知文集于此何以有异也。

国藩初治古文,实自姚鼐入,虽发扬光大,不为姚鼐所囿,而于鼐仍推服之,故列诸画像,谓:"姚先生持论闳通,国藩之粗解文章,由姚先生启之也。"其日记有云:"梦见姚姬传先生,顾长清癯,而生趣盎然。"盖以其文章而意会其状貌,因形诸梦寐清癯而有生趣,自是姚文的评也。又云:"阅梅伯言文集,叹其钻研之久、工力之深。"亦允。

林翼交欢官文

林翼之交欢官文,于当时军事大局,所关至巨,国藩固深赖之。即其弟国荃一军,亦资官、胡而成。国藩督直,接官文之任,相晤时,再拜而以巽词引咎,连称:"老九胡闹,对不住老前辈。"(阁臣以入阁先后论前后辈。)以谢之。盖国荃劾罢官文鄂督之举,因公而发,可无所用其愧怍,而以私谊论,则国藩固觉不无歉然耳。咸丰七年,林翼奉朱批,谓:"胡林翼现虽在军营,惟伊本营之将弁可由伊具奏,仍应会同总督,况官文有钦差大臣关防,军务营伍,均该督专责,若委之巡抚,殊非朕倚任该督之意也。"成见若是,益见林翼交欢官文而利用之,良有不得不然者。

(附白)《曾胡谈荟》即止于此。后如续谈曾、胡事,亦入之《随笔》。(整理者按:此言《随笔》,指同载于《国闻周报》之《凌霄一士随笔》)